머리말

이 책은 방대한 법전을 보지 않고 간편하게 해당되는 법령만 참고해서 볼 수 있도록 하였습니다. 공공기관이나 관련 종사자들이 쉽고 간편하게 해당 법령을 참조 할 수 있도록 하였습니다.

특히 해당법률은 물론 관련 시행령, 시행규칙을 함께 실어 관련법을 서로 참고할 수 있게 하였습니다.

법률이라는 것이 크든 작든 항상 변하는 관계로, 출간 이후의 정확하고 최신의 법률은 법제처 국가법령정보센터에서 확인이 가능하니 법률의 실제 적용 시 확인이 필요한 점 유의하기를 바랍니다.

편집부

* 수록 법률은 법제처 국가법령정보센터에서 확인 가능합니다.
* 발행일 기준 시행 법률이므로 최신 법령은 위 센터에서 볼 수 있습니다.
* 본 책자에 수록된 법률의 문구에 대하여 법적인 효력은 없으며,
  실제 적용 법률은 위 센터에서 최신의 법률로 확인하시기 바랍니다.
* 해당 법령과 함께 시행령, 시행규칙도 수록되어 있습니다.
* 발행일 기준으로 개정 예정 법률은 밑줄로 별도 표시되어 있으며,
  보다 정확한 것은 법제처에서 확인하기 바랍니다.

목차

여객자동차 운수사업법
(약칭 : 여객자동차법)

[시행 2024. 7. 31.] [법률 제20175호, 2024. 1. 30., 일부개정]

**개정 예정 법률 밑줄 별도 표시.

여객자동차 운수사업법
(약칭 : 여객자동차법)

[시행 2024. 7. 31.] [법률 제20175호, 2024. 1. 30., 일부개정]

제1장 총칙

제1조(목적) 이 법은 여객자동차 운수사업에 관한 질서를 확립하고 여객의 원활한 운송과 여객자동차 운수사업의 종합적인 발달을 도모하여 공공복리를 증진하는 것을 목적으로 한다.

제2조(정의) 이 법에서 사용하는 용어의 뜻은 다음과 같다. 〈개정 2009. 5. 27., 2013. 3. 23., 2014. 1. 28., 2020. 4. 7., 2020. 6. 9., 2021. 3. 23.〉

1. "자동차"란 「자동차관리법」 제3조에 따른 승용자동차, 승합자동차 및 특수자동차(「자동차관리법」 제29조제3항에 따른 캠핑용자동차를 말하며, 제4호에 따른 자동차대여사업에 한정한다)를 말한다.
2. "여객자동차 운수사업"이란 여객자동차운송사업, 자동차대여사업, 여객자동차터미널사업 및 여객자동차운송플랫폼사업을 말한다.
3. "여객자동차운송사업"이란 다른 사람의 수요에 응하여 자동차를 사용하여 유상(有償)으로 여객을 운송하는 사업을 말한다.
4. "자동차대여사업"이란 다른 사람의 수요에 응하여 유상으로 자동차를 대여(貸與)하는 사업을 말한다.
5. "여객자동차터미널"이란 다음 각 목의 어느 하나에 해당하는 장소가 아닌 곳으로서 승합자동차를 정류(停留)시키거나 여객을 승하차(乘下車)시키기 위하여 제36조에 따라 설치된 시설과 장소를 말하며, 그 종류는 국토교통부령으로 정한다.
   가. 도로의 노면(路面)
   나. 그 밖에 일반교통에 사용되는 장소

6. "여객자동차터미널사업"이란 여객자동차터미널을 여객자동차운송사업에 사용하게 하는 사업을 말한다.

7. "여객자동차운송플랫폼사업"이란 여객의 운송과 관련한 다른 사람의 수요에 응하여 이동통신단말장치, 인터넷 홈페이지 등에서 사용되는 응용프로그램(이하 "운송플랫폼"이라 한다)을 제공하는 사업을 말한다.

8. 삭제 〈2020. 4. 7.〉

9. 삭제 〈2020. 4. 7.〉

제2장 여객자동차운송사업

제3조(여객자동차운송사업의 종류) ① 여객자동차운송사업의 종류는 다음 각 호와 같다. 〈개정 2014. 1. 28., 2015. 6. 22., 2017. 12. 26., 2023. 4. 18.〉

1. 노선(路線) 여객자동차운송사업: 자동차를 정기적으로 운행하려는 구간(이하 "노선"이라 한다)을 정하여 여객을 운송하는 사업

2. 구역(區域) 여객자동차운송사업: 사업구역을 정하여 그 사업 구역 안에서 여객을 운송하는 사업

3. 수요응답형 여객자동차운송사업: 다음 각 목의 어느 하나에 해당하는 경우로서 운행계통·운행시간·운행횟수를 여객의 요청에 따라 탄력적으로 운영하여 여객을 운송하는 사업

가. 「농업·농촌 및 식품산업 기본법」 제3조제5호에 따른 농촌과 「수산업·어촌 발전 기본법」 제3조제6호에 따른 어촌을 기점 또는 종점으로 하는 경우

나. 신도시, 심야시간대 등 대중교통수단이 부족하여 교통불편이 발생하는 경우로서 대통령령으로 정하는 경우

다. 「스마트도시 조성 및 산업진흥 등에 관한 법률」이나 그 밖에 다른 법률에 따라 수요응답형 여객자동차운송사업 면허의 규제특례를 받아 운행 등 실증과정을 거친 지역에서 특별시장·광역시장·특별자치시장·도지사·특별자치도지사(이하 "시·도지사"라 한다)가 필요하다고 인정하는 경우

② 제1항제1호 및 제2호의 여객자동차운송사업은 대통령령으로 정하는 바에 따라 세분할 수 있다.

제3조의2 삭제 〈2024. 1. 9.〉

제3조의3 삭제 〈2024. 1. 9.〉
제3조의4 삭제 〈2024. 1. 9.〉
제4조(면허 등) ① 여객자동차운송사업을 경영하려는 자는 사업계획을 작성하여 국토교통부령으로 정하는 바에 따라 국토교통부장관의 면허를 받아야 한다. 다만, 대통령령으로 정하는 여객자동차운송사업을 경영하려는 자는 사업계획을 작성하여 국토교통부령으로 정하는 바에 따라 시·도지사의 면허를 받거나 시·도지사에게 등록하여야 한다. 〈개정 2012. 5. 23., 2013. 3. 23., 2023. 4. 18.〉

② 제1항에 따른 면허나 등록을 하는 경우에는 제3조에 따른 여객자동차운송사업의 종류별로 노선이나 사업구역을 정하여야 한다.

③ 국토교통부장관 또는 시·도지사는 제1항에 따라 면허나 대통령령으로 정하는 여객자동차운송사업을 등록하는 경우에 필요하다고 인정하면 국토교통부령으로 정하는 바에 따라 운송할 여객 등에 관한 업무의 범위나 기간을 한정하여 면허(이하 "한정면허"라 한다)를 하거나 여객자동차운송사업의 질서를 확립하기 위하여 필요한 조건을 붙일 수 있다. 〈개정 2013. 3. 23.〉

④ 운송사업자(제1항에 따라 여객자동차운송사업의 면허를 받거나 등록을 한 자를 말한다. 이하 같다) 중 대통령령으로 정하는 운송사업자는 제2항에도 불구하고 다음 각 호의 어느 하나에 해당하는 교통시설(이하 "주요교통시설"이라 한다)이 같은 항에 따라 정하여진 사업구역(이하 "소속 사업구역"이라 한다)과 인접(국토교통부령으로 정하는 범위로 한정한다)하고 소속 사업구역에서 승차한 여객을 그 주요교통시설에 하차시킨 경우에는 제5항에 따른 승차대를 이용하여 소속 사업구역으로 가는 여객을 운송할 수 있다. 〈신설 2016. 3. 29., 2016. 12. 2., 2018. 3. 13., 2024. 1. 9.〉

1. 「철도의 건설 및 철도시설 유지관리에 관한 법률」 제2조제2호에 따른 고속철도의 역 시설
2. 국제 정기편 운항이 이루어지는 「공항시설법」 제2조제3호에 따른 공항
3. 여객이용시설이 설치된 「항만법」 제2조제2호에 따른 무역항
4. 그 밖에 제1호부터 제3호까지에 준하는 교통시설로서 대통령령으로 정하는 교통시설

⑤ 주요교통시설의 사업시행자는 그 주요교통시설을 이용하는 여

객의 연계수송 편의 제고를 위하여 대통령령으로 정하는 여객자동차 운송사업의 사업구역을 표시한 승차대를 설치하여야 한다. 이 경우 승차대의 설치·운영 등에 필요한 사항은 국토교통부령으로 정한다. 〈신설 2016. 12. 2.〉

제5조(면허 등의 기준) ① 여객자동차운송사업의 면허기준은 다음 각 호와 같다. 〈개정 2013. 3. 23.〉

1. 사업계획이 해당 노선이나 사업구역의 수송 수요와 수송력 공급에 적합할 것

2. 최저 면허기준 대수(臺數), 보유 차고 면적, 부대시설, 그 밖에 국토교통부령으로 정하는 기준에 적합할 것

3. 대통령령으로 정하는 여객자동차운송사업인 경우에는 운전 경력, 교통사고 유무, 거주지 등 국토교통부령으로 정하는 기준에 적합할 것

② 국토교통부장관은 제1항제1호의 수송력 공급에 관한 산정기준(대통령령으로 정하는 여객자동차운송사업의 경우로 한정한다)을 정하여 시·도지사에게 통보할 수 있다. 〈개정 2013. 3. 23.〉

③ 제2항에 따라 수송력 공급에 관한 산정기준을 통보받은 시·도지사는 5년마다 수송력 공급계획을 수립·공고하고, 이를 국토교통부장관에게 보고하여야 한다. 〈신설 2009. 5. 27., 2013. 3. 23.〉

④ 시·도지사는 「택시운송사업의 발전에 관한 법률」 제9조에 따라 사업구역별 택시 총량의 산정 또는 재산정이 있거나 수송 수요의 급격한 변화 등 국토교통부령으로 정하는 사유로 제3항의 수송력 공급계획을 변경할 필요가 있는 경우에는 국토교통부장관의 승인을 받아 이를 변경할 수 있다. 다만, 사업구역별 택시 총량의 재산정으로 인하여 공급계획을 변경하는 경우에는 국토교통부장관의 승인을 받지 아니하고 수송력 공급계획을 변경할 수 있다. 〈신설 2009. 5. 27., 2013. 3. 23., 2014. 1. 28.〉

⑤ 여객자동차운송사업의 등록기준이 되는 최저 등록기준 대수, 보유 차고 면적, 부대시설, 수송력 공급계획의 수립·공고, 그 밖에 필요한 사항은 국토교통부령으로 정한다. 〈개정 2009. 5. 27., 2013. 3. 23.〉

제5조의2(노선의 타당성 평가) ① 국토교통부장관은 「대도시권 광역교통 관리에 관한 특별법」 제2조제3호에 따른 광역버스운송사업(이

하 "광역버스운송사업"이라 한다)에 대하여 제4조에 따른 면허를 하려는 경우에는 대통령령으로 정하는 바에 따라 광역버스운송사업의 필요성·적합성 등에 대한 종합적인 타당성을 평가할 수 있다.

② 국토교통부장관은 제1항에 따른 평가를 위하여 관계 중앙행정기관의 장, 지방자치단체의 장, 「공공기관의 운영에 관한 법률」 제4조에 따른 공공기관(이하 "공공기관"이라 한다)의 장 등 관계 기관의 장에게 필요한 자료의 제출을 요청할 수 있다. 이 경우 자료의 제출을 요청받은 관계 중앙행정기관의 장 등은 정당한 사유가 없으면 이에 따라야 한다.

[본조신설 2024. 2. 13.]

[종전 제5조의2는 제5조의3으로 이동 〈2024. 2. 13.〉]

제5조의3(여객자동차운송사업 수급계획의 수립 등) ① 국토교통부장관은 제4조제1항 단서에도 불구하고 대통령령으로 정하는 여객자동차운송사업의 수급조절을 위하여 필요한 경우 제2항에 따른 여객자동차운송사업 수급조절위원회의 심의를 거쳐 여객자동차운송사업 수급계획을 수립할 수 있다.

② 국토교통부장관은 제1항에 따른 수급계획을 심의하기 위하여 여객자동차운송사업 수급조절위원회(이하 이 조에서 "수급조절위원회"라 한다)를 둔다. 이 경우 수급조절위원회의 구성 및 운영, 그 밖에 필요한 사항은 대통령령으로 정한다.

③ 국토교통부장관은 제1항에 따른 수급계획에 따라 대통령령으로 정하는 여객자동차운송사업의 등록을 3년의 범위에서 일정 기간 제한할 수 있다. 다만, 필요한 경우 동일한 절차를 거쳐 2년 단위로 제한을 연장할 수 있다.

④ 국토교통부장관은 제3항에 따라 대통령령으로 정하는 여객자동차운송사업의 등록을 제한하려는 경우 이를 관보에 고시하고 시·도지사에게 통보하여야 한다. 등록 제한을 해제하려는 경우에도 또한 같다.

⑤ 여객자동차운송사업 수급계획 및 수급조절 절차 등에 관하여 필요한 사항은 대통령령으로 정한다.

[본조신설 2014. 1. 28.]

[제5조의2에서 이동 〈2024. 2. 13.〉]

제6조(결격사유) 다음 각 호의 어느 하나에 해당하는 자는 여객자동

차운송사업의 면허를 받거나 등록을 할 수 없다. 법인의 경우 그 임원 중에 다음 각 호의 어느 하나에 해당하는 자가 있는 경우에도 또한 같다. 〈개정 2014. 1. 28., 2017. 12. 26.〉

1. 피성년후견인

2. 파산선고를 받고 복권(復權)되지 아니한 자

3. 이 법을 위반하여 징역 이상의 실형(實刑)을 선고받고 그 집행이 끝나거나(집행이 끝난 것으로 보는 경우를 포함한다) 면제된 날부터 2년이 지나지 아니한 자

4. 이 법을 위반하여 징역 이상의 형(刑)의 집행유예를 선고받고 그 집행유예 기간 중에 있는 자

5. 여객자동차운송사업의 면허나 등록이 취소된 후 그 취소일부터 2년이 지나지 아니한 자. 다만, 제1호 또는 제2호에 해당하여 제85조제1항제8호에 따라 여객자동차운송사업의 면허나 등록이 취소된 경우는 제외한다.

제7조(운송 개시) 제4조제1항에 따라 여객자동차운송사업의 면허를 받은 자는 국토교통부장관 또는 시·도지사가 지정하는 기일 또는 기간 안에 사업계획에 따른 수송시설을 확인받고 운송을 시작하여야 한다. 다만, 국토교통부장관 또는 시·도지사는 천재지변이나 그 밖의 부득이한 사유로 여객자동차운송사업의 면허를 받은 자가 국토교통부장관 또는 시·도지사가 지정하는 기일 또는 기간 안에 운송을 시작할 수 없는 경우에는 그 면허를 받은 자의 신청에 따라 기일을 늦추거나 기간을 늘릴 수 있다. 〈개정 2013. 3. 23.〉

제8조(운임·요금의 신고 등) ① 제4조제1항에 따라 여객자동차운송사업의 면허를 받은 자는 국토교통부장관 또는 시·도지사가 정하는 기준과 요율의 범위에서 운임이나 요금을 정하여 국토교통부장관 또는 시·도지사에게 신고하여야 한다. 〈개정 2013. 3. 23.〉

② 제4조제1항에 따라 여객자동차운송사업의 면허나 등록을 받은 자로서 대통령령으로 정하는 자는 제1항에도 불구하고 운임이나 요금을 정하려는 때에는 시·도지사에게 신고하여야 한다. 운임이나 요금을 변경하려는 때에도 또한 같다.

③ 국토교통부장관 또는 시·도지사는 제1항 또는 제2항에 따른 신고 또는 변경신고를 받은 날부터 국토교통부령으로 정하는 기간 내에 신고수리 여부를 신고인에게 통지하여야 한다. 〈신설 2017.

3. 21.〉

④ 국토교통부장관 또는 시·도지사가 제3항에서 정한 기간 내에 신고수리 여부 또는 민원 처리 관련 법령에 따른 처리기간의 연장 여부를 신고인에게 통지하지 아니하면 그 기간이 끝난 날의 다음 날에 신고를 수리한 것으로 본다. 〈신설 2017. 3. 21.〉

⑤ 제1항의 운임·요금의 기준과 요율의 결정에 필요한 사항은 국토교통부령으로 정한다. 〈개정 2013. 3. 23., 2017. 3. 21.〉

⑥ 노선 여객자동차운송사업자는 여객이 동반하는 6세 미만인 어린아이 1명은 운임이나 요금을 받지 아니하고 운송하여야 한다. 다만, 어린아이의 좌석을 따로 배정받기를 원하는 경우에는 운임이나 요금을 받고 운송할 수 있다. 〈개정 2017. 3. 21.〉

제9조(운송약관) ① 운송사업자는 운송약관을 정하여 국토교통부장관 또는 시·도지사에게 신고하여야 한다. 운송약관을 변경하려는 때에도 또한 같다. 〈개정 2013. 3. 23., 2016. 1. 19.〉

② 국토교통부장관 또는 시·도지사는 제1항에 따른 신고 또는 변경신고를 받은 날부터 국토교통부령으로 정하는 기간 내에 신고수리 여부를 신고인에게 통지하여야 한다. 〈신설 2017. 3. 21.〉

③ 국토교통부장관 또는 시·도지사가 제2항에서 정한 기간 내에 신고수리 여부 또는 민원 처리 관련 법령에 따른 처리기간의 연장 여부를 신고인에게 통지하지 아니하면 그 기간이 끝난 날의 다음 날에 신고를 수리한 것으로 본다. 〈신설 2017. 3. 21.〉

④ 제1항의 운송약관에 포함되어야 할 내용, 그 밖에 필요한 사항은 국토교통부령으로 정한다. 〈개정 2013. 3. 23., 2017. 3. 21.〉

제10조(사업계획의 변경) ① 제4조제1항에 따라 여객자동차운송사업의 면허를 받은 자가 사업계획을 변경하려는 때에는 국토교통부장관 또는 시·도지사의 인가를 받아야 한다. 다만, 국토교통부령으로 정하는 경미한 사항을 변경하려는 때에는 국토교통부장관 또는 시·도지사에게 신고하여야 한다. 〈개정 2013. 3. 23.〉

② 제4조제1항 단서에 따라 여객자동차운송사업을 등록한 자가 사업계획을 변경하려는 때에는 시·도지사에게 등록하여야 한다. 다만, 국토교통부령으로 정하는 경미한 사항을 변경하려는 때에는 시·도지사에게 신고하여야 한다. 〈개정 2013. 3. 23.〉

③ 국토교통부장관 또는 시·도지사는 제1항 단서 또는 제2항 단

서에 따른 변경신고를 받은 날부터 국토교통부령으로 정하는 기간 내에 신고수리 여부를 신고인에게 통지하여야 한다. 〈신설 2017. 3. 21.〉

④ 국토교통부장관 또는 시·도지사가 제3항에서 정한 기간 내에 신고수리 여부 또는 민원 처리 관련 법령에 따른 처리기간의 연장 여부를 신고인에게 통지하지 아니하면 그 기간이 끝난 날의 다음 날에 신고를 수리한 것으로 본다. 〈신설 2017. 3. 21.〉

⑤ 국토교통부장관 또는 시·도지사는 운송사업자가 다음 각 호의 어느 하나에 해당하는 경우 제1항과 제2항에 따른 사업계획의 변경을 제한할 수 있다. 〈개정 2013. 3. 23., 2014. 1. 28., 2017. 3. 21., 2024. 2. 13.〉

1. 제7조에 따른 운송 개시의 기일이나 기간 안에 운송을 시작하지 아니한 경우

2. 제23조에 따른 개선명령을 받고 이행하지 아니한 경우

3. 제85조제1항에 따라 노선폐지(路線廢止)나 감차(減車) 등이 따르는 사업계획 변경명령을 받은 후 1년이 지나지 아니한 경우

4. 교통사고의 규모나 발생 빈도가 대통령령으로 정하는 기준 이상인 경우

5. 제5조의3제3항에 따라 국토교통부장관이 여객자동차운송사업의 등록을 제한한 경우

⑥ 제1항부터 제5항까지의 규정에 따른 사업계획 변경의 절차, 기준, 그 밖에 필요한 사항은 국토교통부령으로 정한다. 〈개정 2013. 3. 23., 2017. 3. 21.〉

제11조(공동운수협정) 운송사업자가 여객의 원활한 운송과 서비스 개선을 위하여 다른 운송사업자와 공동 경영에 관한 계약이나 그 밖의 운수(運輸)에 관한 협정(이하 "공동운수협정"이라 한다)을 체결하려는 때에는 대통령령으로 정하는 바에 따라야 한다. 공동운수협정을 변경하려는 때에도 또한 같다.

제12조(명의이용 금지 등) ① 운송사업자는 다른 운송사업자나 운송사업자가 아닌 자로 하여금 유상이나 무상으로 그 사업용 자동차의 전부 또는 일부를 사용하여 여객자동차운송사업을 경영하게 할 수 없다. 이 경우 운송사업자가 다른 운송사업자나 운송사업자가 아닌 자에게 그 사업과 관련되는 지시를 하는 경우에도 또한 같다.

② 운송사업자는 자기나 다른 사람의 명의(名義)로 다른 운송사업자의 사업용 자동차의 전부 또는 일부를 사용하여 여객자동차운송사업을 경영할 수 없다. 이 경우 운송사업자가 다른 운송사업자로부터 그 사업과 관련되는 지시를 받는 경우에도 또한 같다.

③ 운송사업자가 아닌 자는 자기나 다른 사람의 명의로 운송사업자의 사업용 자동차의 전부 또는 일부를 사용하여 여객자동차운송사업을 경영할 수 없다. 이 경우 운송사업자가 아닌 자가 운송사업자로부터 그 사업과 관련된 지시를 받는 경우에도 또한 같다.

제13조(사업관리의 위탁) ① 운송사업자는 여객자동차운송사업의 관리를 위탁하려는 경우 국토교통부장관 또는 시·도지사에게 신고하여야 한다. 〈개정 2013. 3. 23.〉

② 국토교통부장관 또는 시·도지사는 제1항에 따른 신고를 받은 날부터 국토교통부령으로 정하는 기간 내에 신고수리 여부를 신고인에게 통지하여야 한다. 〈신설 2017. 3. 21.〉

③ 국토교통부장관 또는 시·도지사가 제2항에서 정한 기간 내에 신고수리 여부 또는 민원 처리 관련 법령에 따른 처리기간의 연장 여부를 신고인에게 통지하지 아니하면 그 기간이 끝난 날의 다음 날에 신고를 수리한 것으로 본다. 〈신설 2017. 3. 21.〉

④ 제1항에 따른 관리 위탁은 운송사업자가 아닌 자에게는 하지 못한다. 〈개정 2017. 3. 21.〉

제14조(사업의 양도·양수 등) ① 여객자동차운송사업을 양도·양수하려는 자는 국토교통부령으로 정하는 바에 따라 국토교통부장관 또는 시·도지사에게 신고하여야 한다. 이 경우 국토교통부장관 또는 시·도지사는 대통령령으로 정하는 여객자동차운송사업의 질서를 확립하기 위하여 필요하다고 인정할 때에는 국토교통부령으로 정하는 바에 따라 양도·양수의 지역적 범위를 한정할 수 있다. 〈개정 2013. 3. 23., 2014. 1. 28.〉

② 대통령령으로 정하는 여객자동차운송사업을 양도·양수하려면 제1항에도 불구하고 국토교통부령으로 정하는 바에 따라 국토교통부장관 또는 시·도지사의 인가를 받아야 한다. 이 경우 국토교통부장관 또는 시·도지사는 국토교통부령으로 정하는 일정 기간 동안 여객자동차운송사업의 양도·양수를 제한할 수 있다. 〈개정 2013. 3. 23.〉

③ 제2항에 따라 인가를 받아야 하는 운송사업자 중에서 대통령령으로 정하는 자는 그 사업을 양도할 수 없다. 다만, 사업구역별로 사업면허의 수요·공급 등을 고려하여 관할 지방자치단체의 조례로 달리 정하는 경우에는 그러하지 아니하다. 〈신설 2009. 5. 27., 2015. 6. 22.〉

④ 운송사업자인 법인이 합병하려는 경우(운송사업자인 법인이 운송사업자가 아닌 법인을 흡수합병하는 경우는 제외한다)에는 국토교통부령으로 정하는 바에 따라 국토교통부장관 또는 시·도지사에게 신고하여야 한다. 〈개정 2009. 5. 27., 2013. 3. 23.〉

⑤ 국토교통부장관 또는 시·도지사는 제1항 또는 제4항에 따른 신고를 받은 날부터 국토교통부령으로 정하는 기간 내에 신고수리 여부를 신고인에게 통지하여야 한다. 〈신설 2017. 3. 21.〉

⑥ 국토교통부장관 또는 시·도지사가 제5항에서 정한 기간 내에 신고수리 여부 또는 민원 처리 관련 법령에 따른 처리기간의 연장 여부를 신고인에게 통지하지 아니하면 그 기간이 끝난 날의 다음 날에 신고를 수리한 것으로 본다. 〈신설 2017. 3. 21.〉

⑦ 국토교통부장관 또는 시·도지사는 제2항에 따른 인가의 신청을 받은 날부터 20일 이내에 인가 여부를 신청인에게 통지하여야 한다. 〈신설 2017. 3. 21.〉

⑧ 국토교통부장관 또는 시·도지사가 제7항에서 정한 기간 내에 인가 여부 또는 민원 처리 관련 법령에 따른 처리기간의 연장 여부를 신청인에게 통지하지 아니하면 그 기간이 끝난 날의 다음 날에 인가를 한 것으로 본다. 〈신설 2017. 3. 21.〉

⑨ 제1항, 제2항 및 제4항에 따른 신고를 하거나 인가를 받은 경우 여객자동차운송사업을 양수한 자는 여객자동차운송사업을 양도한 자의 운송사업자로서의 지위를 승계하며, 합병에 따라 설립되거나 존속되는 법인은 합병에 따라 소멸되는 법인의 운송사업자로서의 지위를 승계한다. 〈개정 2009. 5. 27., 2017. 3. 21.〉

⑩ 제1항, 제2항 및 제4항에 따른 신고를 하거나 인가를 받는 자의 결격사유에 관하여는 제6조를 준용한다. 〈개정 2009. 5. 27., 2017. 3. 21.〉

제15조(여객자동차운송사업의 상속) ① 운송사업자가 사망한 경우 상속인이 그 여객자동차운송사업을 계속하려면 피상속인이 사망한

날부터 90일 이내에 국토교통부장관 또는 시 · 도지사에게 신고하여야 한다. 〈개정 2009. 5. 27., 2013. 3. 23., 2015. 6. 22.〉

② 국토교통부장관 또는 시 · 도지사는 제1항에 따른 신고를 받은 날부터 국토교통부령으로 정하는 기간 내에 신고수리 여부를 신고인에게 통지하여야 한다. 〈신설 2017. 3. 21.〉

③ 국토교통부장관 또는 시 · 도지사가 제2항에서 정한 기간 내에 신고수리 여부 또는 민원 처리 관련 법령에 따른 처리기간의 연장 여부를 신고인에게 통지하지 아니하면 그 기간이 끝난 날의 다음 날에 신고를 수리한 것으로 본다. 〈신설 2017. 3. 21.〉

④ 제1항에도 불구하고 대통령령으로 정하는 운송사업자가 사망한 경우에는 상속인이 그 여객자동차운송사업을 계속할 수 없다. 다만, 사업구역별로 사업면허의 수요 · 공급 등을 고려하여 관할 지방자치단체의 조례로 달리 정하는 경우에는 그러하지 아니하다. 〈신설 2015. 6. 22., 2017. 3. 21.〉

⑤ 상속인이 제1항에 따른 신고를 한 경우 피상속인이 사망한 날부터 신고를 한 날까지의 기간 동안 피상속인에 대한 여객자동차운송사업의 면허나 등록은 상속인에 대한 면허나 등록으로 본다. 〈개정 2015. 6. 22., 2017. 3. 21.〉

⑥ 제1항에 따라 신고를 한 상속인은 피상속인이 지니고 있던 운송사업자로서의 지위를 승계한다. 〈개정 2015. 6. 22., 2017. 3. 21.〉

⑦ 제1항에 따른 신고를 한 자의 결격사유에 관하여는 제6조를 준용한다. 다만, 피상속인이 사망한 날부터 90일 이내에 상속인이 그 여객자동차운송사업을 다른 사람에게 양도한 경우에는 피상속인의 사망일부터 양도일까지의 기간 동안 피상속인에 대한 여객자동차운송사업의 면허나 등록은 상속인에 대한 면허나 등록으로 본다. 〈개정 2015. 6. 22., 2017. 3. 21.〉

제16조(여객자동차운송사업의 휴업 · 폐업) ① 제4조제1항에 따라 여객자동차운송사업의 면허를 받은 자는 그 사업의 전부 또는 일부를 휴업하거나 그 사업의 전부를 폐업하려면 국토교통부령으로 정하는 바에 따라 국토교통부장관 또는 시 · 도지사의 허가를 받아야 한다. 다만, 도로나 다리가 파괴되거나 그 밖에 정당한 사유가 있는 경우에는 그러하지 아니하다. 〈개정 2013. 3. 23.〉

② 제4조제1항 단서에 따라 여객자동차운송사업의 등록을 한 자

는 그 사업의 전부 또는 일부를 휴업하거나 그 사업의 전부를 폐업하려면 국토교통부령으로 정하는 바에 따라 시·도지사에게 신고하여야 한다. 〈개정 2013. 3. 23.〉

③ 국토교통부장관 또는 시·도지사는 제2항에 따른 신고를 받은 날부터 국토교통부령으로 정하는 기간 내에 신고수리 여부를 신고인에게 통지하여야 한다. 〈신설 2017. 3. 21.〉

④ 국토교통부장관 또는 시·도지사가 제3항에서 정한 기간 내에 신고수리 여부 또는 민원 처리 관련 법령에 따른 처리기간의 연장 여부를 신고인에게 통지하지 아니하면 그 기간이 끝난 날의 다음 날에 신고를 수리한 것으로 본다. 〈신설 2017. 3. 21.〉

⑤ 제1항과 제2항의 휴업 기간은 1년을 넘지 못한다. 〈개정 2017. 3. 21.〉

⑥ 운송사업자는 그 사업의 전부 또는 일부를 휴업하거나 그 사업의 전부를 폐업하려면 미리 그 취지를 영업소와 일반 사람들이 보기 쉬운 곳에 게시하여야 한다. 〈개정 2017. 3. 21.〉

제17조(자동차 표시) 운송사업자는 여객자동차운송사업에 사용되는 자동차의 바깥쪽에 운송사업자의 명칭, 기호, 그 밖에 국토교통부령으로 정하는 사항을 표시하여야 한다. 〈개정 2013. 3. 23.〉

제18조(우편물 등의 운송) ①노선 여객자동차운송사업자는 여객 운송에 덧붙여 우편물, 신문, 여객의 휴대 화물, 그 밖에 신속한 운송이 필요한 것으로서 국토교통부령으로 정하는 소화물을 운송할 수 있다. 〈개정 2014. 1. 28.〉

② 제1항에 따라 노선 여객자동차운송사업자가 운송할 수 있는 소화물의 부피, 무게 및 그 밖에 필요한 사항은 국토교통부령으로 정한다. 〈신설 2014. 1. 28.〉

③ 국토교통부장관 또는 시·도지사는 제1항에도 불구하고 여객의 안전을 위하여 필요하다고 인정하는 경우 노선 여객자동차운송사업자에게 소화물 운송의 금지를 명할 수 있다. 〈신설 2014. 1. 28.〉

제19조(사고 시의 조치 등) ① 운송사업자는 사업용 자동차의 고장, 교통사고 또는 천재지변으로 다음 각 호의 어느 하나에 해당하는 상황이 발생하는 경우 국토교통부령으로 정하는 바에 따라 같은 호에 따른 조치를 하여야 한다. 〈개정 2013. 3. 23., 2015. 8. 11.〉

1. 사상자(死傷者)가 발생하는 경우: 신속하게 유류품(遺留品)을 관리할 것

2. 사업용 자동차의 운행을 재개할 수 없는 경우: 대체 운송수단을 확보하여 여객에게 제공하는 등 필요한 조치를 할 것. 다만, 여객이 동의하는 경우에는 그러하지 아니하다.

② 운송사업자는 그 사업용 자동차에 다음 각 호의 어느 하나에 해당하는 사고(이하 "중대한 교통사고"라 한다)가 발생한 경우 국토교통부령으로 정하는 바에 따라 지체 없이 국토교통부장관 또는 시·도지사에게 보고하여야 한다. 〈개정 2013. 3. 23.〉

1. 전복(顚覆) 사고

2. 화재가 발생한 사고

3. 대통령령으로 정하는 수(數) 이상의 사람이 죽거나 다친 사고

제20조(여객자동차 운수사업자에 대한 경영 및 서비스 평가) ① 국토교통부장관 또는 시·도지사는 여객자동차 운수사업을 체계적으로 지원·육성하고 서비스를 개선하기 위하여 여객자동차 운수사업자의 경영 상태와 여객자동차 운수사업을 경영하는 자(이하 "여객자동차 운수사업자"라 한다)가 제공하는 서비스에 대하여 평가를 할 수 있다. 〈개정 2013. 3. 23.〉

② 국토교통부장관 또는 시·도지사는 제1항에 따른 경영 및 서비스 평가 결과(경영 평가 결과는 제외한다)를 국토교통부령으로 정하는 바에 따라 공표할 수 있다. 〈개정 2013. 3. 23.〉

③ 국토교통부장관 또는 시·도지사는 제1항에 따른 경영 및 서비스 평가 결과가 우수한 자에게 국토교통부령으로 정하는 바에 따라 포상, 우수 인증서 발급 등을 실시하고 제50조에 따른 재정지원 등을 우선적으로 할 수 있다. 〈개정 2013. 3. 23.〉

④ 국토교통부장관 또는 시·도지사는 여객자동차 운수사업자에게 제1항에 따른 경영 및 서비스 평가에 필요한 자료를 제출하도록 요구할 수 있다. 〈개정 2013. 3. 23.〉

⑤ 제1항에 따라 국토교통부장관 또는 시·도지사가 실시하는 경영 및 서비스 평가의 대상·기준·방법 및 절차 등에 관하여 필요한 사항은 국토교통부령으로 정한다. 〈개정 2013. 3. 23.〉

제20조의2(여객자동차 운수사업자와 관련된 교통안전정보의 공시) ① 국토교통부장관은 여객자동차 운수사업용 자동차를 이용하려는

자에게 여객자동차 운수사업자와 관련된 교통안전정보를 공시할 수 있다.

② 제1항에 따른 교통안전정보의 대상 및 기준, 공시의 방법 및 절차 등에 필요한 사항은 국토교통부령으로 정한다.

[본조신설 2017. 12. 26.]

제21조(운송사업자의 준수 사항) ① 대통령령으로 정하는 운송사업자는 운수종사자(제24조에 따른 운전업무 종사자격을 갖추고 여객자동차운송사업의 운전업무에 종사하고 있는 자를 말한다. 이하 같다)가 이용자에게서 받은 운임이나 요금(이하 "운송수입금"이라 한다)의 전액에 대하여 다음 각 호의 사항을 준수하여야 한다. 〈개정 2019. 8. 27., 2024. 1. 9.〉

1. 1일 근무시간 동안 택시요금미터(운송수입금 관리를 위하여 설치한 확인 장치를 포함한다. 이하 같다)에 기록된 운송수입금의 전액을 운수종사자의 근무종료 당일 수납할 것

2. 일정금액의 운송수입금 기준액을 정하여 수납하지 않을 것

3. 차량 운행에 필요한 제반경비(주유비, 세차비, 차량수리비, 사고처리비 등을 포함한다)를 운수종사자에게 운송수입금이나 그 밖의 금전으로 충당하지 않을 것

4. 운송수입금 확인기능을 갖춘 운송기록출력장치를 갖추고 운송수입금 자료를 보관(보관기간은 1년으로 한다)할 것

5. 운송수입금 수납 및 운송기록을 허위로 작성하지 않을 것

② 운송사업자는 제24조에 따른 운수종사자의 요건을 갖춘 자만 운전업무에 종사하게 하여야 한다.

③ 삭제 〈2020. 4. 7.〉

④ 삭제 〈2020. 4. 7.〉

⑤ 삭제 〈2020. 4. 7.〉

⑥ 운송사업자는 제27조의2에 따라 여객이 착용하는 좌석안전띠가 정상적으로 작동될 수 있는 상태를 유지(여객이 6세 미만의 유아인 경우에는 유아보호용 장구를 장착할 수 있는 상태를 포함한다)하여야 한다. 〈신설 2012. 5. 23., 2017. 3. 21., 2017. 10. 24.〉

⑦ 운송사업자는 운수종사자에게 여객의 좌석안전띠 착용에 관한 교육을 하여야 한다. 이 경우 교육의 방법, 내용, 시기 및 주기, 그 밖에 필요한 사항은 국토교통부령으로 정한다. 〈신설 2012. 5. 23.,

2013. 3. 23., 2017. 3. 21.〉

⑧ 구역 여객자동차운송사업 중 대통령령으로 정하는 여객자동차운송사업에 사용되는 자동차에 대하여는 국토교통부령으로 정하는 바에 따라 운전석 및 그 옆 좌석에 에어백을 설치하여야 한다. 〈신설 2013. 8. 6., 2017. 3. 21.〉

⑨ 구역 여객자동차운송사업 중 대통령령으로 정하는 여객자동차운송사업을 영위하는 운송사업자는 이용자의 요청이 있거나 이용자와 운송계약을 체결하는 경우 해당 차량 및 운전자에 관한 다음 각 호의 교통안전정보를 제공하여야 한다. 〈신설 2014. 5. 21., 2015. 6. 22., 2017. 3. 21.〉

1. 제24조에 따른 운전업무 종사자격 취득 여부
2. 제84조에 따른 차령 및 운행거리 기준 준수 여부
3. 「자동차손해배상 보장법」에 따른 의무보험 가입 여부
4. 그 밖에 이용자의 교통안전과 관련된 정보로서 국토교통부령으로 정하는 정보

⑩ 구역 여객자동차운송사업 중 대통령령으로 정하는 여객자동차운송사업을 영위하는 운송사업자는 사업용 자동차를 운행하려면 다음 각 호의 운행정보를 시·도지사에게 신고한 후 운행기록증을 발부받아 해당 자동차에 붙여야 한다. 이 경우 운행정보 신고 및 운행기록증 발부·부착의 절차·방법 등에 필요한 사항은 국토교통부령으로 정한다. 〈신설 2015. 1. 6., 2017. 3. 21., 2020. 6. 9.〉

1. 운행 일시·목적 및 경로
2. 운수종사자의 이름 및 운전자격
3. 그 밖에 국토교통부령으로 정하는 정보

⑪ 운송사업자는 운수종사자에게 안전운전에 필요한 충분한 휴식시간(이하 "휴식시간"이라 한다)을 보장하여야 한다. 이 경우 운송수단별 휴식시간에 관한 사항은 국토교통부령으로 정한다. 〈신설 2017. 10. 24.〉

⑫ 운송사업자(자동차 1대를 운송사업자가 직접 운전하는 특수여객자동차운송사업자 및 개인택시운송사업자는 제외한다)는 사업용 자동차를 운행하기 전에 대통령령으로 정하는 바에 따라 운수종사자의 음주 여부를 확인하고 이를 기록하여야 한다. 확인한 결과 운수종사자가 음주로 안전한 운전을 할 수 없다고 판단되는 경우에는

해당 운수종사자가 차량을 운행하도록 하여서는 아니 된다. 〈신설 2018. 8. 14.〉

⑬ 제1항부터 제12항까지 외에 안전운행과 여객의 편의 또는 서비스 개선 등을 위한 지도·확인에 대하여 운송사업자가 지켜야 할 사항은 국토교통부령으로 정한다. 〈개정 2009. 5. 27., 2012. 5. 23., 2013. 3. 23., 2013. 8. 6., 2014. 5. 21., 2015. 1. 6., 2017. 3. 21., 2017. 10. 24., 2018. 8. 14.〉

제22조(운수종사자 등의 현황 통보) ① 운송사업자(자동차 1대로 운송사업자가 직접 운전하는 여객자동차운송사업의 경우는 제외한다)는 운수종사자에 대한 다음 각 호의 사항을 각각의 기준에 따라 시·도지사에게 알려야 한다. 〈개정 2017. 12. 26.〉

1. 신규 채용하거나 퇴직한 운수종사자의 명단(신규 채용한 운수종사자의 경우에는 보유하고 있는 운전면허의 종류와 취득 일자를 포함한다): 신규 채용일이나 퇴직일부터 7일 이내
2. 전월 말일 현재의 운수종사자 현황: 매월 10일까지
3. 전월 각 운수종사자에 대한 휴식시간 보장내역: 매월 10일까지

② 제1항 각 호의 사항을 통보받은 시·도지사는 지체 없이 국토교통부장관에게 보고하여야 한다. 〈개정 2013. 3. 23.〉

③ 제24조제1항제3호에 따른 시험을 시행한 시·도지사는 자격을 취득한 사람의 현황을 지체 없이 국토교통부령으로 정하는 바에 따라 국토교통부장관에게 보고하여야 한다. 〈신설 2014. 1. 28., 2017. 12. 26.〉

④ 제25조제1항에 따른 운수종사자 교육을 실시한 운수종사자 연수기관 등은 교육을 받은 운수종사자 현황을 매월 10일까지 국토교통부장관에게 보고하여야 한다. 〈신설 2014. 1. 28.〉

[제목개정 2014. 1. 28.]

제22조의2(운수종사자 관리업무의 전산처리) ① 국토교통부장관은 운수종사자 현황을 효율적으로 관리하기 위하여 운수종사자 현황 등 국토교통부령으로 정하는 정보를 수집·관리하는 시스템(이하 이 조에서 "운수종사자 관리시스템"이라 한다)을 구축·운영할 수 있다.

② 국토교통부장관은 운수종사자의 효율적 관리, 교통사고 예방 등 공공의 목적을 위하여 필요한 경우 운수종사자 관리시스템에 의하여 처리된 자료를 국토교통부령으로 정하는 바에 따라 시·도 및

第53조에 따른 조합 등과 공동으로 이용하게 할 수 있다.

[본조신설 2014. 1. 28.]

第23조(여객자동차운송사업의 개선명령 등) ① 국토교통부장관 또는 시·도지사(제10호의 경우 대통령령으로 정하는 운송사업에 대하여는 시장·군수를 말한다)는 여객을 원활히 운송하고 서비스를 개선하기 위하여 필요하다고 인정하면 운송사업자에게 다음 각 호의 사항을 명할 수 있다. 〈개정 2012. 2. 1., 2013. 3. 23.〉

1. 사업계획의 변경(제85조제1항에 따른 노선폐지나 감차 등의 결과가 따르는 사업계획의 변경은 제외한다)
2. 노선의 연장·단축 또는 변경
3. 운임 또는 요금의 조정
4. 운송약관의 변경
5. 자동차 또는 운송시설의 개선
6. 운임 또는 요금 징수 방식의 개선
7. 공동운수협정의 체결
8. 자동차 손해배상을 위한 보험 또는 공제에의 가입
9. 안전운송의 확보와 서비스의 향상을 위하여 필요한 조치
10. 벽지노선(僻地路線)이나 수익성(收益性)이 없는 노선의 운행

② 국토교통부장관 또는 시·도지사는 천재지변 등의 사유로 노선 여객자동차나 도시철도 등의 운행이 곤란한 지역이나 노선에 긴급하게 수송력 공급을 증대시킬 필요가 있으면 운송사업자에게 노선의 연장·변경, 임시노선의 운행 등 대체교통수단으로서 여객자동차의 운행을 명할 수 있다. 〈개정 2013. 3. 23.〉

③ 국토교통부장관, 시·도지사 또는 시장·군수는 운송사업자가 제1항제10호의 개선명령과 제2항의 운행명령을 이행하면서 손실을 입은 경우 대통령령으로 정하는 바에 따라 그 손실을 보상(補償)하여야 한다. 〈개정 2012. 2. 1., 2013. 3. 23.〉

第24조(여객자동차운송사업의 운전업무 종사자격) ① 여객자동차운송사업의 운전업무에 종사하려는 사람은 제1호 및 제2호의 요건을 모두 갖추고, 제3호 또는 제4호(국토교통부령으로 정하는 여객자동차운송사업에 한정한다)의 요건을 갖추어야 한다. 〈개정 2013. 3. 23., 2014. 5. 21.〉

1. 국토교통부령으로 정하는 나이와 운전경력 등 운전업무에 필요

한 요건을 갖출 것

2. 국토교통부령으로 정하는 바에 따라 국토교통부장관이 시행하는 운전 적성(適性)에 대한 정밀검사 기준에 맞을 것

3. 국토교통부장관 또는 시ㆍ도지사가 시행하는 여객자동차 운수관계 법령과 지리 숙지도(熟知度) 등에 관한 시험에 합격한 후 국토교통부장관 또는 시ㆍ도지사로부터 자격을 취득할 것

4. 국토교통부장관이 「교통안전법」 제56조에 따른 교통안전체험에 관한 연구ㆍ교육시설에서 교통안전체험, 교통사고 대응요령 및 여객자동차 운수사업법령 등에 관하여 실시하는 이론 및 실기 교육을 이수하고 자격을 취득할 것

② 제1항제3호 및 제4호에 따른 시험의 실시, 교육의 이수 및 자격의 취득 등에 필요한 사항은 국토교통부령으로 정한다. 〈개정 2013. 3. 23., 2014. 5. 21.〉

③ 여객자동차운송사업의 운전자격을 취득하려는 사람이 다음 각 호의 어느 하나에 해당하는 경우 제1항에 따른 자격을 취득할 수 없다. 〈개정 2016. 1. 6., 2016. 12. 2., 2021. 7. 27.〉

1. 다음 각 목의 어느 하나에 해당하는 죄를 범하여 금고(禁錮) 이상의 실형을 선고받고 그 집행이 끝나거나(집행이 끝난 것으로 보는 경우를 포함한다) 면제된 날부터 2년이 지나지 아니한 사람

가. 「특정강력범죄의 처벌에 관한 특례법」 제2조제1항 각 호에 따른 죄

나. 「특정범죄 가중처벌 등에 관한 법률」 제5조의2부터 제5조의5까지, 제5조의8, 제5조의9 및 제11조에 따른 죄

다. 「마약류 관리에 관한 법률」에 따른 죄

라. 「형법」 제332조(제329조부터 제331조까지의 상습범으로 한정한다), 제341조에 따른 죄 또는 그 각 미수죄, 제363조에 따른 죄

2. 제1호 각 목의 어느 하나에 해당하는 죄를 범하여 금고 이상의 형의 집행유예를 선고받고 그 집행유예기간 중에 있는 사람

3. 제2항에 따른 자격시험일 전 5년간 다음 각 목의 어느 하나에 해당하는 사람

가. 「도로교통법」 제93조제1항제1호부터 제4호까지에 해당하여 운전면허가 취소된 사람

나. 「도로교통법」 제43조를 위반하여 운전면허를 받지 아니하거나 운전면허의 효력이 정지된 상태로 같은 법 제2조제21호에 따른 자동차등을 운전하여 벌금형 이상의 형을 선고받거나 같은 법 제93조제1항제19호에 따라 운전면허가 취소된 사람

다. 운전 중 고의 또는 과실로 3명 이상이 사망(사고발생일부터 30일 이내에 사망한 경우를 포함한다)하거나 20명 이상의 사상자가 발생한 교통사고를 일으켜 「도로교통법」 제93조제1항제10호에 따라 운전면허가 취소된 사람

4. 제2항에 따른 자격시험일 전 3년간 다음 각 목의 어느 하나에 해당하는 처분을 받은 사람

가. 「도로교통법」 제93조제1항제1호에 해당하여 행하여진 운전면허효력 정지처분

나. 「도로교통법」 제93조제1항제5호 및 제5호의2에 해당하여 행하여진 운전면허 취소처분

④ 구역 여객자동차운송사업 중 대통령령으로 정하는 여객자동차운송사업의 운전자격을 취득하려는 사람이 다음 각 호의 어느 하나에 해당하는 경우 제3항에도 불구하고 제1항에 따른 자격을 취득할 수 없다. 〈개정 2012. 12. 18., 2016. 12. 2., 2021. 7. 27.〉

1. 다음 각 목의 어느 하나에 해당하는 죄를 범하여 금고 이상의 실형을 선고받고 그 집행이 끝나거나(집행이 끝난 것으로 보는 경우를 포함한다) 면제된 날부터 최대 20년의 범위에서 범죄의 종류·죄질, 형기의 장단 및 재범위험성 등을 고려하여 대통령령으로 정하는 기간이 지나지 아니한 사람

가. 제3항제1호 각 목에 따른 죄

나. 「성폭력범죄의 처벌 등에 관한 특례법」 제2조제1항제2호부터 제4호까지, 제3조부터 제9조까지, 제14조, 제14조의2, 제14조의3 및 제15조에 따른 죄

다. 「아동·청소년의 성보호에 관한 법률」 제2조제2호에 따른 죄

2. 제1호에 따른 죄를 범하여 금고 이상의 형의 집행유예를 선고받고 그 집행유예기간 중에 있는 사람

⑤ 국토교통부장관 또는 시·도지사는 제1항제1호에 따른 운전경력 및 제3항과 제4항에 따른 범죄경력을 확인하기 위하여 필요한 정보에 한정하여 경찰청장에게 운전경력 및 범죄경력자료의 조회를

요청할 수 있다. 〈개정 2013. 3. 23., 2014. 1. 28., 2020. 6. 9.〉

[전문개정 2012. 2. 1.]

[2016. 12. 2. 법률 제14342호에 의하여 2015. 12. 23. 헌법재판소에서 헌법불합치 결정된 이 조를 개정함.]

제24조의2(운전자격증명의 게시 등) ① 여객자동차운송사업의 운수종사자(운송사업자의 질병 등 국토교통부령으로 사유로 다른 사람에게 운전업무를 대신하게 하는 경우에는 해당 운전자를 말한다)는 제24조에 따른 운전업무 종사자격을 증명하는 증표를 발급받아 해당 사업용 자동차 안에 항상 게시하여야 한다.

② 제1항에도 불구하고 구역 여객자동차운송사업의 운수종사자 중 대통령령으로 정하는 운수종사자는 운전자격증명을 전자적 매체·기기 등을 통한 방법으로 게시할 수 있다.

③ 제1항에 따른 증표의 발급·관리 및 게시에 필요한 사항은 국토교통부령으로 정한다.

[본조신설 2015. 8. 11.]

제25조(운수종사자의 교육 등) ① 운수종사자는 국토교통부령으로 정하는 바에 따라 운전업무를 시작하기 전에 다음 각 호의 사항에 관한 교육을 받아야 한다. 〈개정 2015. 8. 11., 2017. 8. 9., 2019. 11. 26.〉

1. 여객자동차 운수사업 관계 법령 및 도로교통 관계 법령
2. 서비스의 자세 및 운송질서의 확립
3. 교통안전수칙
4. 응급처치의 방법

4의2. 차량용 소화기 사용법 등 차량화재 발생 시 대응방법

5. 「지속가능 교통물류 발전법」 제2조제15호에 따른 경제운전
6. 그 밖에 운전업무에 필요한 사항

② 운송사업자는 제1항에 따라 운수종사자가 교육을 받는 데에 필요한 조치를 하여야 하며, 그 교육을 받지 아니한 운수종사자를 운전업무에 종사하게 하여서는 아니 된다.

③ 시·도지사는 제1항에 따른 교육을 효율적으로 실시하기 위하여 필요하면 특별시·광역시·특별자치시·도·특별자치도(이하 "시·도"라 한다)의 조례로 정하는 바에 따라 운수종사자 연수기관을 직접 설립하여 운영하거나 지정할 수 있으며, 그 운영에 필요한 비

용을 지원할 수 있다. 〈개정 2012. 5. 23.〉

제26조(운수종사자의 준수 사항) ① 운수종사자는 다음 각 호의 어느 하나에 해당하는 행위를 하여서는 아니 된다. 〈개정 2013. 3. 23., 2014. 1. 28., 2017. 10. 24., 2019. 8. 27., 2024. 1. 9.〉

1. 정당한 사유 없이 여객의 승차(제3조제1항제3호의 수요응답형 여객자동차운송사업의 경우 여객의 승차예약을 포함한다)를 거부하거나 여객을 중도에서 내리게 하는 행위(구역 여객자동차운송사업 중 대통령령으로 정하는 여객자동차운송사업은 제외한다)

2. 부당한 운임 또는 요금을 받는 행위(구역 여객자동차운송사업 중 대통령령으로 정하는 여객자동차운송사업은 제외한다)

3. 일정한 장소에 오랜 시간 정차하여 여객을 유치(誘致)하는 행위

4. 삭제 〈2014. 1. 28.〉

5. 문을 완전히 닫지 아니한 상태에서 자동차를 출발시키거나 운행하는 행위

6. 여객이 승하차하기 전에 자동차를 출발시키거나 승하차할 여객이 있는데도 정차하지 아니하고 정류소를 지나치는 행위

7. 안내방송을 하지 아니하는 행위(국토교통부령으로 정하는 자동차 안내방송 시설이 설치되어 있는 경우만 해당한다)

7의2. 여객자동차운송사업용 자동차 안에서 흡연하는 행위

7의3. 휴식시간을 준수하지 아니하고 운행하는 행위

7의4. 운전 중에 방송 등 영상물을 수신하거나 재생하는 장치(휴대전화 등 운전자가 휴대하는 것을 포함하며, 이하 "영상표시장치"라 한다)를 이용하여 영상물 등을 시청하는 행위. 다만, 다음 각 목의 어느 하나에 해당하는 경우에는 그러하지 아니하다.

가. 지리안내 영상 또는 교통정보안내 영상

나. 국가비상사태·재난상황 등 긴급한 상황을 안내하는 영상

다. 운전 시 자동차의 좌우 또는 전후방을 볼 수 있도록 도움을 주는 영상

8. 택시요금미터를 임의로 조작 또는 훼손하는 행위

9. 그 밖에 안전운행과 여객의 편의를 위하여 운수종사자가 지키도록 국토교통부령으로 정하는 사항을 위반하는 행위

② 제21조제1항에 따른 운송사업자의 운수종사자는 운송수입금의

전액에 대하여 다음 각 호의 사항을 준수하여야 한다. 〈개정 2019. 8. 27.〉

1. 1일 근무시간 동안 택시요금미터에 기록된 운송수입금의 전액을 운수종사자의 근무종료 당일 운송사업자에게 납부할 것

2. 일정금액의 운송수입금 기준액을 정하여 납부하지 않을 것

③ 운수종사자는 차량의 출발 전에 제27조의2에 따라 여객이 좌석안전띠를 착용하도록 안내하여야 한다. 이 경우 안내의 방법, 시기, 그 밖에 필요한 사항은 국토교통부령으로 정한다. 〈신설 2012. 5. 23., 2013. 3. 23.〉

④ 제21조제10항에 따라 운행기록증을 붙여야 하는 자동차를 운행하는 운수종사자는 같은 항에 따라 신고된 운행기간 중 해당 운행기록증을 식별하기 어렵게 하거나, 그러한 자동차를 운행하여서는 아니 된다. 〈신설 2015. 1. 6., 2017. 3. 21., 2020. 6. 9.〉

제27조(사고기록의 유지관리 등) ① 국토교통부장관은 운수종사자의 사상사고(死傷事故) 현황과 교통법규 위반사항 및 제24조제3항·제4항에 따른 범죄경력을 경찰청장에게 확인하여 그 기록을 유지·관리하여야 한다. 〈개정 2012. 5. 23., 2013. 3. 23.〉

② 국토교통부장관은 운수종사자의 운전면허가 취소 또는 정지되었거나 여객자동차의 안전운전을 확보하기 위하여 국토교통부령으로 정하는 기준에 해당하는 자가 있을 때에는 해당 시·도지사 및 운송사업자(자동차 1대로 운송사업자가 직접 운전하는 여객자동차운송사업의 경우는 제외한다)에게 그 사실을 알려야 한다. 〈개정 2013. 3. 23.〉

제27조의2(여객의 준수 사항) ① 최고속도, 도로의 여건 등을 고려하여 대통령령으로 정하는 도로에서 운행되는 대통령령으로 정하는 여객자동차운송사업용 자동차에 탑승하는 여객은 좌석안전띠를 착용하여야 한다. 다만, 환자·임산부 등 대통령령으로 정하는 여객은 그러하지 아니하다. 〈개정 2014. 1. 28.〉

② 여객은 여객자동차운송사업용 자동차 안에서 흡연하여서는 아니 된다. 〈신설 2014. 1. 28.〉

③ 여객은 여객자동차운송사업용 자동차 안에서 술을 마시거나 약물을 복용하고 다른 사람에게 위해를 주는 행위를 하여서는 아니 된다. 〈신설 2021. 3. 23.〉

④ 운전자는 제2항 또는 제3항을 위반하여 금지행위를 한 사람을

자동차 밖으로 내리게 하거나 금지행위를 유발한 물건을 수거 또는 폐기할 수 있다. 〈신설 2021. 3. 23.〉

[본조신설 2012. 5. 23.]

[제목개정 2014. 1. 28.]

제27조의3(영상기록장치의 설치 등) ① 운송사업자는 여객자동차운송사업에 사용되는 차량의 운행상황 기록, 교통사고 상황 파악, 차량 내 범죄예방을 위하여 대통령령으로 정하는 여객자동차운송사업의 사업용 자동차에 영상기록장치를 설치하여야 한다. 다만, 「교통안전법」 제55조제1항에 따른 운행기록장치가 영상기록장치의 기능을 가지고 있는 때에는 영상기록장치를 설치한 것으로 본다.

② 운송사업자는 제1항에 따라 영상기록장치를 설치하는 경우 운수종사자, 승객 등이 쉽게 인식할 수 있도록 대통령령으로 정하는 바에 따라 안내판 설치 등 필요한 조치를 하여야 한다.

③ 운송사업자는 영상기록장치와 관련하여 다음 각 호의 행위를 하여서는 아니 된다.

1. 설치 목적과 다른 목적으로 영상기록장치를 임의로 조작하거나 다른 곳을 비추는 행위
2. 운행기간 외에 영상기록을 하는 행위
3. 녹음기능을 사용하여 음성기록을 하는 행위

④ 운송사업자는 다음 각 호의 어느 하나에 해당하는 경우 외에는 영상기록을 이용하거나 다른 자에게 제공해서는 아니 된다.

1. 교통사고 상황 파악을 위하여 필요한 경우
2. 범죄의 수사와 공소의 제기 및 유지에 필요한 경우
3. 법원의 재판업무 수행을 위하여 필요한 경우

⑤ 영상기록장치의 설치·관리 및 영상기록의 이용·제공 등은 「개인정보 보호법」에 따라야 한다.

⑥ 운송사업자는 영상기록장치에 기록된 영상이 분실·도난·유출·변조 또는 훼손되지 아니하도록 안전성 확보에 필요한 조치를 하여야 한다.

⑦ 운송사업자는 대통령령으로 정하는 바에 따라 영상기록장치의 운영·관리 지침을 마련하여야 한다.

⑧ 제1항에 따른 영상기록장치의 설치 기준·방법, 제4항에 따른 영상기록의 제공 및 그 밖에 영상기록의 보관 등에 필요한 사항은

국토교통부령으로 정한다.
[본조신설 2018. 9. 18.]

제3장 자동차대여사업

제28조(등록) ① 자동차대여사업을 경영하려는 자는 사업계획을 작성하여 국토교통부령으로 정하는 바에 따라 시·도지사에게 등록하여야 한다. <개정 2013. 3. 23.>
② 제1항에 따른 자동차대여사업의 결격사유에 관하여는 제6조를 준용한다.
제29조(등록기준) 자동차대여사업의 등록기준이 되는 자동차 대수, 보유 차고 면적, 영업소, 그 밖에 필요한 사항은 국토교통부령으로 정한다. <개정 2013. 3. 23.>
제30조(대여사업용 자동차의 종류) 자동차대여사업에 사용할 수 있는 자동차의 종류는 국토교통부령으로 정한다. <개정 2013. 3. 23.>
제31조(자동차 대여약관) ① 제28조제1항에 따라 자동차대여사업을 등록한 자(이하 "자동차대여사업자"라 한다)는 대여약관을 정하여 자동차대여사업을 시작하기 전까지 시·도지사에게 신고하여야 한다. 대여약관을 변경하는 때에도 또한 같다.
② 시·도지사는 제1항에 따른 신고 또는 변경신고를 받은 날부터 국토교통부령으로 정하는 기간 내에 신고수리 여부를 신고인에게 통지하여야 한다. <신설 2017. 3. 21.>
③ 시·도지사가 제2항에서 정한 기간 내에 신고수리 여부 또는 민원 처리 관련 법령에 따른 처리기간의 연장 여부를 신고인에게 통지하지 아니하면 그 기간이 끝난 날의 다음 날에 신고를 수리한 것으로 본다. <신설 2017. 3. 21.>
④ 제1항의 대여약관에 포함되어야 할 내용 등에 필요한 사항은 국토교통부령으로 정한다. <개정 2013. 3. 23., 2017. 3. 21.>
제32조(자동차대여사업의 관리위탁) ① 자동차대여사업자는 자동차대여사업의 관리를 위탁하려면 시·도지사의 허가를 받아야 한다.
② 자동차대여사업자가 아닌 자에게는 제1항에 따른 관리위탁을 하지 못한다.
제33조(자동차대여사업의 개선명령) 시·도지사는 자동차 임차인의

보호, 안전운행의 확보, 서비스의 향상과 자동차대여사업의 적절한 관리를 위하여 필요하다고 인정하면 자동차대여사업자에게 다음 각 호의 사항을 명할 수 있다.

1. 사업계획의 변경
2. 대여약관의 변경
3. 시설의 개선과 변경

第34조(유상운송의 금지 등) ① 자동차대여사업자의 사업용 자동차를 임차한 자는 그 자동차를 유상(有償)으로 운송에 사용하거나 다시 남에게 대여하여서는 아니 되며, 누구든지 이를 알선(斡旋)하여서는 아니 된다. 〈개정 2015. 6. 22.〉

② 누구든지 자동차대여사업자의 사업용 자동차를 임차한 자에게 운전자를 알선하여서는 아니 된다. 다만, 다음 각 호의 어느 하나에 해당하는 경우에는 운전자를 알선할 수 있다. 〈개정 2015. 6. 22., 2020. 4. 7.〉

1. 자동차대여사업자가 다음 각 목의 어느 하나에 해당하는 자동차 임차인에게 운전자를 알선하는 경우
   가. 외국인
   나. 「장애인복지법」 제32조에 따라 등록된 장애인
   다. 65세 이상인 사람
   라. 국가 또는 지방자치단체
   마. 자동차를 6개월 이상 장기간 임차하는 법인
   바. 관광을 목적으로 승차정원 11인승 이상 15인승 이하인 승합자동차를 임차하는 사람. 이 경우 대여시간이 6시간 이상이거나, 대여 또는 반납 장소가 공항 또는 항만인 경우로 한정한다.
   사. 본인의 결혼식 및 그 부대행사에 이용하는 경우로서 본인이 직접 승차할 목적으로 배기량 3천시시 이상인 승용자동차를 임차하는 사람
2. 자동차 임차인이 임차 후 임대차계약서상의 운전자(제1호에 따라 운전자를 알선할 경우에는 해당 운전자를 말한다)가 주취, 신체 부상 등의 사유로 직접 운전이 불가능하여 「소득세법」 제173조제1항에 따라 대리운전 용역제공자에게 용역 제공과 관련된 사업장을 제공하는 자가 자동차 임차인에게 운전자를 알선하는 경우

③ 자동차대여사업자는 다른 사람의 수요에 응하여 사업용자동차

를 사용하여 유상으로 여객을 운송하여서는 아니 되며, 누구든지 이를 알선하여서는 아니 된다. 〈개정 2015. 6. 22.〉

제34조의2(자동차대여사업자의 준수사항) ①자동차대여사업자는 고장 및 사고로 인한 자동차대여와 관련하여 「자동차관리법」에 따른 자동차관리사업자 또는 「화물자동차 운수사업법」에 따른 운송사업자 및 운수종사자와 부정한 금품을 주고받아서는 아니 된다. 〈개정 2016. 12. 2.〉

② 자동차대여사업자는 대여사업용 자동차를 대여할 때 임대차계약서상의 운전자(제34조제2항에 따라 운전자를 알선하는 경우에는 해당 운전자를 말한다. 이하 같다)에 대하여 제34조의3제1항에 따른 운전자격확인시스템을 이용하여 운전자격을 확인하고, 해당 운전자가 다음 각 호의 어느 하나에 해당하는 경우에는 자동차를 대여하여서는 아니 된다. 다만, 대여사업용 자동차의 임차인이 법인 또는 「근로기준법」 제11조에 따른 상시 5명 이상의 근로자를 사용하는 개인사업자인 경우로서 임대차계약서에 운전자를 지정하지 아니하는 경우에는 그러하지 아니하다. 〈신설 2016. 12. 2., 2020. 12. 22., 2021. 3. 23., 2021. 12. 7.〉

1. 「도로교통법」 제80조제1항에 따라 시·도경찰청장으로부터 운전면허를 받지 아니하거나 운전면허의 효력이 정지된 경우

2. 대여하는 자동차가 임대차계약서상의 운전자가 보유한 운전면허의 범위(「도로교통법」 제80조제2항에 따른 운전면허의 범위를 말한다)에 따라 운전할 수 있는 자동차의 종류에 해당하지 아니하는 경우

③ 자동차대여사업자는 「자동차관리법」 제31조제1항 본문에 따라 대여사업용 자동차의 결함 사실이 공개된 경우 같은 법 같은 조에 따른 시정조치를 받지 아니하고는 이를 신규로 대여해서는 아니 된다. 〈신설 2020. 4. 7.〉

④ 자동차대여사업자는 「자동차관리법」 제31조제1항 본문에 따라 결함 사실이 공개된 자동차가 공개 당시 이미 대여 중인 경우에는 국토교통부령으로 정하는 바에 따라 차량의 임차인에게 결함 사실을 통보하여야 한다. 이 경우 차량의 임차인은 정당한 사유가 없으면 시정조치를 받도록 협조하여야 한다. 〈신설 2020. 4. 7.〉

[본조신설 2014. 1. 28.]

제34조의3(운전자격확인시스템 구축) ① 국토교통부장관은 제34조의2제2항에 따라 운전자의 운전자격을 확인하는 데 필요한 시스템(이하 "운전자격확인시스템"이라 한다)을 구축하여야 하고, 자동차대여사업자가 해당 시스템을 이용할 수 있도록 하여야 한다.

② 국토교통부장관은 운전자격확인시스템의 구축·운영을 위하여 경찰청장에게 「전자정부법」 제36조제1항에 따른 행정정보의 공동이용을 통하여 제34조의2제2항 각 호에 해당하는지의 여부에 관한 정보의 조회를 요청할 수 있다. 이 경우 요청을 받은 경찰청장은 정당한 사유가 없으면 이에 따라야 한다.

[본조신설 2016. 12. 2.]

제34조의4(명의대여의 금지) 누구든지 자동차대여사업자의 사업용 자동차를 임차하기 위하여 다른 사람에게 명의를 빌려주거나 다른 사람의 명의를 빌려서는 아니 되며, 대여를 알선하여서도 아니 된다.

[본조신설 2020. 10. 20.]

제34조의5(제3자의 운전 방지의무) 자동차대여사업자의 사업용 자동차를 임차한 자는 임대차계약서에 운전자로 열거되지 아니한 자가 임차한 자동차를 운전하게 하여서는 아니 된다. 다만, 다음 각 호의 어느 하나에 해당하는 경우에는 그러하지 아니하다.

1. 임차한 자가 법인 또는 「근로기준법」 제11조제1항에 따른 상시 5명 이상의 근로자를 사용하는 개인사업자인 경우로서 임대차계약서에 운전자를 지정하지 아니하는 경우

2. 제34조제2항제2호에 따라 자동차 임차인에게 운전자를 알선하는 경우

3. 그 밖에 임대차계약서에 지정하지 아니한 운전자의 운전이 불가피한 경우로서 대통령령으로 정하는 경우

[본조신설 2021. 7. 27.]

제35조(준용 규정) 자동차대여사업의 사업계획 변경, 사업계획의 변경제한, 공동운수협정, 명의이용 금지, 사업의 양도·양수 및 법인의 합병, 상속, 사업의 휴업·폐업, 사고 시의 조치 등에 관하여는 제10조제2항부터 제6항까지, 제11조, 제12조, 제14조(제2항은 제외한다), 제15조, 제16조(제1항은 제외한다) 및 제19조(제1항은 제외한다)를 준용한다. 〈개정 2017. 3. 21., 2021. 7. 27.〉

제4장 여객자동차터미널사업

제36조(여객자동차터미널사업의 면허) ① 여객자동차터미널사업(이하 "터미널사업"이라 한다)을 경영하려는 자는 국토교통부령으로 정하는 바에 따라 시·도지사의 면허를 받아야 한다. 〈개정 2013. 3. 23.〉

② 터미널사업의 결격사유에 관하여는 제6조를 준용한다.

제37조(면허기준) 터미널사업의 면허기준은 다음 각 호와 같다.

1. 여객자동차터미널(이하 "터미널"이라 한다)의 위치가 여객이 이용하기 편리하고 다른 교통수단과 쉽게 연계될 것
2. 터미널의 규모가 그 지역의 장기적인 수송 수요에 적합할 것
3. 그 사업을 개시하는 것이 터미널 이용객의 편의를 증진하고 그 지역의 여객자동차운송사업 발전에 도움이 될 것

제38조(공사시행 인가 등) ① 제36조제1항에 따라 터미널사업의 면허를 받은 자(이하 "터미널사업자"라 한다)는 시설하려는 터미널의 공사계획을 수립하여 특별자치시장·특별자치도지사·시장·군수·자치구의 구청장(이하 "시장·군수·구청장"이라 한다)이 정하는 기간까지 공사시행 인가를 받아야 한다. 인가받은 사항 중 대통령령으로 정하는 사항을 변경하려는 경우에도 또한 같다. 〈개정 2020. 2. 18.〉

② 시장·군수·구청장은 제1항의 공사계획이 국토교통부령으로 정하는 구조와 설비기준 등에 적합하다고 인정하면 공사시행을 인가하여야 한다. 〈개정 2013. 3. 23., 2020. 2. 18.〉

③ 시장·군수·구청장은 터미널사업자가 천재지변이나 그 밖의 부득이한 사유로 제1항에 따른 기간까지 인가를 신청할 수 없으면 터미널사업자의 신청에 따라 그 기간을 연장할 수 있다. 〈개정 2020. 2. 18.〉

④ 터미널사업자는 제1항에 따라 인가받은 공사를 끝낸 경우 시장·군수·구청장의 시설 확인을 받아야 한다. 〈개정 2020. 2. 18.〉

제39조(사용 개시) 터미널사업자는 제38조제4항의 시설 확인을 받은 후 시장·군수·구청장이 지정한 기간까지 터미널 사용을 시작하여야 한다. 다만, 정당한 사유가 있는 경우에는 시장·군수·구청장에게 사용 개시일을 연장하여 줄 것을 신청할 수 있다. 〈개정

2020. 2. 18.〉

第40条(사용약관) ① 터미널사업자는 사용약관을 정하여 시·도지사에게 신고하여야 한다. 사용약관을 변경하는 경우에도 또한 같다.

② 시·도지사는 제1항에 따른 신고 또는 변경신고를 받은 날부터 국토교통부령으로 정하는 기간 내에 신고수리 여부를 신고인에게 통지하여야 한다. 〈신설 2017. 3. 21.〉

③ 시·도지사가 제2항에서 정한 기간 내에 신고수리 여부 또는 민원 처리 관련 법령에 따른 처리기간의 연장 여부를 신고인에게 통지하지 아니하면 그 기간이 끝난 날의 다음 날에 신고를 수리한 것으로 본다. 〈신설 2017. 3. 21.〉

④ 제1항의 사용약관에 포함되어야 할 내용 등에 필요한 사항은 국토교통부령으로 정한다. 〈개정 2013. 3. 23., 2017. 3. 21.〉

第41条(시설 사용료) ① 터미널사업자는 그 터미널을 사용하는 운송사업자(이하 "터미널사용자"라 한다)에게서 시설 사용료를 받으려면 시·도지사의 인가를 받아야 한다. 시설 사용료를 변경하려는 경우에도 또한 같다.

② 시·도지사는 제1항에 따른 인가 또는 변경인가의 신청을 받은 날부터 30일 이내에 인가 여부를 신청인에게 통지하여야 한다. 〈신설 2018. 12. 31.〉

③ 시·도지사가 제2항에서 정한 기간 내에 인가 여부 또는 민원 처리 관련 법령에 따른 처리기간의 연장을 신청인에게 통지하지 아니하면 그 기간(민원 처리 관련 법령에 따라 처리기간이 연장 또는 재연장된 경우에는 해당 처리기간을 말한다)이 끝난 날의 다음 날에 인가를 한 것으로 본다. 〈신설 2018. 12. 31.〉

④ 제1항에 따른 시설 사용료의 인가기준 등 시설 사용료에 필요한 사항은 국토교통부령으로 정한다. 〈개정 2013. 3. 23., 2018. 12. 31.〉

第42条(터미널사업자의 준수 사항 등) ① 터미널사업자는 다음 각 호의 사항을 지켜야 한다. 〈개정 2021. 7. 27.〉

1. 부당하게 터미널 시설의 사용을 제한하지 아니할 것
2. 터미널 사용료를 부당하게 차별하지 아니할 것
3. 대기실·화장실 등 부대시설을 터미널사용자 및 터미널이용객이 편리하게 사용할 수 있도록 유지·관리할 것

② 터미널사업자는 터미널의 구조와 설비를 제38조제2항의 기준에 맞게 유지·관리하여야 한다.

③ 시장·군수·구청장은 터미널사업자가 제1항에 해당하는 금지행위를 한 경우 그 행위를 중지할 것을 명하여야 하며, 제2항에 따른 유지·관리를 하지 아니한 경우 그것을 시정(是正)하도록 명하여야 한다. 〈개정 2020. 2. 18.〉

제43조(위치·규모와 구조·설비의 변경 등) ① 터미널사업자는 터미널의 위치·규모 및 구조·설비 등을 변경하려면 다음 각 호의 구분에 따라 변경인가를 받아야 한다. 다만, 국토교통부령으로 정하는 경미한 사항을 변경하는 경우에는 그러하지 아니하다. 〈개정 2013. 3. 23., 2020. 2. 18.〉

1. 터미널의 위치의 변경: 시·도지사
2. 터미널의 규모 및 구조·설비 등의 변경: 시장·군수·구청장

② 제1항의 인가에 관하여는 제37조부터 제39조까지의 규정을 준용한다.

제44조(터미널사업의 개선명령) 시장·군수·구청장은 터미널사용자 및 터미널 이용객의 교통 편익을 해치거나 터미널사업을 개선하기 위하여 필요하다고 인정되면 그 터미널사업자에게 다음 각 호의 사항을 명할 수 있다. 〈개정 2020. 2. 18.〉

1. 터미널의 규모 및 구조의 변경과 설비의 개선·변경
2. 사용약관·시설사용료 또는 승차권 위탁판매 수수료의 변경
3. 터미널사용자와 터미널 이용객에 대한 서비스 개선, 질서 유지, 안전 확보를 위한 조치
4. 교육 등 종사원의 자질 향상을 위한 조치
5. 휴일이 이어지는 등 수송 수요가 수송 능력을 현저히 초과하는 경우 원활한 수송에 필요한 조치
6. 터미널사업자가 경영부실 등으로 승차권을 판매할 수 없는 경우 승차권 판매에 필요한 조치

제45조(사용명령) ① 시·도지사는 터미널이 있는 주변 지역에 노선을 정하여 여객자동차운송사업을 경영하고 있는 자가 자동차를 정류시키거나 여객을 승하차시키는 데에 그 터미널을 사용하고 있지 아니하면, 공중(公衆)의 편의와 여객자동차운송사업의 운송망(運送網) 정비를 위하여 그 운송사업자에게 그 터미널 사용을 명할 수 있다.

② 제1항에 따라 시·도지사가 터미널 사용을 명하는 기준은 국토교통부령으로 정한다. 〈개정 2013. 3. 23.〉

제46조(승차권 판매 위탁) ① 터미널사용자는 터미널사업자에게 승차권 판매를 위탁하여야 한다. 다만, 여객의 편의를 위하여 필요하다고 인정하면 국토교통부령으로 정하는 바에 따라 운송사업자가 직접 판매하거나 터미널사업자가 아닌 자에게 승차권 판매를 위탁할 수 있다. 〈개정 2013. 3. 23.〉

② 제1항에 따라 승차권 판매를 위탁하는 경우 그 위탁 판매 수수료는 운송사업자와 승차권 판매를 위탁받는 자가 서로 협의하여 정한다.

제47조(다른 법률과의 관계) ① 터미널사업자가 제38조의 공사시행인가를 받은 경우 다음 각 호의 허가 또는 인가 등에 관하여 제3항에 따라 시장·군수·구청장이 관계 행정기관의 장과 협의한 사항은 그 허가 또는 인가 등을 받은 것으로 본다. 〈개정 2011. 4. 14., 2014. 1. 14., 2020. 2. 18.〉

1. 「국토의 계획 및 이용에 관한 법률」 제56조에 따른 개발행위의 허가
2. 「국토의 계획 및 이용에 관한 법률」 제81조에 따른 시가화조정구역 안에서의 행위허가
3. 「국토의 계획 및 이용에 관한 법률」 제86조에 따른 도시·군계획시설사업 시행자의 지정
4. 「국토의 계획 및 이용에 관한 법률」 제88조에 따른 실시계획의 인가
5. 「도로법」 제36조에 따른 도로공사의 시행허가, 같은 법 제61조에 따른 도로의 점용허가
6. 「사도법」 제4조에 따른 사도개설(私道開設)의 허가
7. 「장사 등에 관한 법률」 제27조제1항에 따른 개장허가(改葬許可)
8. 「하수도법」 제16조에 따른 공공하수도공사의 허가

② 터미널사업자가 다음 각 호의 사업을 직접 경영하기 위하여 제38조제4항의 시설확인을 받은 경우에는 그 사업에 대한 다음 각 호의 허가를 받았거나 신고 또는 등록을 한 것으로 본다. 〈개정 2009. 2. 6.〉

1. 「유통산업발전법」 제8조에 따른 대규모점포의 개설등록
2. 「식품위생법」 제37조에 따른 식품접객업(단란주점 및 유흥주점 영업은 제외한다)의 허가
3. 「석유 및 석유대체연료 사업법」 제10조에 따른 석유판매업 중 주유소의 등록
4. 「체육시설의 설치 · 이용에 관한 법률」 제20조에 따른 체육시설업의 신고
5. 「공연법」 제9조에 따른 공연장업의 등록

③ 시장 · 군수 · 구청장은 제38조제1항에 따라 공사시행을 인가하거나 같은 조 제4항에 따른 시설확인을 하려면 제2항 각 호의 관계 법령에 적합한지에 관하여 관계 행정기관의 장과 미리 협의하여야 한다. 〈개정 2020. 2. 18.〉

④ 시장 · 군수 · 구청장은 제38조제1항에 따라 공사시행을 인가하거나 같은 조 제4항에 따라 시설확인을 한 경우 공사시행을 인가하거나 시설확인을 한 날부터 15일 이내에 제2항 각 호의 관계 법령에 따른 관계 행정기관의 장에게 그 내용을 통보하여야 한다. 〈개정 2020. 2. 18.〉

제48조(준용규정) 터미널사업의 양도 · 양수 및 법인의 합병, 상속, 사업의 휴업 · 폐업 등에 관하여는 제14조(제2항은 제외한다), 제15조 및 제16조(제2항은 제외한다)를 준용한다.

제49조(공영터미널의 설치 · 운영) ① 특별시장 · 광역시장 · 특별자치시장 · 특별자치도지사 또는 시장 · 군수(광역시의 군수는 제외한다)는 터미널사업을 경영하려는 자가 없는 경우 제36조에도 불구하고 직접 터미널을 설치 · 운영할 수 있다. 〈개정 2012. 5. 23., 2024. 2. 13.〉

② 제1항에 따라 특별시장 · 광역시장 · 특별자치시장 · 특별자치도지사 또는 시장 · 군수가 직접 설치하는 터미널을 관리 · 운영 등을 하는 데에 필요한 사항은 해당 지방자치단체의 조례로 정한다. 〈개정 2012. 5. 23.〉

제4장의2 여객자동차운송플랫폼사업 〈개정 2020. 4. 7.〉

제49조의2(여객자동차운송플랫폼사업의 종류) 여객자동차운송플랫폼사업의 종류는 다음 각 호와 같다.

1. 여객자동차플랫폼운송사업: 운송플랫폼과 자동차를 확보(자동

차대여사업자의 대여사업용 자동차를 임차한 경우를 포함하며, 이 경우 제34조제1항은 적용하지 아니한다)하여 다른 사람의 수요에 응하여 유상으로 여객을 운송(운송플랫폼을 통해 여객과 운송계약을 체결하는 경우에 한정한다)하거나 운송에 부가되는 서비스를 제공하는 사업

2. 여객자동차플랫폼운송가맹사업: 운송플랫폼을 확보하여 다른 사람의 수요에 응하여 제49조의11에 따른 소속 여객자동차플랫폼운송가맹점에 의뢰하여 여객을 운송하게 하거나 운송에 부가되는 서비스를 제공하는 사업

3. 여객자동차플랫폼운송중개사업: 다른 사람의 수요에 응하여 운송플랫폼을 통하여 자동차를 사용한 여객운송을 중개하는 사업

[전문개정 2020. 4. 7.]

제49조의3(여객자동차플랫폼운송사업의 허가 등) ① 여객자동차플랫폼운송사업(이하 "플랫폼운송사업"이라 한다)을 경영하려는 자는 사업계획을 작성하여 국토교통부령으로 정하는 바에 따라 국토교통부장관의 허가를 받아야 한다.

② 국토교통부장관은 제1항에 따라 플랫폼운송사업을 허가하는 경우 30년의 범위에서 대통령령으로 정하는 기간을 한정하여 허가하거나, 플랫폼운송사업의 질서를 확립하기 위하여 필요한 조건을 붙일 수 있다.

③ 제1항에 따른 플랫폼운송사업의 허가기준은 다음 각 호와 같다.

1. 사업계획이 수송 수요와 택시 총량 등을 고려한 수송력 공급에 적합할 것

2. 사업계획이 새로운 운송수요를 창출할 수 있고, 대통령령으로 정하는 여객자동차운송사업과 차별화된 서비스를 제공할 수 있는 내용을 포함하고 있을 것

3. 최저 허가기준 대수, 차고지 등 운송시설, 보험가입, 그 밖에 국토교통부령으로 정하는 기준에 적합할 것

④ 국토교통부장관은 제1항에 따라 플랫폼운송사업을 허가하려는 경우 제49조의4에 따른 플랫폼운송사업심의위원회의 심의를 거쳐야 한다.

⑤ 국토교통부장관은 여객 수요, 「택시운송사업의 발전에 관한 법률」에 따른 택시 감차(減車)의 실적 추이, 국민 편익 등을 고려하여

플랫폼운송사업의 총 허가대수를 관리할 수 있으며, 필요한 경우 허가대수를 배분하는 방식으로 허가할 수 있다.

⑥ 제1항에 따라 플랫폼운송사업의 허가를 받은 자(이하 "플랫폼운송사업자"라 한다)가 사업계획을 변경하고자 하는 때에는 국토교통부령으로 정하는 바에 따라 국토교통부장관의 인가를 받아야 한다. 다만, 국토교통부령으로 정하는 경미한 사항을 변경하는 경우에는 국토교통부령으로 정하는 바에 따라 국토교통부장관에게 신고하여야 한다

⑦ 국토교통부장관은 제6항 단서에 따른 변경신고를 받은 날부터 5일 이내에 신고수리 여부를 신고인에게 통지하여야 한다.

⑧ 국토교통부장관이 제7항에서 정한 기간 내에 신고수리 여부 또는 민원 처리 관련 법령에 따른 처리기간의 연장 여부를 신고인에게 통지하지 아니하면 그 기간이 끝난 날의 다음 날에 신고를 수리한 것으로 본다.

⑨ 제2항에 따른 허가기간이 만료된 후 계속하여 플랫폼운송사업을 경영하고자 하는 자는 국토교통부령으로 정하는 바에 따라 허가를 갱신하여야 한다.

[전문개정 2020. 4. 7.]

제49조의4(플랫폼운송사업심의위원회) ① 플랫폼운송사업 허가에 관한 사항을 심의하기 위하여 국토교통부장관 소속으로 플랫폼운송사업심의위원회(이하 이 조에서 "위원회"라 한다)를 둔다.

② 위원회는 위원장 1명을 포함하여 10명 이내의 위원으로 구성한다.

③ 위원회의 위원장은 국토교통부장관이 되고, 위원은 여객자동차운송플랫폼사업에 관하여 학식과 경험이 풍부한 자 등을 국토교통부장관이 임명 또는 위촉한다.

④ 위원의 임기는 3년으로 하고, 연임할 수 있다.

⑤ 이 법에서 규정한 사항 외에 위원회의 구성·운영에 필요한 사항은 대통령령으로 정한다.

[전문개정 2020. 4. 7.]

제49조의5(기여금의 납부 등) ① 플랫폼운송사업자는 허가대수 또는 운행횟수 등을 고려하여 대통령령으로 정하는 여객자동차운송시장안정기여금(이하 "기여금"이라 한다)을 국토교통부장관에게 납부하여야

한다.

② 국토교통부장관은 기여금을 「택시운송사업의 발전에 관한 법률」에 따른 택시 감차, 택시운수종사자의 근로여건 개선 등의 목적으로 사용할 수 있다.

③ 플랫폼운송사업자는 기여금을 납부기한까지 납부하지 아니한 경우에는 대통령령으로 정하는 비율로 계산한 연체료를 납부하여야 한다.

④ 국토교통부장관은 기여금 및 연체료 수납 업무, 기여금의 집행 업무를 국토교통부령으로 정하는 기관에 위탁할 수 있다.

⑤ 국토교통부장관은 플랫폼운송사업자가 대통령령으로 정하는 기간 동안 기여금(연체료를 포함한다)을 납부하지 아니한 경우 대통령령으로 정하는 바에 따라 허가를 취소하거나 6개월 이내의 기간을 정하여 사업의 전부 또는 일부를 정지하도록 명할 수 있다.

⑥ 기여금의 납부 주기, 납부 방법 및 그 밖에 기여금의 납부에 필요한 사항은 대통령령으로 정한다.

[전문개정 2020. 4. 7.]

제49조의6(플랫폼운송사업 운임ㆍ요금의 신고 등) ① 플랫폼운송사업자는 운임이나 요금을 정하려는 때에는 국토교통부령으로 정하는 바에 따라 국토교통부장관에게 신고하여야 한다. 운임이나 요금을 변경하려는 때에도 또한 같다.

② 국토교통부장관은 제1항에 따른 신고 또는 변경신고를 받은 날부터 국토교통부령으로 정하는 기간 내에 신고수리 여부를 신고인에게 통지하여야 한다.

③ 국토교통부장관이 제2항에서 정한 기간 내에 신고수리 여부 또는 민원 처리 관련 법령에 따른 처리기간의 연장 여부를 신고인에게 통지하지 아니하면 그 기간이 끝난 날의 다음 날에 신고를 수리한 것으로 본다.

④ 플랫폼운송사업자는 운송플랫폼을 통해 여객과 운송계약을 체결할 때 제1항에 따라 신고된 운임이나 요금의 범위 내에서 여객에게 받을 운임이나 요금을 고지하여야 한다.

[전문개정 2020. 4. 7.]

제49조의7(플랫폼운송사업의 개선명령) 국토교통부장관은 안전하고 원활한 여객운송, 운송질서의 확립 및 서비스 개선을 도모하기 위하

여 필요하다고 인정하는 때에는 플랫폼운송사업자에게 다음 각 호의 사항을 명할 수 있다.

1. 사업계획의 변경

2. 운임 또는 요금(여객운송 외에 부가적으로 제공하는 서비스에 대한 요금을 포함한다)의 조정

3. 제49조의9에서 준용하는 제9조에 따라 신고된 플랫폼운송약관의 변경

4. 자동차 또는 운송시설의 개선

5. 운임 또는 요금 징수 방식의 개선

6. 자동차 손해배상을 위한 보험에의 가입

7. 플랫폼운송사업의 운전업무에 종사하는 자(이하 "플랫폼운수종사자"라 한다)에 대한 주기적 교육(이 법에 따른 준수사항 및 그 밖에 교통 관련 법령 등에 관한 교육을 말한다)

8. 그 밖에 안전운송의 확보와 서비스의 향상을 위하여 필요한 조치

[전문개정 2020. 4. 7.]

제49조의8(플랫폼운수종사자의 준수사항) ① 플랫폼운수종사자는 다음 각 호의 어느 하나에 해당하는 행위를 하여서는 아니 된다. 〈개정 2024. 1. 9.〉

1. 정당한 사유 없이 여객을 중도에서 내리게 하는 행위

2. 제49조의6에 따른 운임 또는 요금이 아닌 부당한 운임 또는 요금을 받거나 요구하는 행위

3. 일정한 장소에 오랜 시간 정차하거나 배회하면서 여객을 유치하는 행위

4. 여객의 요구에도 불구하고 영수증 발급 또는 신용카드 결제에 응하지 않는 행위

5. 문을 완전히 닫지 아니한 상태 또는 여객이 승하차하기 전에 자동차를 출발시키는 행위

6. 자동차 안에서 흡연하는 행위

6의2. 운전 중에 영상표시장치를 이용하여 영상물 등을 시청하는 행위. 다만, 다음 각 목의 어느 하나에 해당하는 경우에는 그러하지 아니하다.

가. 지리안내 영상 또는 교통정보안내 영상

나. 국가비상사태 · 재난상황 등 긴급한 상황을 안내하는 영상

다. 운전 시 자동차의 좌우 또는 전후방을 볼 수 있도록 도움을 주는 영상

7. 그 밖에 안전운행과 여객의 편의를 위하여 플랫폼운수종사자가 지키도록 국토교통부령으로 정하는 사항을 위반하는 행위

② 플랫폼운수종사자는 제24조에 따른 여객자동차운송사업(대통령령으로 정하는 여객자동차운송사업에 한정한다)의 운전업무 종사자격을 취득하여야 한다.

③ 플랫폼운수종사자는 제2항에 따른 운전업무 종사자격을 증명하는 증표를 발급받아 해당 사업용 자동차 안의 여객이 쉽게 볼 수 있는 위치에 항상 게시하거나 전자적 매체 · 기기 등을 통한 방법으로 게시하여야 한다.

④ 제3항에 따른 증표의 발급 · 관리 및 게시에 필요한 사항은 제24조의2제3항을 준용한다.

⑤ 플랫폼운수종사자는 차량의 출발 전에 제27조의2에 따라 여객이 좌석안전띠를 착용하도록 안내하여야 한다. 이 경우 안내의 방법, 시기, 그 밖에 필요한 사항은 제26조제3항을 준용한다.

[전문개정 2020. 4. 7.]

제49조의9(플랫폼운송사업에 대한 준용규정) 플랫폼운송사업의 결격사유, 플랫폼운송약관, 명의이용 금지, 사업의 양도 · 양수 및 법인의 합병, 사업의 휴업 · 폐업, 사고 시의 조치, 플랫폼운송사업자의 준수사항, 플랫폼운수종사자 교육, 사고기록의 유지관리, 여객의 준수사항, 과징금의 부과 등에 관하여는 제6조, 제9조, 제12조, 제14조(제1항 전단, 제4항부터 제6항까지, 제9항 및 제10항만 해당하며, 국토교통부장관에게 신고하는 경우에 한정한다), 제16조(제2항부터 제4항까지는 제외한다), 제19조, 제21조(제2항, 제6항부터 제8항까지, 제12항 및 제13항만 해당한다), 제25조제1항 및 제2항, 제27조제1항, 제27조의2 및 제88조를 준용한다.

[본조신설 2020. 4. 7.]

제49조의10(여객자동차플랫폼운송가맹사업의 면허 등) ① 여객자동차플랫폼운송가맹사업(이하 "플랫폼가맹사업"이라 한다)을 경영하려는 자는 사업계획을 작성하여 국토교통부령으로 정하는 바에 따라 시 · 도지사에게 면허를 받아야 한다. 다만, 플랫폼가맹사업이 2개

이상의 시·도에 걸치는 경우에는 국토교통부장관에게 면허를 받아야 한다.

② 제1항에 따라 플랫폼가맹사업의 면허를 받은 자(이하 "플랫폼가맹사업자"라 한다)가 사업계획을 변경하고자 하는 때에는 국토교통부령으로 정하는 바에 따라 국토교통부장관 또는 시·도지사의 인가를 받아야 한다. 다만, 국토교통부령으로 정하는 경미한 사항을 변경하는 경우에는 국토교통부령으로 정하는 바에 따라 국토교통부장관 또는 시·도지사에게 신고하여야 한다.

③ 국토교통부장관 또는 시·도지사는 제2항 본문에 따른 변경인가의 신청을 받거나 같은 항 단서에 따른 변경신고를 받은 날부터 국토교통부령으로 정하는 기간 내에 변경인가 또는 신고수리 여부를 신청인 또는 신고인에게 통지하여야 한다.

④ 국토교통부장관 또는 시·도지사가 제3항에서 정한 기간 내에 변경인가 또는 신고수리 여부나 민원 처리 법령에 따른 처리기간의 연장을 신청인 또는 신고인에게 통지하지 아니하면 그 기간이 끝난 날의 다음 날에 변경인가 또는 신고수리를 한 것으로 본다.

⑤ 제1항에 따른 플랫폼가맹사업의 면허 또는 제2항 본문에 따른 사업계획의 변경은 면허기준 대수 등 국토교통부령으로 정하는 기준에 적합한 경우로 한다.

[본조신설 2020. 4. 7.]

제49조의11(여객자동차플랫폼운송가맹점) ① 대통령령으로 정하는 운송사업자는 플랫폼가맹사업자의 여객자동차플랫폼운송가맹점(이하 "운송가맹점"이라 한다)으로 가입하여 그 영업표지(상호와 상표 등을 포함한다. 이하 같다)의 사용권을 부여받아 플랫폼가맹사업자로부터 운송 여객을 배정받아 여객을 운송하거나 운송에 부가되는 서비스를 제공할 수 있다.

② 운송사업자는 동일한 차량으로 둘 이상의 운송가맹점에 가입해서는 아니 된다. 〈개정 2021. 7. 27.〉

③ 운송가맹점으로 가입한 운송사업자(자동차 1대로 운송사업자가 직접 운전하는 여객자동차운송사업의 경우에 한정한다)는 자기의 상호를 소속 플랫폼가맹사업자의 운송가맹점으로 변경하여 국토교통부령으로 정하는 바에 따라 시·도지사에게 신고하여야 한다.

④ 제3항에 따른 신고가 신고서의 기재사항 및 첨부서류에 흠이

없고, 법령 등에 규정된 형식상의 요건을 충족하는 경우에는 신고서가 접수기관에 도달된 때에 신고 의무가 이행된 것으로 본다.

[본조신설 2020. 4. 7.]

제49조의12(플랫폼가맹사업자 및 운송가맹점의 역할 등) ① 플랫폼가맹사업자는 플랫폼가맹사업의 원활한 수행을 위하여 다음 각 호의 사항을 성실히 이행하여야 한다.

1. 운송가맹점에 대한 여객의 공정한 배정
2. 효율적인 여객 배정기법의 개발 및 보급
3. 여객의 원활한 운송을 위한 공동전산망의 설치 · 운영
4. 여객운송 부가서비스의 신규 개발

② 운송가맹점은 플랫폼가맹사업의 원활한 수행을 위하여 다음 각 호의 사항을 성실히 이행하여야 한다.

1. 플랫폼가맹사업자가 정한 기준에 적합한 운송서비스 및 운송부가서비스의 제공
2. 여객의 원활한 운송을 위한 차량위치의 통지

[본조신설 2020. 4. 7.]

제49조의13(플랫폼가맹사업의 운임 · 요금) ① 제8조제1항 및 제2항에도 불구하고 운송가맹점(플랫폼가맹사업자가 확보한 운송플랫폼을 통해서만 여객과 운송계약을 체결하는 경우에 한정한다)이 운임이나 요금을 정하려는 때에는 다음 각 호의 구분에 따라 신고하여야 한다. 운임이나 요금을 변경하려는 때에도 또한 같다.

1. 플랫폼가맹사업이 2개 이상의 시 · 도에 걸치는 경우: 국토교통부장관에게 신고
2. 제1호 외의 경우: 시 · 도지사에게 신고

② 국토교통부장관 또는 시 · 도지사는 제1항에 따른 신고 또는 변경신고를 받은 날부터 국토교통부령으로 정하는 기간 내에 신고수리 여부를 신고인에게 통지하여야 한다.

③ 국토교통부장관 또는 시 · 도지사가 제2항에서 정한 기간 내에 신고수리 여부 또는 민원 처리 관련 법령에 따른 처리기간의 연장 여부를 신고인에게 통지하지 아니하면 그 기간이 끝난 날의 다음 날에 신고를 수리한 것으로 본다.

④ 제1항에 따른 신고는 플랫폼가맹사업자가 대행할 수 있다.

⑤ 국토교통부장관은 제1항에 따라 신고를 수리한 경우 운송가맹

점이 소재하는 시·도지사에게 그 내용을 통보하여야 한다.

⑥ 운송가맹점(플랫폼가맹사업자가 확보한 운송플랫폼을 통해서만 여객과 운송계약을 체결하는 경우에 한정한다)은 운송플랫폼을 통해 여객과 운송계약을 체결할 때 제1항에 따라 신고된 운임이나 요금의 범위 내에서 여객에게 받을 운임이나 요금을 고지하여야 한다.

[본조신설 2020. 4. 7.]

제49조의14(플랫폼가맹사업의 개선명령) 국토교통부장관 및 시·도지사는 안전운행의 확보, 운송질서의 확립 및 여객의 편의를 도모하기 위하여 필요하다고 인정하는 때에는 플랫폼가맹사업자에게 다음 각 호의 사항을 명할 수 있다.

1. 제49조의16에서 준용하는 제9조에 따라 신고된 플랫폼가맹약관의 변경

2. 여객의 안전운송을 위한 조치

3. 운송가맹점이 받는 운임 또는 요금(여객운송 외에 부가적으로 제공하는 서비스에 대한 요금을 포함한다)의 조정

4. 제49조의17에서 준용하는 「가맹사업거래의 공정화에 관한 법률」 제7조·제10조·제11조 및 제13조에 따른 정보공개서의 제공의무 등, 가맹금의 반환, 가맹계약서의 기재사항 등 및 가맹계약의 갱신 등의 통지

5. 그 밖에 플랫폼가맹사업의 서비스 개선을 위하여 필요한 사항으로서 대통령령으로 정하는 사항

[본조신설 2020. 4. 7.]

제49조의15(플랫폼가맹사업의 면허취소 등) ① 국토교통부장관 또는 시·도지사는 플랫폼가맹사업자가 다음 각 호의 어느 하나에 해당하는 때에는 그 면허를 취소하거나 6개월 이내의 기간을 정하여 그 사업의 전부 또는 일부의 정지를 명할 수 있다. 다만, 제2호 및 제7호의 경우에는 그 면허를 취소하여야 한다.

1. 제24조에 따른 여객자동차운송사업의 운전업무 종사자격이 없는 자에게 여객을 운송하게 한 경우

2. 거짓이나 그 밖의 부정한 방법으로 제49조의10제1항에 따른 면허를 받은 경우

3. 거짓이나 그 밖의 부정한 방법으로 제49조의10제2항에 따른 사업계획의 변경인가를 받은 경우

4. 제49조의10제2항을 위반하여 사업계획의 변경인가를 받지 아니하거나 변경신고를 하지 아니한 경우

5. 제49조의10제5항에 따른 면허의 기준을 충족하지 못하게 된 경우. 다만, 3개월 이내에 그 기준을 충족시킨 경우에는 그러하지 아니하다.

6. 정당한 사유 없이 제49조의14에 따른 개선명령을 이행하지 아니한 경우

7. 제49조의16에서 준용하는 제6조 각 호의 어느 하나에 해당하게 된 경우. 다만, 법인의 임원 중 제6조 각 호의 어느 하나에 해당하는 자가 있는 경우 3개월 이내에 그 임원을 개임하면 취소하지 아니한다.

8. 제49조의16에서 준용하는 제9조를 위반하여 플랫폼가맹약관의 신고 또는 변경신고를 하지 아니한 경우

9. 제49조의16에서 준용하는 제12조를 위반하여 같은 조에 따른 명의이용 금지 의무를 위반한 경우

10. 제49조의16에서 준용하는 제14조 또는 제15조를 위반하여 양도·양수, 합병 또는 상속의 신고를 하지 아니한 경우

11. 제49조의16에서 준용하는 제16조를 위반하여 휴업 또는 폐업 신고를 하지 아니한 경우

12. 제49조의17에서 준용하는 「가맹사업거래의 공정화에 관한 법률」 제7조, 제9조부터 제11조까지, 제13조 및 제14조를 위반한 경우(제49조의14에 따라 개선명령을 받은 경우는 제외한다)

13. 이 조에 따른 사업정지 명령을 위반한 경우

② 제1항에 따른 면허취소·사업정지 명령의 기준·절차, 그 밖에 필요한 사항은 대통령령으로 정한다.

[본조신설 2020. 4. 7.]

제49조의16(플랫폼가맹사업에 대한 준용규정) 플랫폼가맹사업의 결격사유, 플랫폼가맹약관, 명의이용 금지, 사업의 양도·양수 및 법인의 합병, 사업의 상속, 사업의 휴업·폐업 및 과징금의 부과 등에 관하여는 제6조, 제9조, 제12조, 제14조(제2항은 제외한다), 제15조, 제16조(제1항은 제외한다) 및 제88조를 준용한다.

[본조신설 2020. 4. 7.]

제49조의17(「가맹사업거래의 공정화에 관한 법률」의 준용) 플랫폼가

맹사업자와 운송가맹점 간의 정보의 제공, 가맹금의 반환, 가맹계약 등에 관하여는 「가맹사업거래의 공정화에 관한 법률」 제7조, 제9조부터 제11조까지, 제13조 및 제14조를 준용한다. 이 경우 "가맹희망자"는 "운송가맹점으로 가입하려는 자"로, "가맹점사업자"는 "운송가맹점"으로 보고, "가맹본부", 같은 법 제7조제1항의 "가맹본부(가맹지역본부 또는 가맹중개인이 가맹점사업자를 모집하는 경우를 포함한다. 이하 같다)" 및 같은 조 제4항의 "가맹본부 또는 가맹본부로 구성된 사업자단체"는 각각 "플랫폼가맹사업자"로 보며, 같은 법 제10조제1항에 따른 "가맹금"은 "명칭이나 지급형태를 가리지 아니하고 운송가맹점으로 가입할 때 영업표지 사용허가의 대가로 플랫폼가맹사업자에게 지급한 금전"으로 본다.

[본조신설 2020. 4. 7.]

제49조의18(여객자동차플랫폼운송중개사업의 등록) ① 여객자동차플랫폼운송중개사업(이하 "플랫폼중개사업"이라 한다)을 경영하려는 자는 국토교통부령으로 정하는 바에 따라 국토교통부장관에게 등록할 수 있다.

② 제1항에 따라 등록한 자가 그 등록한 사항을 변경하거나 말소하고자 할 경우 국토교통부장관에게 신고하여야 한다.

③ 국토교통부장관은 제2항에 따른 신고를 받은 날부터 국토교통부령으로 정하는 기간 내에 신고수리 여부를 신고인에게 통지하여야 한다.

④ 국토교통부장관이 제3항에서 정한 기간 내에 신고수리 여부 또는 민원 처리 관련 법령에 따른 처리기간의 연장 여부를 신고인에게 통지하지 아니하면 그 기간이 끝난 날의 다음 날에 신고를 수리한 것으로 본다.

⑤ 제1항 및 제2항에 따른 등록 및 신고의 기준과 절차 등에 관하여 필요한 사항은 국토교통부령으로 정한다.

⑥ 제1항에 따른 플랫폼중개사업 등록의 결격사유에 관하여는 제6조를 준용한다.

[본조신설 2020. 4. 7.]

제49조의19(플랫폼운송중개요금) ① 제49조의18제1항에 따라 플랫폼중개사업의 등록을 한 자(이하 "플랫폼중개사업자"라 한다)는 운송플랫폼 이용자에게 운송플랫폼 이용에 따른 요금을 받을 수 있다.

② 플랫폼중개사업자가 제1항에 따른 요금을 정하려는 때에는 국토교통부장관에게 신고하여야 한다.
[본조신설 2020. 4. 7.]

제5장 여객자동차 운수사업의 진흥

제50조(재정 지원) ① 국가는 여객자동차 운수사업자가 다음 각 호의 어느 하나에 해당하는 사업을 수행하는 경우에 재정적 지원이 필요하다고 인정하면 대통령령으로 정하는 바에 따라 그 여객자동차 운수사업자에게 필요한 자금의 일부를 보조하거나 융자할 수 있다. 〈개정 2009. 5. 27., 2013. 3. 23., 2020. 4. 7.〉

1. 자동차의 고급화나 터미널의 현대화
2. 수익성이 없는 노선의 운행
3. 공동시설이나 안전관리시설의 확충과 개선
4. 낡은 차량의 대체(代替)
5. 터미널의 이전이나 규모·구조·설비의 확충·개선
6. 여객자동차 운수사업의 서비스 향상을 위한 시설·장비의 확충 또는 개선
7. 여객자동차운송플랫폼사업을 위하여 필요한 시설·설비의 설치 및 개선
8. 경제적·환경친화적 안전운전 및 관리를 지원하는 시설·장비의 확충과 개선
9. 그 밖에 여객자동차 운수사업을 진흥하기 위한 것으로서 국토교통부령으로 정하는 사항

② 시·도는 다음 각 호의 어느 하나에 해당하는 사유가 있으면 여객자동차 운수사업자에게 필요한 자금의 일부를 보조하거나 융자할 수 있다. 이 경우 보조 또는 융자의 대상 및 방법과 보조금 또는 융자금의 상환 등에 관하여 필요한 사항은 해당 시·도의 조례로 정한다. 〈개정 2009. 5. 27., 2014. 1. 28., 2017. 10. 24., 2019. 4. 23.〉

1. 여객자동차 운수사업자가 제1항 각 호의 어느 하나에 해당하는 사업을 수행하는 경우
2. 여객의 안전을 위한 교통안전시설을 확충하기 위하여 필요한 경우

3. 대중교통을 활성화하기 위하여 버스교통체계를 개선하는 경우

4. 터미널이용객의 편의를 증진하기 위하여 경영이 어려운 터미널 사업을 계속하게 할 필요가 있는 경우

5. 여객자동차운송사업(대통령령으로 정하는 여객자동차운송사업인 경우만 해당한다)의 폐업 또는 감차를 통한 구조조정이 필요할 경우

6. 제3조제1항제3호에 따른 수요응답형 여객자동차운송사업을 운영하는 경우

7. 운수종사자의 휴식에 필요한 시설을 설치 · 개선하는 경우

8. 운수종사자의 근로여건 및 처우개선을 위하여 필요한 경우

③ 시 · 군 또는 구(자치구를 말한다. 이하 같다)는 제1항제2호의 수익성이 없는 노선을 운행하는 여객자동차 운수사업자에게 필요한 자금의 일부를 보조하거나 융자할 수 있다. 이 경우 보조 또는 융자의 대상 및 방법과 보조금 또는 융자금의 상환 등에 필요한 사항은 해당 시 · 군 또는 구의 조례로 정한다. 〈신설 2020. 5. 19.〉

④ 국가는 지방자치단체가 다음 각 호에 해당하는 사업을 하는 경우 대통령령으로 정하는 바에 따라 이에 소요되는 비용의 일부를 지원할 수 있다. 〈개정 2017. 10. 24., 2020. 5. 19.〉

1. 제5조제3항의 지역별 수송력 공급계획을 초과하는 차량에 대하여 감차보상을 하는 경우

2. 제50조제2항제7호에 따라 운수종사자의 휴식에 필요한 시설을 설치 · 개선하는 경우

⑤ 특별시장 · 광역시장 · 특별자치시장 · 특별자치도지사 또는 시장 · 군수는 대통령령으로 정하는 운송사업자에게 유류(油類)에 부과되는 다음 각 호에 따른 세금 등의 인상액에 상당한 금액의 전부 또는 일부를 보조할 수 있다. 이 경우 보조금의 지급기준 · 지급방법 및 지급절차는 대통령령으로 정한다. 〈신설 2012. 2. 1., 2013. 3. 23., 2020. 5. 19., 2021. 3. 23.〉

1. 「교육세법」 제5조제1항, 「교통 · 에너지 · 환경세법」 제2조제1항제2호, 「지방세법」 제136조제1항에 따라 경유에 각각 부과되는 교육세, 교통 · 에너지 · 환경세, 자동차 주행에 대한 자동차세

2. 「개별소비세법」 제1조제2항제4호바목, 「교육세법」 제5조제1항, 「석유 및 석유대체연료 사업법」 제18조제2항제1호에 따라 석유

가스 중 부탄에 각각 부과되는 개별소비세 · 교육세 · 부과금

⑥ 특별시장 · 광역시장 · 특별자치시장 · 특별자치도지사 또는 시장 · 군수는 대통령령으로 정하는 운송사업자에게 천연가스에 부과되는 다음 각 호에 따른 세금 등에 상당한 금액의 전부 또는 일부를 보조할 수 있다. 이 경우 보조금의 지급기준 · 지급방법 및 지급절차는 대통령령으로 정한다. 〈신설 2016. 12. 2., 2020. 5. 19., 2021. 3. 23.〉

1. 「개별소비세법」 제1조제2항제4호사목에 따라 부과되는 개별소비세

2. 「석유 및 석유대체연료 사업법」 제18조제2항제1호에 따라 부과되는 수입 · 판매 부과금

3. 「관세법」 제14조, 제49조 및 제50조제1항에 따라 부과되는 관세

4. 「부가가치세법」 제4조에 따라 부과되는 부가가치세

⑦ 특별시장 · 광역시장 · 특별자치시장 · 특별자치도지사 또는 시장 · 군수는 대통령령으로 정하는 운송사업자가 「환경친화적 자동차의 개발 및 보급 촉진에 관한 법률」 제2조제6호에 따른 수소전기자동차를 운행하기 위하여 수소를 충전하는 경우 그 비용의 전부 또는 일부를 보조할 수 있다. 이 경우 보조금의 지급기준 · 지급방법 및 지급절차는 대통령령으로 정한다. 〈신설 2021. 3. 23.〉

⑧ 국토교통부장관, 특별시장 · 광역시장 · 특별자치시장 · 특별자치도지사 또는 시장 · 군수는 제5항부터 제7항까지의 규정에 따른 보조금 지급업무의 효율적 운영을 위하여 국가기관, 지방자치단체, 공공기관, 이 법에 따른 공제조합, 「보험업법」에 따른 보험회사 및 보험요율 산출기관, 그 밖의 관계 기관 등에 대통령령으로 정하는 필요한 자료의 제출을 요청할 수 있다. 이 경우 자료의 제출을 요청받은 자는 정당한 사유가 없으면 이에 따라야 한다. 〈신설 2021. 3. 23., 2024. 2. 13.〉

⑨ 국가 또는 시 · 도는 안정적 교통서비스 제공 및 교통안전서비스 향상을 위하여 운수종사자가 되기를 희망하는 사람에게 대통령령 또는 조례로 정하는 바에 따라 인력양성에 소요되는 비용의 일부를 지원할 수 있다. 〈신설 2020. 6. 9., 2021. 3. 23.〉

제51조(보조금의 사용 등) ① 제50조에 따라 보조 또는 융자를 받

은 자는 그 자금을 보조받거나 융자받은 목적이 아닌 용도로 사용하지 못한다.

② 국토교통부장관, 시·도지사 또는 시장·군수는 제50조에 따라 보조 또는 융자를 받은 자가 그 자금을 적정하게 사용하도록 감독하여야 한다. 〈개정 2012. 2. 1., 2013. 3. 23.〉

③ 국토교통부장관, 시·도지사 또는 시장·군수는 여객자동차 운수사업자가 거짓이나 부정한 방법으로 제50조에 따른 보조금 또는 융자금을 받은 경우 여객자동차 운수사업자에게 보조금 또는 융자금을 반환할 것을 명하여야 하며, 그 여객자동차 운수사업자가 이에 따르지 아니하면 국세 또는 지방세 체납처분의 예에 따라 보조금 또는 융자금을 회수할 수 있다. 〈개정 2012. 2. 1., 2013. 3. 23.〉

제51조의2(유가보조금의 지급정지) 특별시장·광역시장·특별자치시장·특별자치도지사 또는 시장·군수는 운송사업자가 다음 각 호의 어느 하나에 해당하는 경우 1년의 범위에서 제50조제5항에 따른 보조금(이하 "유가보조금"이라 한다)의 지급을 정지하여야 한다. 〈개정 2013. 3. 23., 2020. 5. 19., 2021. 3. 23.〉

1. 실제로 운행한 거리 또는 연료의 사용량보다 부풀려서 유가보조금을 청구하여 지급받은 경우

2. 여객자동차운송사업이 아닌 다른 목적에 사용한 유류분에 대하여 유가보조금을 지급받은 경우

3. 실제 주유·충전한 유종(油種)과 다른 유종의 단가를 적용하여 유가보조금을 지급받은 경우

4. 유가보조금의 지급과 직접 관련하여 행하는 제79조에 따른 서류제출 명령에 따르지 아니하거나 검사나 질문을 거부·기피 또는 방해하는 경우

5. 제1호부터 제4호까지에서 규정한 사항 외에 대통령령으로 정하는 사항

[본조신설 2012. 2. 1.]

제51조의3(천연가스 연료보조금의 지급정지) 특별시장·광역시장·특별자치시장·특별자치도지사 또는 시장·군수는 운송사업자가 다음 각 호의 어느 하나에 해당하는 경우 1년의 범위에서 제50조제6항에 따른 보조금(이하 "천연가스 연료보조금"이라 한다)의 지급을 정지하여야 한다. 〈개정 2020. 5. 19., 2021. 3. 23.〉

1. 실제로 운행한 거리 또는 연료의 사용량보다 부풀려서 천연가스 연료보조금을 청구하여 지급받은 경우

2. 여객자동차운송사업이 아닌 다른 목적에 사용한 천연가스 사용분에 대하여 천연가스 연료보조금을 지급받은 경우

3. 실제 충전한 천연가스와 다른 종류의 천연가스 또는 유종의 단가를 적용하여 천연가스 연료보조금을 지급받은 경우

4. 천연가스 연료보조금의 지급과 직접 관련하여 행하는 제79조에 따른 서류제출 명령에 따르지 아니하거나 검사나 질문을 거부·기피 또는 방해하는 경우

5. 제1호부터 제4호까지에서 규정한 사항 외에 대통령령으로 정하는 사항

[본조신설 2016. 12. 2.]

[종전 제51조의3은 제51조의4로 이동 〈2016. 12. 2.〉]

제51조의4(수소 연료보조금의 지급정지) ① 특별시장·광역시장·특별자치시장·특별자치도지사 또는 시장·군수는 운송사업자가 다음 각 호의 어느 하나에 해당하는 경우 1년의 범위에서 제50조제7항에 따른 보조금(이하 "수소 연료보조금"이라 한다) 지급을 정지하여야 한다.

1. 실제로 운행한 거리 또는 수소의 사용량보다 부풀려서 수소 연료보조금을 청구하여 지급받은 경우

2. 여객자동차운송사업이 아닌 다른 목적에 사용한 수소 사용분에 대하여 수소 연료보조금을 지급받은 경우

3. 실제 충전한 수소와 다른 유종 또는 연료의 단가를 적용하여 수소 연료보조금을 지급받은 경우

4. 수소 연료보조금의 지급과 직접 관련하여 행하는 제79조에 따른 서류제출 명령에 따르지 아니하거나 검사나 질문을 거부·기피 또는 방해하는 경우

5. 그 밖에 제50조제7항에 따라 대통령령으로 정하는 사항을 위반하여 거짓이나 부정한 방법으로 보조금을 지급받은 경우

② 특별시장·광역시장·특별자치시장·특별자치도지사 또는 시장·군수는 「수소경제 육성 및 수소 안전관리에 관한 법률」 제50조제1항에 따른 수소판매사업자가 제1항 각 호의 어느 하나에 해당하는 행위에 가담하였거나 이를 공모한 경우 대통령령으로 정하는 바에

따라 해당 사업소에서 충전된 수소에 대하여 수소 연료보조금의 지급을 정지할 수 있다.

[본조신설 2021. 3. 23.]

[종전 제51조의4는 제51조의5로 이동 〈2021. 3. 23.〉]

제51조의5(포상금의 지급) 특별시장·광역시장·특별자치시장·특별자치도지사 또는 시장·군수는 제51조의2제1호부터 제3호까지 및 제5호, 제51조의3제1호부터 제3호까지 및 제5호, 제51조의4제1호부터 제3호까지 및 제5호 중 어느 하나에 해당하는 자를 신고하거나 고발한 자에 대하여 해당 지방자치단체의 조례로 정하는 바에 따라 포상금을 지급할 수 있다. 〈개정 2016. 12. 2., 2021. 3. 23.〉

[본조신설 2012. 2. 1.]

[제51조의4에서 이동 〈2021. 3. 23.〉]

제52조(조세 감면) 국가는 여객을 원활히 운송하고 여객자동차 운수사업을 진흥하기 위하여 「조세특례제한법」으로 정하는 바에 따라 조세를 감면한다.

제6장 여객자동차 운수사업자단체

제53조(조합의 설립) ① 여객자동차 운수사업자는 여객자동차 운수사업의 건전한 발전과 여객자동차 운수사업자의 지위 향상을 위하여 시·도지사의 인가를 받아 조합(이하 "조합"이라 한다)을 설립할 수 있다.

② 조합은 법인으로 한다.

③ 조합은 주된 사무소의 소재지에서 설립등기를 함으로써 성립된다.

④ 조합을 설립하려면 그 조합의 조합원이 될 자격이 있는 자의 5분의 1 이상이 발기(發起)하고, 조합원이 될 자격이 있는 자의 2분의 1 이상의 동의를 받아 창립총회에서 정관을 작성한 후 시·도지사에게 인가를 신청하여야 한다.

⑤ 시·도지사는 제4항에 따른 인가의 신청을 받은 날부터 14일 이내에 인가 여부를 신청인에게 통지하여야 한다. 〈신설 2017. 3. 21.〉

⑥ 시·도지사가 제5항에서 정한 기간 내에 인가 여부 또는 민원

처리 관련 법령에 따른 처리기간의 연장 여부를 신청인에게 통지하지 아니하면 그 기간이 끝난 날의 다음 날에 인가를 한 것으로 본다. 〈신설 2017. 3. 21.〉

⑦ 여객자동차 운수사업자는 정관으로 정하는 바에 따라 조합에 가입할 수 있다. 〈개정 2017. 3. 21.〉

⑧ 조합에 관하여 이 법에 규정된 사항 외에는 「민법」 중 사단법인에 관한 규정을 준용한다. 〈개정 2017. 3. 21.〉

제54조(정관) ① 조합의 정관에는 다음 각 호의 사항이 모두 포함되어야 한다.

1. 목적
2. 명칭
3. 사무소의 소재지
4. 조합원의 자격에 관한 사항
5. 총회에 관한 사항
6. 임원에 관한 사항
7. 업무에 관한 사항
8. 회계에 관한 사항
9. 해산에 관한 사항
10. 그 밖에 조합 운영에 관한 중요 사항

② 조합의 정관을 변경하려면 시ㆍ도지사의 인가를 받아야 한다.

제55조(사업) 조합은 다음 각 호의 사업을 행한다.

1. 여객자동차 운수사업의 건전한 발전과 여객자동차 운수사업자의 공동 이익을 도모하는 사업
2. 여객자동차 운수사업의 진흥과 발전에 필요한 통계의 작성ㆍ관리, 외국 자료의 수집 및 조사ㆍ연구 사업
3. 경영자 및 종사원의 교육훈련
4. 여객자동차 운수사업자의 경영 개선을 위한 지도에 관한 사항
5. 국가 또는 지방자치단체로부터 위탁받은 업무의 처리
6. 제1호부터 제4호까지의 사업에 따르는 사업

제56조(정관변경 등의 명령) 시ㆍ도지사는 조합이 제55조 각 호의 사업을 적정하게 수행하지 아니한다고 인정하면 다음 각 호의 조치 등 필요한 조치를 하도록 조합에 명할 수 있다.

1. 정관의 변경

2. 임원의 개선
3. 조합의 해산

제57조(감독) 조합의 사업은 시·도지사가 감독한다.

제58조(대의원회) ① 조합원의 수가 1천명을 넘는 조합은 정관으로 정하는 바에 따라 총회를 갈음하는 대의원회를 둘 수 있다.

② 대의원은 조합원이어야 한다.

③ 대의원회의 구성 및 운영에 관하여 필요한 사항은 대통령령으로 정한다.

제59조(연합회) ① 조합은 국토교통부령으로 정하는 바에 따라 공동목적을 달성하기 위하여 국토교통부장관의 인가를 받아 연합회(이하 "연합회"라 한다)를 설립할 수 있다. 〈개정 2013. 3. 23.〉

② 연합회의 설립, 정관, 사업, 정관변경 등의 명령 및 감독 등에 관하여는 제53조제2항부터 제8항까지 및 제54조부터 제57조까지의 규정을 준용한다. 이 경우 "시·도지사"는 "국토교통부장관"으로 본다. 〈개정 2013. 3. 23., 2017. 3. 21.〉

제60조(조합 및 연합회의 공제사업) ① 조합과 연합회는 대통령령으로 정하는 바에 따라 국토교통부장관의 허가를 받아 공제사업을 할 수 있다. 〈개정 2013. 3. 23.〉

② 제1항에 따른 공제사업의 분담금, 운영위원회, 공제사업의 범위, 공제규정(共濟規程), 보고·검사, 개선명령, 공제사업을 관리·운영하는 조합 및 연합회의 임직원에 대한 제재, 재무건정성의 유지 등에 관하여는 제61조제5항, 제63조, 제63조의2, 제64조(제1항제7호는 제외한다), 제65조부터 제68조까지 및 제68조의2를 준용한다. 〈개정 2021. 3. 23., 2021. 7. 27.〉

제7장 공제조합

제61조(공제조합의 설립 등) ① 여객자동차 운수사업자(터미널사업자는 제외한다. 이하 이 조에서 같다)는 상호 간의 협동조직을 통하여 조합원이 자주적인 경제 활동을 영위할 수 있도록 지원하고 조합원의 자동차 사고로 생긴 손해를 배상(賠償)하기 위하여 대통령령으로 정하는 바에 따라 국토교통부장관의 인가를 받아 업종별로 공제조합(이하 "공제조합"이라 한다)을 설립할 수 있다. 〈개정 2013. 3. 23.〉

② 공제조합은 법인으로 한다.

③ 공제조합은 주된 사무소의 소재지에 설립등기를 함으로써 성립된다.

④ 여객자동차 운수사업자는 정관으로 정하는 바에 따라 공제조합에 가입할 수 있다.

⑤ 공제조합의 조합원은 공제사업에 필요한 분담금을 부담하여야 한다.

⑥ 조합원의 자격과 임원에 관한 사항, 그 밖에 공제조합의 운영에 필요한 사항은 정관으로 정한다.

⑦ 정관의 기재 사항, 그 밖에 공제조합의 감독에 필요한 사항은 대통령령으로 정한다.

제62조(공제조합의 설립인가 절차 등) ① 공제조합을 설립하려면 공제조합의 조합원 자격이 있는 자의 10분의 1 이상이 발기하고, 조합원 자격이 있는 자 200명 이상의 동의를 받아 창립총회에서 정관을 작성한 후 국토교통부장관에게 인가를 신청하여야 한다. 〈개정 2013. 3. 23.〉

② 국토교통부장관은 제1항에 따른 인가를 한 경우 이를 공고하여야 한다. 〈개정 2013. 3. 23.〉

제63조(공제조합의 운영위원회) ① 공제조합은 제64조에 따른 공제사업에 관한 사항을 심의·의결하고 그 업무집행을 감독하기 위하여 운영위원회를 둔다.

② 운영위원회 위원은 조합원, 운수사업·금융·보험·회계·법률 분야 전문가, 관계 공무원 및 그 밖에 여객자동차 운수사업 관련 이해관계자로 구성하되, 그 수는 25명 이내로 한다. 다만, 제60조에 따라 연합회가 공제사업을 하는 경우의 운영위원회 위원은 시·도 조합대표 전원을 포함하는 35명 이내로 한다. 〈개정 2011. 5. 19.〉

③ 그 밖에 운영위원회의 구성과 운영에 필요한 사항은 대통령령으로 정한다.

제63조의2(운영위원회 위원의 결격사유) ① 다음 각 호의 어느 하나에 해당하는 사람은 제63조제2항에 따른 위원이 될 수 없다. 〈개정 2014. 1. 28., 2015. 8. 11., 2021. 7. 27.〉

1. 미성년자, 피성년후견인 또는 피한정후견인
2. 파산선고를 받고 복권되지 아니한 사람

3. 이 법 또는 「보험업법」 등 대통령령으로 정하는 금융 관계 법령(외국의 금융 관계 법령을 포함한다)을 위반하여 금고 이상의 형의 집행유예를 선고받고 그 유예기간 중에 있는 사람

4. 이 법 또는 「보험업법」 등 대통령령으로 정하는 금융 관계 법령(외국의 금융 관계 법령을 포함한다)을 위반하여 벌금 이상의 형을 선고받고 그 집행이 끝나거나(집행이 끝난 것으로 보는 경우를 포함한다) 집행이 면제된 날부터 5년이 지나지 아니한 사람

5. 이 법에 따른 공제조합의 업무와 관련하여 벌금 이상의 형을 선고받고 그 집행이 끝나거나(집행이 끝난 것으로 보는 경우를 포함한다) 집행이 면제된 날부터 5년이 지나지 아니한 사람

6. 제67조에 따른 징계·해임의 처분을 받은 후 3년이 지나지 아니한 사람

② 제63조제2항에 따른 위원이 제1항 각 호의 어느 하나에 해당하게 된 때에는 그 날로 위원의 자격을 잃는다.

③ 국토교통부장관은 제1항제3호부터 제5호까지의 범죄경력 자료의 조회를 경찰청장에게 요청하여 공제조합에 제공할 수 있다. 〈개정 2013. 3. 23.〉

[본조신설 2012. 5. 23.]

제64조(공제사업) ① 공제조합은 다음 각 호의 사업을 한다.

1. 조합원의 사업용자동차의 사고로 생긴 배상 책임에 대한 공제

2. 조합원이 사업용자동차를 소유·사용·관리하는 동안 발생한 사고로 그 자동차에 생긴 손해에 대한 공제

3. 운수종사자가 조합원의 사업용자동차를 소유·사용·관리하는 동안에 발생한 사고로 입은 자기 신체의 손해에 대한 공제

4. 공제조합에 고용된 자의 업무상 재해로 인한 손실을 보상하기 위한 공제

5. 공동이용시설의 설치·운영 및 관리, 그 밖에 조합원의 편의 및 복지 증진을 위한 사업

6. 여객자동차 운수사업의 경영 개선을 위한 조사·연구 사업

7. 제1호부터 제6호까지의 사업에 따르는 사업으로서 정관으로 정하는 사업

② 공제조합은 제1항제1호부터 제4호까지의 규정에 따른 공제사업을 하려면 공제규정을 정하여 국토교통부장관의 인가를 받아야 한

다. 인가받은 사항을 변경하려는 경우에도 또한 같다. 〈개정 2013. 3. 23.〉

③ 제2항의 공제규정에는 공제사업의 범위, 공제계약의 내용과 분담금·공제금·공제금에 충당하기 위한 책임준비금·지급준비금의 계상(計上) 및 적립 등 공제사업의 운영에 필요한 사항이 포함되어야 한다.

④ 공제조합은 결산기(決算期)마다 그 사업의 종류에 따라 제3항의 책임준비금 및 지급준비금을 계상하고 이를 적립하여야 한다.

⑤ 제1항제1호부터 제4호까지의 규정에 따른 공제사업에는 「보험업법」(제208조는 제외한다)을 적용하지 아니한다.

제65조(보고서의 제출 등) ① 국토교통부장관은 필요하다고 인정하면 공제조합에 대하여 다음 각 호의 조치를 할 수 있다. 〈개정 2013. 3. 23.〉

1. 교통사고 피해자에 대한 피해보상 명령
2. 공제자금의 운용이나 그 밖에 공제사업과 관련된 사항에 관한 보고서의 제출 명령
3. 소속 공무원에게 공제조합의 업무 또는 회계의 상황을 조사하게 하는 조치
4. 소속 공무원에게 공제조합의 장부나 그 밖의 서류를 검사하게 하는 조치

② 제1항에 따른 조사나 검사를 하려면 조사 또는 검사 7일 전에 조사 또는 검사할 내용, 일시, 이유 등에 대한 계획서를 공제조합에 알려야 한다. 다만, 긴급한 경우 또는 사전통지를 하면 증거인멸 등으로 조사목적을 달성할 수 없다고 인정하는 경우에는 그러하지 아니하다.

③ 제1항에 따라 조사나 검사를 하는 공무원은 그 권한을 표시하는 증표를 지니고 이를 관계인에게 내보여야 하며, 출입할 때에는 출입자의 성명, 출입시간, 출입목적 등이 표시된 문서를 관계인에게 내주어야 한다.

제66조(공제조합업무의 개선명령) 국토교통부장관은 공제조합의 업무 운영이 적정하지 아니하거나 자산상황이 불량하여 교통사고 피해자 및 공제 가입자 등의 권익을 해칠 우려가 있다고 인정되면 다음 각 호의 조치를 명할 수 있다. 〈개정 2013. 3. 23.〉

1. 업무집행방법의 변경
2. 자산예탁기관의 변경
3. 자산의 장부가격의 변경
4. 불건전한 자산에 대한 적립금의 보유
5. 가치가 없다고 인정되는 자산의 손실 처리

제67조(공제조합 임직원에 대한 제재 등) 국토교통부장관은 공제조합의 임직원이 다음 각 호의 어느 하나에 해당하여 공제사업을 건전하게 운영하지 못할 우려가 있다고 인정되면 임직원에 대한 징계·해임을 요구하거나 해당 위반행위를 시정하도록 명할 수 있다. 〈개정 2013. 3. 23.〉

1. 제64조제2항에 따른 공제규정을 위반하여 업무를 처리한 경우
2. 제66조에 따른 개선명령을 이행하지 아니한 경우
3. 제68조에 따른 재무건전성 기준을 지키지 아니한 경우

제68조(재무건전성의 유지) ① 공제조합은 공제금 지급능력과 경영의 건전성을 확보하기 위하여 다음 각 호의 사항에 관하여 대통령령으로 정하는 재무건전성 기준을 지켜야 한다.

1. 자본의 적정성에 관한 사항
2. 자산의 건전성에 관한 사항
3. 유동성의 확보에 관한 사항

② 국토교통부장관은 공제조합이 제1항의 기준을 지키지 아니하여 경영의 건전성을 해칠 우려가 있다고 인정되면 대통령령으로 정하는 바에 따라 자본금의 증액을 명하거나 주식 등 위험자산의 소유를 제한하는 조치를 취할 수 있다. 〈개정 2013. 3. 23.〉

제68조의2(감독 기준) 국토교통부장관은 제64조제1항제1호부터 제4호까지의 규정에 따른 공제사업의 건전한 육성과 공제 가입자의 보호를 위하여 금융위원회 위원장과 협의하여 감독에 필요한 기준을 정하고 이를 고시하여야 한다.

[본조신설 2021. 3. 23.]

제69조(다른 법률과의 관계) 공제조합에 관하여 이 법에 규정된 사항 외에는 「민법」 중 사단법인에 관한 규정과 「상법」 제3편제4장제7절(주식회사의 계산)의 규정을 준용한다.

제8장 공제에 관한 분쟁의 조정

제70조(공제분쟁조정) 다음 각 호의 조합 및 연합회와 자동차사고 피해자나 그 밖의 이해관계인 사이에 공제계약 및 공제금의 지급 등에 관하여 분쟁이 있으면 분쟁 당사자는 「자동차손해배상 보장법」 제23조의3에 따른 자동차손해배상보장위원회에 조정(調停)을 신청할 수 있다.

1. 제60조에 따라 공제사업을 하는 조합 및 연합회
2. 공제조합

[전문개정 2024. 1. 9.]

제71조 삭제 〈2024. 1. 9.〉

제71조의2 삭제 〈2024. 1. 9.〉

제72조 삭제 〈2024. 1. 9.〉

제73조 삭제 〈2024. 1. 9.〉

제74조 삭제 〈2024. 1. 9.〉

제9장 보칙

제75조(권한의 위임) ① 국토교통부장관은 이 법에 따른 권한의 일부를 대통령령으로 정하는 바에 따라 「대도시권 광역교통 관리에 관한 특별법」 제9조의2에 따른 대도시권광역교통위원장(이하 "대도시권광역교통위원장"이라 한다) 또는 시·도지사에게 위임할 수 있다. 〈개정 2013. 3. 23., 2018. 12. 18., 2024. 2. 13.〉

② 시·도지사는 제1항에 따라 국토교통부장관으로부터 위임받은 권한의 일부를 국토교통부장관의 승인을 받아 시장·군수 또는 구청장에게 다시 위임할 수 있다. 〈개정 2013. 3. 23.〉

제76조(권한의 위탁 등) ① 국토교통부장관, 대도시권광역교통위원장 또는 시·도지사는 이 법에 따른 권한의 일부를 대통령령으로 정하는 바에 따라 조합, 연합회, 공제조합, 「한국교통안전공단법」에 따른 한국교통안전공단, 자동차손해배상진흥원, 「정부출연연구기관 등의 설립·운영 및 육성에 관한 법률」 제2조에 따른 정부출연연구기관 또는 대통령령으로 정하는 전문 검사기관에 위탁할 수 있다. 〈개정 2013. 3. 23., 2017. 10. 24., 2021. 3. 23., 2024. 2. 13.〉

② 제1항에 따라 위탁받은 업무에 종사하는 조합, 연합회, 공제조합, 「한국교통안전공단법」에 따른 한국교통안전공단, 자동차손해배상진흥원, 「정부출연연구기관 등의 설립·운영 및 육성에 관한 법률」

제2조에 따른 정부출연연구기관 또는 전문 검사기관의 임원 및 직원은 「형법」 제129조부터 제132조까지의 규정에 따른 벌칙을 적용하는 경우 공무원으로 본다. 〈개정 2017. 10. 24., 2021. 3. 23., 2024. 2. 13.〉

제77조(운임 · 요금의 기준과 요율 등에 관한 협의) 제75조제1항에 따라 국토교통부장관으로부터 제8조의 운임 · 요금의 기준 및 요율의 결정에 관한 권한을 위임받은 시 · 도지사가 운임 · 요금의 기준 및 요율을 정한 경우에는 「물가안정에 관한 법률」 제4조제2항에 따라 기획재정부장관과 협의한 것으로 본다. 〈개정 2013. 3. 23.〉

제78조(협의 · 조정 등) ① 시 · 도지사는 여객자동차운송사업의 사업계획변경, 개선명령, 사업구역조정 등이 둘 이상의 시 · 도에 걸칠 경우 국토교통부령으로 정하는 바에 따라 관계 시 · 도지사와 협의하여야 한다. 이 경우 시 · 도지사는 협의가 성립되지 아니하면 국토교통부장관에게 조정(調整)을 신청하여야 한다. 〈개정 2013. 3. 23., 2014. 1. 28.〉

② 국토교통부장관은 제1항에 따른 신청을 받으면 국토교통부령으로 정하는 바에 따라 조정한 후 관계 시 · 도지사에게 통보하여야 하며, 관계 시 · 도지사가 조정된 내용대로 따르지 아니하면 조정된 내용대로 직접 처분할 수 있다. 〈개정 2013. 3. 23.〉

③ 제1항의 조정을 신청하는 절차 등에 필요한 사항은 국토교통부령으로 정한다. 〈개정 2013. 3. 23.〉

제79조(보고 · 검사 등) ① 국토교통부장관, 시 · 도지사 또는 시장 · 군수는 다음 각 호의 어느 하나에 해당하는 경우 여객자동차 운수사업자에게 그 사업에 관한 사항이나 자동차의 소유 또는 사용에 관한 사항에 대하여 보고하거나 서류를 제출하도록 명할 수 있다. 〈개정 2018. 8. 14., 2020. 4. 7., 2020. 6. 9., 2021. 3. 23.〉

1. 이 법의 위반 여부에 대한 확인이 필요하거나 민원 등이 발생한 경우

2. 이 법에 따른 허가 · 신고 · 인가 또는 승인 등의 업무를 적정하게 수행하기 위하여 필요한 경우

3. 제23조, 제33조, 제44조, 제49조의7, 제49조의14에 따른 개선명령을 하기 위하여 필요한 경우

4. 제51조제2항에 따라 보조 또는 융자를 받은 자가 그 자금을

적정하게 사용하는지의 여부에 대하여 확인이 필요한 경우

5. 제51조의2부터 제51조의4까지에 따른 유가보조금, 천연가스 연료보조금 및 수소 연료보조금의 지급과 관련하여 확인이 필요한 경우

6. 제78조에 따른 협의·조정 시 적정성을 확인하기 위하여 필요한 경우

7. 교통사고 대응 및 예방 또는 이용자의 교통안전을 위하여 필요한 경우

8. 그 밖에 여객자동차 운수사업 관련 정책수립을 위하여 필요한 경우

② 국토교통부장관, 시·도지사 또는 시장·군수는 필요하다고 인정하면 소속 공무원으로 하여금 여객자동차 운수사업자 또는 운수종사자의 장부·서류, 그 밖의 물건을 검사하게 하거나 관계인에게 질문하게 할 수 있다. 〈개정 2013. 3. 23., 2021. 3. 23.〉

③ 제2항의 경우에 그 공무원은 그 권한을 표시하는 증표를 지니고 이를 관계인에게 내보여야 한다.

제80조(수수료) 이 법에 따라 면허·등록·허가·인가 등을 신청하거나 신고를 하려는 자는 국토교통부령으로 정하는 수수료를 내야 한다. 다만, 국토교통부장관이 제76조제1항에 따라 권한을 위탁한 경우에는 그 수탁 기관이 정하는 수수료를 해당 수탁 기관에 내야 한다. 〈개정 2013. 3. 23.〉

제81조(자가용 자동차의 유상운송 금지) ① 사업용 자동차가 아닌 자동차(이하 "자가용자동차"라 한다)를 유상(자동차 운행에 필요한 경비를 포함한다. 이하 이 조에서 같다)으로 운송용으로 제공하거나 임대하여서는 아니 되며, 누구든지 이를 알선하여서는 아니 된다. 다만, 다음 각 호의 어느 하나에 해당하는 경우에는 유상으로 운송용으로 제공 또는 임대하거나 이를 알선할 수 있다. 〈개정 2013. 3. 23., 2015. 6. 22., 2017. 3. 21., 2019. 8. 27., 2020. 2. 18.〉

1. 출·퇴근시간대(오전 7시부터 오전 9시까지 및 오후 6시부터 오후 8시까지를 말하며, 토요일, 일요일 및 공휴일인 경우는 제외한다) 승용자동차를 함께 타는 경우

2. 천재지변, 긴급 수송, 교육 목적을 위한 운행, 그 밖에 국토교통부령으로 정하는 사유에 해당되는 경우로서 시장·군수·구청장의

허가를 받은 경우

② 시장·군수·구청장은 제1항제2호에 따른 허가의 신청을 받은 날부터 10일 이내에 허가 여부를 신청인에게 통지하여야 한다. 〈신설 2017. 3. 21., 2020. 2. 18.〉

③ 시장·군수·구청장이 제2항에서 정한 기간 내에 허가 여부 또는 민원 처리 관련 법령에 따른 처리기간의 연장 여부를 신청인에게 통지하지 아니하면 그 기간이 끝난 날의 다음 날에 허가를 한 것으로 본다. 〈신설 2017. 3. 21., 2020. 2. 18.〉

④ 제1항제2호의 유상운송 허가의 대상 및 기간 등은 국토교통부령으로 정한다. 〈개정 2013. 3. 23., 2017. 3. 21.〉

제82조(자가용자동차의 노선운행 금지) ① 누구든지 고객을 유치할 목적으로 노선을 정하여 자가용자동차를 운행하거나 이를 알선하여서는 아니 된다. 다만, 다음 각 호의 어느 하나에 해당하는 경우에는 노선을 정하여 운행하거나 이를 알선할 수 있다. 〈개정 2011. 6. 7., 2015. 6. 22., 2017. 3. 21., 2020. 2. 18.〉

1. 학교, 학원, 유치원, 「영유아보육법」에 따른 어린이집, 호텔, 교육·문화·예술·체육시설(「유통산업발전법」 제2조제3호에 따른 대규모점포에 부설된 시설은 제외한다), 종교시설, 금융기관 또는 병원 이용자를 위하여 운행하는 경우

2. 대중교통수단이 없는 지역 등 대통령령으로 정하는 사유에 해당하는 경우로서 시장·군수·구청장의 허가를 받은 경우

② 제1항제2호의 허가의 대상 및 조건 등에 관하여 필요한 사항은 국토교통부령으로 정한다. 〈개정 2013. 3. 23.〉

제83조(자가용자동차 사용의 제한 또는 금지) ① 시장·군수·구청장은 자가용자동차를 사용하는 자가 다음 각 호의 어느 하나에 해당하면 6개월 이내의 기간을 정하여 그 자동차의 사용을 제한하거나 금지할 수 있다. 〈개정 2012. 2. 1., 2017. 3. 21., 2020. 2. 18.〉

1. 자가용자동차를 사용하여 여객자동차운송사업을 경영한 경우

2. 제81조제1항제2호에 따른 허가를 받지 아니하고 자가용자동차를 유상으로 운송에 사용하거나 임대한 경우

② 시장·군수·구청장이 제1항에 따라 자가용자동차의 사용을 금지한 경우에는 제89조를 준용한다. 〈개정 2012. 2. 1., 2017. 3.

21., 2020. 2. 18.〉

제84조(자동차의 차령 제한 등) ① 여객자동차 운수사업에 사용되는 자동차는 자동차의 종류와 여객자동차 운수사업의 종류에 따라 대통령령으로 정하는 연한[이하 “차령”(車齡)이라 한다] 및 운행거리를 넘겨 운행하지 못한다. 다만, 시·도지사는 해당 시·도의 여객자동차 운수사업용 자동차의 운행여건 등을 고려하여 대통령령으로 정하는 안전성 요건이 충족되는 경우에는 2년의 범위에서 차령을 연장할 수 있다. 〈개정 2014. 5. 21.〉

② 여객자동차 운수사업의 면허, 허가, 등록, 증차 또는 대폐차(代廢車: 차령이 만료되거나 운행거리를 초과한 차량 등을 다른 차량으로 대체하는 것을 말한다)에 충당되는 자동차는 자동차의 종류와 여객자동차 운수사업의 종류에 따라 3년을 넘지 아니하는 범위에서 대통령령으로 정하는 연한(이하 “차량충당연한”이라 한다) 이내로 하여야 한다. 다만, 다음 각 호의 어느 하나에 해당하는 경우에는 그러하지 아니하다. 〈개정 2012. 5. 23., 2014. 5. 21., 2016. 12. 2., 2017. 10. 24., 2018. 12. 31., 2020. 4. 7., 2020. 6. 9., 2024. 1. 30.〉

1. 노선 여객자동차운송사업의 면허를 받거나 등록을 한 자가 보유 차량으로 노선 여객자동차운송사업 범위에서 업종 변경을 위하여 면허를 받거나 등록을 하는 경우

2. 대통령령으로 정하는 여객자동차운송사업자가 대폐차하는 경우로서 노선 여객자동차운송사업용 자동차를 차령이 6년 이내인 여객자동차운송사업용 자동차로 충당하거나 구역 여객자동차운송사업용 자동차를 차령이 8년 이내인 여객자동차운송사업용 자동차로 충당하는 경우

3. 여객자동차 운수사업에 사용되었던 자동차로서 「자동차관리법」 제13조제7항 각 호의 어느 하나에 해당하는 사유로 말소등록이 된 자동차를 여객자동차 운수사업자가 「자동차관리법」 제43조제1항제4호에 따른 임시검사에 합격한 후 다시 등록하는 경우. 다만, 차령을 초과한 자동차는 제외한다.

4. 「환경친화적 자동차의 개발 및 보급 촉진에 관한 법률」 제2조제3호에 따른 전기자동차 또는 같은 법 제2조제6호에 따른 수소전기자동차의 배터리를 신규로 교체한 경우. 다만, 차령을 초과한 자

동차는 제외한다.

③ 시·도지사는 자동차의 제작·조립이 중단되거나 출고가 지연되는 등 부득이한 사유로 자동차를 공급하는 것이 현저히 곤란하다고 인정하면 6개월의 범위에서 제1항에 따른 차령을 초과하여 운행하게 할 수 있다. 〈개정 2013. 3. 23., 2014. 1. 28.〉

④ 제1항에 따른 차령과 그 연장요건, 제2항에 따른 차령충당연한의 기산일(起算日) 및 계산 방법 등에 관하여 필요한 사항은 대통령령으로 정한다.

제85조(면허취소 등) ① 국토교통부장관, 시·도지사(터미널사업·자동차대여사업 및 대통령령으로 정하는 여객자동차운송사업에 한정한다) 또는 시장·군수·구청장(터미널사업에 한정한다)은 여객자동차운수사업자가 다음 각 호의 어느 하나에 해당하면 면허·허가·인가 또는 등록을 취소하거나 6개월 이내의 기간을 정하여 사업의 전부 또는 일부를 정지하도록 명하거나 노선폐지 또는 감차 등이 따르는 사업계획 변경을 명할 수 있다. 다만, 제5호·제8호·제39호 및 제41호의 경우에는 면허, 허가 또는 등록을 취소하여야 한다. 〈개정 2009. 5. 27., 2012. 2. 1., 2012. 5. 23., 2013. 3. 23., 2013. 8. 6., 2014. 1. 28., 2014. 5. 21., 2015. 1. 6., 2017. 3. 21., 2017. 10. 24., 2018. 8. 14., 2018. 9. 18., 2020. 2. 18., 2020. 4. 7., 2020. 6. 9., 2021. 7. 27.〉

1. 면허·허가 또는 인가를 받거나 등록한 사항을 정당한 사유 없이 실시하지 아니한 경우

2. 사업경영의 불확실, 자산상태의 현저한 불량, 그 밖의 사유로 사업을 계속하는 것이 적합하지 아니하여 국민의 교통편의를 해치는 경우

3. 중대한 교통사고 또는 빈번한 교통사고로 많은 사람을 죽거나 다치게 한 경우

4. 제4조에 따른 면허를 받거나 등록한 여객자동차운송사업용 자동차 또는 제49조의3에 따라 허가를 받은 플랫폼운송사업용 자동차를 타인에게 대여한 경우

5. 거짓이나 그 밖의 부정한 방법으로 제4조·제28조·제36조·제49조의3 또는 제49조의18에 따른 여객자동차운송사업·자동차대여사업·터미널사업·플랫폼운송사업 또는 플랫폼중개사업의 면허

(변경면허를 포함한다) 또는 허가를 받거나 등록을 한 경우

6. 제4조 · 제28조 · 제36조 또는 제49조의3에 따라 면허 또는 허가를 받거나 등록한 업종의 범위 · 노선 · 운행계통 · 사업구역 · 업무범위 및 면허 · 허가기간(여객자동차운송사업 한정면허와 플랫폼운송사업 허가의 경우에만 해당한다) 등을 위반하여 사업을 한 경우

7. 제5조 · 제29조 · 제37조 · 제49조의3 또는 제49조의18에 따른 여객자동차운송사업 · 자동차대여사업 · 터미널사업 · 플랫폼운송사업 또는 플랫폼중개사업의 면허 또는 허가기준이나 등록기준을 충족하지 못하게 된 경우. 다만, 3개월 이내에 그 기준을 충족시킨 경우에는 그러하지 아니하다.

8. 운송사업자 · 자동차대여사업자 · 터미널사업자 · 플랫폼운송사업자 또는 플랫폼중개사업자가 제6조 각 호의 어느 하나에 해당하게 된 경우. 다만, 법인의 임원 중 그 사유에 해당하는 자가 있는 경우로서 3개월 이내에 그 임원을 개임(改任)한 경우와 피상속인이 사망한 날부터 60일 이내에 상속인이 여객자동차 운수사업을 다른 사람에게 양도한 경우(플랫폼운송사업 및 플랫폼중개사업은 제외한다)에는 그러하지 아니하다.

9. 제7조를 위반하여 국토교통부장관 또는 시 · 도지사가 지정한 기일 또는 기간 내에 운송을 시작하지 아니한 경우

10. 제8조, 제49조의6 또는 제49조의13을 위반하여 운임 · 요금의 신고 또는 변경신고를 하지 아니하거나 부당한 요금을 받은 경우 또는 1년에 3회 이상 6세 미만인 아이의 무상운송을 거절한 경우

11. 제9조(제49조의9에서 준용하는 경우를 포함한다) 또는 제31조를 위반하여 운송약관 · 대여약관 또는 플랫폼운송약관의 신고 또는 변경신고를 하지 아니하거나 신고한 약관을 이행하지 아니한 경우

12. 제10조(제35조에서 준용하는 경우를 포함한다) 또는 제49조의3제6항을 위반하여 인가 · 등록 또는 신고를 하지 아니하고 사업계획을 변경한 경우

13. 제12조(제35조 및 제49조의9에서 준용하는 경우를 포함한다)에 따른 명의이용 금지를 위반한 경우

14. 제13조를 위반하여 신고하지 아니하고 여객자동차운송사업을

관리위탁하거나 운송사업자가 아닌 자에게 관리위탁한 경우

15. 제14조(제35조 · 제48조 및 제49조의9에서 준용하는 경우를 포함한다)를 위반하여 인가를 받지 아니하거나 신고를 하지 아니하고 여객자동차운송사업을 양도 · 양수하거나 법인을 합병한 경우

16. 제16조(제35조 · 제48조 및 제49조의9에서 준용하는 경우를 포함한다)를 위반하여 허가를 받지 아니하거나 신고를 하지 아니하고 여객자동차운송사업을 휴업 또는 폐업하거나 휴업기간이 지난 후에도 사업을 재개(再開)하지 아니한 경우

17. 제17조를 위반하여 1년에 3회 이상 사업용자동차의 표시를 하지 아니한 경우

18. 제18조제1항 및 제2항에 따라 운송할 수 있는 소화물이 아닌 소화물을 운송하거나, 같은 조 제3항에 따른 소화물 운송의 금지 명령을 따르지 아니한 자

19. 제21조제1항에 따른 준수 사항을 위반하여 과태료 처분을 받은 날부터 1년 이내에 다시 3회 이상 위반한 경우

20. 제21조제2항(제49조의9에서 준용하는 경우를 포함한다)을 위반하여 운수종사자의 자격요건을 갖추지 아니한 자를 운전업무에 종사하게 한 경우

20의2. 삭제 〈2020. 4. 7.〉

20의3. 삭제 〈2020. 4. 7.〉

20의4. 제21조제8항(제49조의9에서 준용하는 경우를 포함한다)을 위반하여 자동차의 운전석 및 그 옆 좌석에 에어백을 설치하지 아니한 경우

20의5. 제21조제10항을 위반하여 운행정보를 신고하지 아니하거나 운행기록증을 붙이지 아니하고 사업용 자동차를 운행한 경우

20의6. 제21조제11항을 위반하여 휴식시간을 보장하지 아니한 경우

20의7. 제21조제12항 전단(제49조의9에서 준용하는 경우를 포함한다)을 위반하여 운수종사자의 음주 여부를 확인하지 아니한 경우

20의8. 제21조제12항 후단(제49조의9에서 준용하는 경우를 포함한다)을 위반하여 운수종사자가 음주로 안전한 운전을 할 수 없다고 판단됨에도 사업용 자동차를 운행하게 한 경우

21. 제21조제13항(제49조의9에서 준용하는 경우를 포함한다)에

따른 준수 사항을 위반한 경우

22. 제23조·제33조·제44조 또는 제49조의7에 따른 개선명령 또는 운행명령을 이행하지 아니한 경우

23. 제25조제2항(제49조의9에서 준용하는 경우를 포함한다)에 따른 운수종사자의 교육에 필요한 조치를 하지 아니한 경우

23의2. 제27조의3제1항을 위반하여 영상기록장치를 설치하지 않은 경우

23의3. 제27조의3제7항을 위반하여 영상기록장치의 운영·관리 지침을 마련하지 않은 경우

24. 제28조에 따른 등록 시 부여한 유예기간 내에 제29조에 따른 등록기준을 충족하지 아니하거나 사업을 시작하지 아니한 경우

25. 제32조를 위반하여 관리위탁 허가를 받지 아니하고 자동차대여사업을 관리위탁하거나 자동차대여사업자가 아닌 자에게 관리위탁한 경우

26. 제34조제3항을 위반하여 자동차대여사업자가 사업용자동차를 사용하여 유상으로 여객을 운송하거나 이를 알선한 경우

26의2. 제34조의2제2항을 위반하여 같은 항 각 호의 어느 하나에 해당하는 운전자에게 자동차를 대여한 경우

27. 제38조제1항에 따른 공사시행의 인가(변경인가를 포함한다)를 받지 아니하고 터미널 시설에 관한 공사를 하거나 지정된 기간까지 공사를 마치지 아니한 경우

28. 제39조를 위반하여 제38조제4항에 따른 시설확인을 받지 아니하고 터미널의 사용을 시작한 경우

29. 정당한 사유 없이 제39조를 위반하여 시·도지사가 정한 기간 내에 터미널의 사용을 시작하지 아니한 경우

30. 제40조를 위반하여 신고 또는 변경신고를 하지 아니하고 터미널사용약관을 시행한 경우

31. 제42조제1항에 따른 터미널사업자의 준수 사항을 위반한 경우 또는 같은 조 제3항에 따른 중지명령이나 시정명령을 이행하지 아니한 경우

32. 제43조에 따른 변경인가를 받지 아니하고 터미널의 위치·규모 또는 구조·설비를 변경한 경우

32의2. 제49조의3제2항에 따른 조건을 이행하지 아니한 경우

32의3. 제49조의6제4항 또는 제49조의13제6항을 위반하여 운송플랫폼을 통해 여객과 운송계약을 체결할 때 여객에게 받을 운임이나 요금을 고지하지 아니한 경우

32의4. 제49조의11제2항을 위반하여 동일한 차량으로 둘 이상의 운송가맹점으로 가입한 경우

32의5. 제49조의11제3항을 위반하여 상호를 변경하지 아니하거나 상호변경 신고를 하지 아니한 경우

32의6. 제50조에 따른 보조금 또는 융자금을 보조 또는 융자받는 목적 외의 용도로 사용한 경우

33. 1년에 3회 이상 제79조제1항에 따른 보고나 서류제출을 하지 아니하거나 거짓으로 한 경우

34. 제79조제2항에 따른 검사를 거부·방해 또는 기피하거나 질문에 응하지 아니하거나 거짓으로 진술을 한 경우

35. 제83조에 따른 자가용자동차의 사용제한 또는 사용금지를 위반한 경우

36. 제84조에 따른 차령 또는 운행거리를 초과하여 운행한 경우. 다만, 같은 조 제3항에 따라 차령을 초과하여 운행하는 경우는 제외한다.

37. 대통령령으로 정하는 여객자동차운송사업의 경우 운수종사자의 운전면허가 취소되거나 제87조제1항제2호 또는 제3호에 해당되어 운수종사자의 자격이 취소된 경우

38. 이 법에 따른 면허·허가 또는 인가 등에 붙인 조건을 위반한 경우

39. 이 조에 따른 사업정지명령을 위반하여 사업정지기간 중에 사업을 경영한 경우

40. 이 조에 따른 노선폐지·감차 등을 수반하는 사업계획의 변경명령을 이행하지 아니한 경우

41. 운송사업자(자동차 1대로 운송사업자가 직접 운전하는 여객자동차운송사업으로 한정한다)가 교통사고와 관련하여 거짓이나 그 밖의 부정한 방법으로 보험금을 청구하여 금고 이상의 형을 선고받고 그 형이 확정된 경우

② 제1항제3호에 따른 중대한 교통사고는 1건의 교통사고로 대통령령으로 정하는 수 이상의 사상자가 발생한 경우를 말하고, 빈번한

교통사고는 사상자가 발생한 교통사고가 대통령령으로 정하는 교통사고건수 또는 교통사고지수(교통사고건수를 여객자동차 운수사업자가 소유한 자동차의 대수로 나눈 비율을 말한다)에 해당하게 된 경우를 말한다.

③ 제1항에 따른 처분의 기준 및 절차, 그 밖에 필요한 사항은 대통령령으로 정한다.

④ 시·도지사는 대통령령으로 정하는 운송사업자가 다음 각 호의 어느 하나에 해당하는 경우 대통령령으로 정하는 바에 따라 그 위반의 내용 및 정도 등에 따라 벌점을 부과할 수 있으며, 그 벌점이 대통령령으로 정하는 기간 동안 일정한 점수를 초과하는 경우에는 대통령령으로 정하는 바에 따라 면허를 취소하거나 감차 등을 수반하는 사업계획의 변경을 명할 수 있다. 〈신설 2009. 5. 27., 2013. 3. 23., 2014. 1. 28.〉

1. 제21조를 위반하여 이 법에 따른 처분을 받은 경우

2. 1대의 자동차를 본인이 직접 운전하는 운송사업자가 제26조를 위반하여 이 법에 따른 처분을 받은 경우

3. 운송사업자가 채용한 운수종사자가 제26조를 위반하여 이 법에 따른 처분을 받은 경우

제86조(청문) 국토교통부장관 또는 시·도지사는 제49조의15 또는 제85조제1항에 따라 제4조, 제28조, 제36조, 제49조의3, 제49조의10 또는 제49조의18에 따른 여객자동차운송사업, 자동차대여사업, 터미널사업, 플랫폼운송사업, 플랫폼가맹사업 또는 플랫폼중개사업의 면허, 허가 또는 등록을 취소하려면 청문을 하여야 한다. 〈개정 2013. 3. 23., 2014. 1. 28., 2020. 4. 7.〉

제87조(운수종사자의 자격 취소 등) ① 국토교통부장관 또는 시·도지사는 제24조제1항의 자격을 취득한 자가 다음 각 호의 어느 하나에 해당하면 그 자격을 취소하거나 6개월 이내의 기간을 정하여 그 자격의 효력을 정지시킬 수 있다. 다만, 제3호 및 제6호의2에 해당하는 경우에는 그 자격을 취소하여야 한다. 〈개정 2012. 2. 1., 2013. 3. 23., 2014. 1. 28., 2015. 1. 6., 2020. 4. 7., 2020. 5. 19.〉

1. 제6조제1호부터 제4호까지의 규정 중 어느 하나에 해당하는 경우

2. 부정한 방법으로 제24조제1항의 자격을 취득한 경우

3. 제24조제3항 또는 제4항에 해당하게 된 경우(집행유예 기간이 만료된 날부터 2년이 지나지 아니한 사람을 포함한다)

4. 제26조제1항 또는 제49조의8제1항에 따른 준수 사항을 지키지 아니한 경우

5. 제26조제2항에 따른 준수 사항을 위반하여 과태료 처분을 받은 날부터 1년 이내에 다시 3회 이상 위반한 경우

5의2. 제26조제4항을 위반하여 운행기록증을 식별하기 어렵게 하거나, 그러한 자동차를 운행한 경우

6. 교통사고로 대통령령으로 정하는 수 이상으로 사람을 죽거나 다치게 한 경우

6의2. 교통사고와 관련하여 거짓이나 그 밖의 부정한 방법으로 보험금을 청구하여 금고 이상의 형을 선고받고 그 형이 확정된 경우

7. 운전업무와 관련하여 부정이나 비위(非違) 사실이 있는 경우

8. 이 법이나 이 법에 따른 명령 또는 처분을 위반한 경우

② 제1항에 따른 처분의 기준과 절차 등에 관하여 필요한 사항은 국토교통부령으로 정한다. 〈개정 2013. 3. 23.〉

③ 국토교통부장관 또는 시·도지사는 제1항에 따른 자격의 취소나 정지에 필요한 정보에 한정하여 경찰청장에게 운전경력 및 범죄경력자료의 조회를 요청할 수 있다. 〈신설 2021. 7. 27.〉

[2016. 12. 2. 법률 제14342호에 의하여 2015. 12. 23. 헌법재판소에서 헌법불합치 결정된 제87조제1항 단서 제3호에 규정된 제24조제4항제1호를 개정함]

제88조(과징금 처분) ① 국토교통부장관, 시·도지사 또는 시장·군수·구청장은 여객자동차 운수사업자가 제49조의15제1항 또는 제85조제1항 각 호의 어느 하나에 해당하여 사업정지 처분을 하여야 하는 경우에 그 사업정지 처분이 그 여객자동차 운수사업을 이용하는 사람들에게 심한 불편을 주거나 공익을 해칠 우려가 있는 때에는 그 사업정지 처분을 갈음하여 5천만원 이하의 과징금을 부과·징수할 수 있다. 〈개정 2012. 2. 1., 2013. 3. 23., 2020. 2. 18., 2020. 4. 7.〉

② 제1항에 따라 과징금을 부과하는 위반행위의 종류·정도 등에 따른 과징금의 액수, 그 밖에 필요한 사항은 대통령령으로 정한다.

③ 국토교통부장관, 시·도지사 또는 시장·군수·구청장은 제1항에 따라 과징금 부과 처분을 받은 자가 과징금을 기한까지 내지 아니하는 경우 국세 체납처분의 예 또는 「지방행정제재·부과금의 징수 등에 관한 법률」에 따라 징수한다. 〈개정 2013. 3. 23., 2013. 8. 6., 2020. 2. 18., 2020. 3. 24., 2020. 6. 9.〉

④ 제1항에 따라 징수한 과징금은 다음 각 호 외의 용도로는 사용할 수 없다. 〈개정 2009. 5. 27.〉

1. 벽지노선이나 그 밖에 수익성이 없는 노선으로서 대통령령으로 정하는 노선을 운행하여서 생긴 손실의 보전(補塡)
2. 운수종사자의 양성, 교육훈련, 그 밖의 자질 향상을 위한 시설과 운수종사자에 대한 지도 업무를 수행하기 위한 시설의 건설 및 운영
3. 지방자치단체가 설치하는 터미널을 건설하는 데에 필요한 자금의 지원
4. 터미널 시설의 정비·확충
5. 여객자동차 운수사업의 경영 개선이나 그 밖에 여객자동차 운수사업의 발전을 위하여 필요한 사업
6. 제1호부터 제5호까지의 규정 중 어느 하나의 목적을 위한 보조나 융자
7. 이 법을 위반하는 행위를 예방 또는 근절하기 위하여 지방자치단체가 추진하는 사업

⑤ 시·도지사 또는 시장·군수·구청장은 국토교통부령으로 정하는 바에 따라 과징금으로 징수한 금액의 운용 계획을 수립하여 시행하여야 한다. 〈개정 2013. 3. 23., 2020. 2. 18.〉

⑥ 제4항과 제5항에 따른 과징금 사용의 절차·대상, 운용 계획의 수립·시행, 그 밖에 필요한 사항은 대통령령으로 정한다.

제89조(자동차의 사용정지) ① 운송사업자 또는 플랫폼운송사업자는 다음 각 호의 어느 하나에 해당하면 그 자동차의 자동차 등록증과 자동차 등록번호판을 시·도지사에게 반납하여야 한다. 〈개정 2014. 1. 28., 2020. 4. 7., 2021. 3. 23.〉

1. 운송사업자가 제4조제3항에 따라 면허 기간을 정하여 받은 한정면허의 면허 기간이 끝난 경우 또는 플랫폼운송사업자가 제49조의3제2항에 따라 허가를 받은 기간이 끝난 경우

2. 제16조제1항(제49조의9에서 준용하는 경우를 포함한다) 및 제2항(제35조에서 준용하는 경우를 포함한다)에 따라 휴업·폐업의 허가를 받거나 신고를 한 경우

3. 제85조제1항에 따라 면허·등록·허가 또는 인가의 취소, 사업정지 처분이나 감차가 따르는 사업계획 변경명령을 받은 경우

② 제1항에도 불구하고 다음 각 호의 어느 하나에 해당하는 경우에는 시·도지사에게 자동차 등록증과 자동차 등록번호판을 반납하지 아니할 수 있다. 〈신설 2021. 3. 23.〉

1. 노선 여객자동차운송사업자가 제16조제1항 및 제2항에 따라 휴업·폐업의 허가를 받거나 신고를 한 경우

2. 구역 여객자동차운송사업자 중 국토교통부령으로 정하는 여객자동차운송사업자가 제16조제1항 및 제2항에 따라 10일 이내의 휴업 허가를 받거나 신고를 한 경우

③ 시·도지사는 운송사업자 또는 플랫폼운송사업자가 제1항을 이행하지 아니하는 경우에는 그 자동차의 자동차 등록증과 자동차 등록번호판을 영치(領置)하여야 한다. 〈개정 2020. 4. 7., 2021. 3. 23.〉

④ 시·도지사는 다음 각 호의 어느 하나에 해당하는 경우 제1항에 따라 반납 받은 자동차 등록증과 자동차 등록번호판을 그 운송사업자 또는 플랫폼운송사업자에게 되돌려 주어야 한다. 〈개정 2020. 4. 7., 2021. 3. 23.〉

1. 제16조(제35조 및 제49조의9에서 준용하는 경우를 포함한다)에 따른 휴업 기간이 끝난 경우

2. 제85조제1항에 따른 사업정지 처분 기간이 끝난 경우

⑤ 제3항에 따라 자동차 등록번호판을 되돌려 받은 운송사업자 또는 플랫폼운송사업자는 이를 그 자동차에 달고 시·도지사의 봉인(封印)을 받아야 한다. 〈개정 2020. 4. 7., 2021. 3. 23.〉

제89조의2(규제의 재검토) 국토교통부장관은 다음 각 호의 사항에 대하여 2014년 1월 1일을 기준으로 3년마다(매 3년이 되는 해의 기준일과 같은 날 전날까지를 말한다)마다 그 타당성을 검토하여 개선 등의 조치를 하여야 한다. 〈개정 2017. 3. 21., 2020. 4. 7.〉

1. 제4조에 따른 여객자동차운송사업의 면허

2. 제6조에 따른 결격사유

3. 제10조제5항에 따른 사업계획의 변경 제한
4. 제16조제1항에 따른 여객자동차운송사업의 휴업 · 폐업의 허가
5. 제16조제5항에 따른 여객자동차운송사업의 휴업 기간
6. 제24조제1항에 따른 운수종사자의 자격
7. 제24조제4항에 따른 운전자격의 취득 제한
8. 제36조에 따른 여객자동차터미널사업의 면허
9. 제49조의3에 따른 플랫폼운송사업의 허가
9의2. 제49조의10에 따른 플랫폼가맹사업의 면허
10. 제53조에 따른 조합의 설립 인가
11. 제59조에 따른 연합회의 설립 인가
12. 제60조에 따른 조합 및 연합회의 공제사업 허가
13. 제61조에 따른 공제조합의 설립 인가
14. 제84조에 따른 자동차의 차령 제한
[본조신설 2015. 1. 6.]

제89조의3(신고포상금의 지급) 제75조 또는 관계 규정에 따라 제4조제1항에 따른 면허의 권한을 위임받은 지방자치단체의 장은 같은 항에 따른 면허를 받지 아니하고 대통령령으로 정하는 여객자동차운송사업을 경영한 자를 신고하거나 고발한 자에 대하여 해당 지방자치단체의 조례로 정하는 바에 따라 포상금을 지급할 수 있다.
[본조신설 2015. 6. 22.]

제10장 벌칙

제90조(벌칙) 다음 각 호의 어느 하나에 해당하는 자는 2년 이하의 징역 또는 2천만원 이하의 벌금에 처한다. 〈개정 2008. 3. 28., 2014. 1. 28., 2015. 6. 22., 2020. 4. 7.〉

1. 제4조제1항에 따른 면허를 받지 아니하거나 등록을 하지 아니하고 여객자동차운송사업을 경영한 자 또는 제2조에서 정한 자동차 이외의 자동차(「자동차관리법」 제3조에 따른 화물자동차 · 특수자동차 · 이륜자동차를 말한다)를 사용하여 여객자동차운송사업 형태의 행위를 한 자
2. 부정한 방법으로 제4조제1항에 따른 여객자동차운송사업의 면허를 받거나 등록을 한 자
3. 제12조(제35조 · 제49조의9 및 제49조의16에서 준용하는 경우

를 포함한다)에 따른 명의이용 금지를 위반한 자

3의2. 거짓이나 부정한 방법으로 제23조제3항의 손실보상금, 제50조의 보조금 또는 융자금을 교부받은 자

4. 제28조제1항에 따른 등록을 하지 아니하고 자동차대여사업을 경영한 자

5. 부정한 방법으로 제28조제1항에 따른 자동차대여사업을 등록한 자

6. 제32조제1항에 따른 관리위탁 허가를 받지 아니하거나 부정한 방법으로 관리위탁 허가를 받아 자동차대여사업을 관리위탁한 자와 이 자로부터 관리위탁을 받은 자

6의2. 제34조제1항을 위반하여 임차한 자동차를 유상 운송에 사용하거나 다시 남에게 대여한 자 또는 이를 알선한 자

6의3. 제34조제2항을 위반하여 운전자를 알선한 자

7. 제34조제3항을 위반하여 사업용자동차를 사용하여 유상으로 여객을 운송하거나 이를 알선한 자

7의2. 제49조의3제1항에 따른 허가를 받지 아니하고 플랫폼운송사업을 경영한 자 또는 제2조에서 정한 자동차 이외의 자동차(「자동차관리법」 제3조에 따른 화물자동차·특수자동차·이륜자동차를 말한다)를 사용하여 플랫폼운송사업 형태의 행위를 한 자

7의3. 부정한 방법으로 제49조의3제1항에 따른 허가를 받은 자

8. 제81조를 위반하여 자가용자동차를 유상으로 운송용으로 제공 또는 임대하거나 이를 알선한 자

9. 제82조제1항을 위반하여 고객을 유치할 목적으로 노선을 정하여 자가용자동차를 운행하거나 이를 알선한 자

10. 제85조제1항에 따른 사업정지 처분 기간 중에 여객자동차 운수사업을 경영한 자

제91조(벌칙) 다음 각 호의 어느 하나에 해당하는 자는 1년 이하의 징역 또는 1천만원 이하의 벌금에 처한다. 〈개정 2016. 12. 2., 2018. 9. 18., 2020. 10. 20., 2021. 3. 23.〉

1. 제27조의2제3항을 위반하여 술을 마시거나 약물을 복용하고 다른 사람에게 위해를 주는 행위를 한 자

2. 제27조의3제3항을 위반하여 설치 목적과 다른 목적으로 영상기록장치를 임의로 조작하거나 다른 곳을 비춘 자, 운행기간 외에

영상기록을 한 자 또는 녹음기능을 사용하여 음성기록을 한 자

3. 제27조의3제4항을 위반하여 영상기록을 목적 외의 용도로 이용하거나 다른 자에게 제공한 자

4. 제27조의3제6항을 위반하여 안전성 확보에 필요한 조치를 하지 아니하여 영상기록장치에 기록된 영상정보를 분실·도난·유출·변조 또는 훼손당한 자

5. 제34조의2제1항을 위반한 자동차대여사업자

6. 제34조의4를 위반하여 다른 사람에게 명의를 빌려주거나 다른 사람의 명의를 빌린 사람 또는 대여를 알선한 사람

7. 제36조에 따른 면허(변경면허를 포함한다)를 받지 아니하고 터미널사업을 경영하거나 부정한 방법으로 면허(변경면허를 포함한다)를 받은 자

[전문개정 2014. 1. 28.]

제92조(벌칙) 다음 각 호의 어느 하나에 해당하는 자는 1천만원 이하의 벌금에 처한다. 〈개정 2012. 2. 1., 2020. 4. 7.〉

1. 삭제 〈2009. 5. 27.〉

2. 제9조제1항(제49조의9 및 제49조의16에서 준용하는 경우를 포함한다)에 따른 운송약관을 신고하지 아니하거나 신고한 운송약관을 이행하지 아니한 자

3. 제10조(제35조에서 준용하는 경우를 포함한다)·제49조의3제6항 또는 제49조의10제2항에 따른 인가를 받지 아니하거나 등록 또는 신고를 하지 아니하고 사업계획을 변경한 자

4. 제11조(제35조에서 준용하는 경우를 포함한다)를 위반하여 공동운수협정을 체결하거나 변경한 자

5. 제13조제1항에 따른 관리위탁 신고를 하지 아니하거나 거짓 신고를 하고 여객자동차운송사업을 관리위탁한 자

6. 제14조(제35조·제48조·제49조의9 및 제49조의16에서 준용하는 경우를 포함한다)에 따른 인가를 받지 아니하거나 신고를 하지 아니하고 여객자동차 운수사업을 양도·양수하거나 법인을 합병한 자

7. 삭제 〈2009. 5. 27.〉

8. 제16조(제35조·제48조·제49조의9 및 제49조의16에서 준용하는 경우를 포함한다)에 따른 허가를 받지 아니하거나 신고를 하지 아니하고 여객자동차 운수사업을 휴업하거나 폐업한 자

9. 제21조제2항(제49조의9에서 준용하는 경우를 포함한다)을 위반하여 운수종사자의 자격요건을 갖추지 아니한 사람을 운전업무에 종사하게 한 자

10. 자동차대여사업을 시작하기 전까지 제31조제1항에 따른 대여약관을 신고하지 아니하거나 신고한 대여약관을 이행하지 아니한 자

10의2. 제34조의2제3항을 위반하여 결함 사실이 공개된 대여사업용 자동차를 시정조치 받지 아니하고 신규로 대여한 자

10의3. 제34조의2제4항을 위반하여 차량의 임차인에게 결함 사실을 통보하지 아니한 자

11. 삭제 〈2015. 6. 22.〉

12. 삭제 〈2015. 6. 22.〉

13. 제38조제4항을 위반하여 시설확인을 받지 아니하고 터미널 사용을 시작한 자

14. 제40조제1항에 따른 사용약관을 신고하지 아니하거나 신고한 사용약관을 위반한 자

15. 제41조에 따라 시설사용료에 관한 인가를 받지 아니한 자

16. 제43조에 따른 인가를 받지 아니하고 터미널의 위치·규모와 구조·설비 등을 변경한 자

제93조(양벌규정) 법인의 대표자나 법인 또는 개인의 대리인, 사용인, 그 밖의 종업원이 그 법인 또는 개인의 업무에 관하여 제90조부터 제92조까지의 어느 하나에 해당하는 위반행위를 하면 그 행위자를 벌하는 외에 그 법인 또는 개인에게도 해당 조문의 벌금형을 과(科)한다. 다만, 법인 또는 개인이 그 위반행위를 방지하기 위하여 해당 업무에 관하여 상당한 주의와 감독을 게을리하지 아니한 경우에는 그러하지 아니하다.

[전문개정 2009. 5. 27.]

제94조(과태료) ① 다음 각 호의 어느 하나에 해당하는 자에게는 1천만원 이하의 과태료를 부과한다. 〈개정 2009. 5. 27., 2017. 10. 24., 2018. 8. 14., 2020. 4. 7.〉

1. 제8조·제49조의6제1항 또는 제49조의13제1항을 위반하여 운임·요금을 신고하지 아니한 자

2. 제15조제1항(제35조와 제48조에서 준용하는 경우를 포함한다)에 따른 상속 신고를 하지 아니한 자

3. 제21조제1항에 따른 운송수입금의 전액에 대한 준수사항을 위반한 자

3의2. 제21조제11항을 위반하여 휴식시간을 보장하지 아니한 자

3의3. 제21조제12항 전단(제49조의9에서 준용하는 경우를 포함한다)을 위반하여 운수종사자의 음주 여부를 확인하지 아니한 자

3의4. 제21조제12항 후단(제49조의9에서 준용하는 경우를 포함한다)을 위반하여 운수종사자가 음주로 안전한 운전을 할 수 없다고 판단됨에도 사업용 자동차를 운행하게 한 자

3의5. 제49조의6제4항 또는 제49조의13제6항을 위반하여 운송플랫폼을 통하여 여객과 운송계약을 체결할 때 여객에게 받을 운임이나 요금을 고지하지 아니한 자

3의6. 제49조의18제1항에 따라 플랫폼중개사업자로 등록하지 아니하고 제49조의19제1항에 따른 요금을 받은 자 또는 제49조의19제2항을 위반하여 요금을 신고하지 아니하고 제49조의19제1항에 따른 요금을 받은 자

4. 제66조(제60조제2항에서 준용하는 경우를 포함한다)에 따른 개선명령을 따르지 아니한 자

5. 제67조(제60조제2항에서 준용하는 경우를 포함한다)에 따른 임직원에 대한 징계·해임의 요구에 따르지 아니하거나 시정명령을 따르지 아니한 자

② 다음 각 호의 어느 하나에 해당하는 자에게는 500만원 이하의 과태료를 부과한다. 〈개정 2012. 2. 1., 2014. 1. 28., 2016. 12. 2., 2017. 3. 21., 2017. 10. 24., 2020. 4. 7., 2021. 7. 27., 2024. 1. 9.〉

1. 제8조제6항을 위반하여 어린아이의 운임을 받은 자. 다만, 제85조제1항제10호에 따라 처분을 받은 자에 대하여는 해당 위반행위에 대한 과태료를 부과하지 아니한다.

2. 제17조를 위반하여 사업용 자동차의 표시를 하지 아니한 자. 다만, 제85조제1항제17호에 따라 처분을 받은 자에 대하여는 해당 위반행위에 대한 과태료를 부과하지 아니한다.

3. 제19조(제49조의9에서 준용하는 경우를 포함한다)에 따른 사고 시의 조치 또는 보고를 하지 아니하거나 거짓 보고를 한 자

4. 제22조제1항제1호 및 제2호를 위반하여 운수종사자 취업현황

을 알리지 아니하거나 거짓으로 알린 자

5. 제22조제1항제3호를 위반하여 휴식시간 보장내역을 알리지 아니하거나 거짓으로 알린 자

6. 제24조제1항의 운수종사자의 요건을 갖추지 아니하고 여객자동차운송사업 또는 플랫폼운송사업의 운전업무에 종사한 자

6의2. 제26조제1항제7호의4 또는 제49조의8제1항제6호의2를 위반하여 영상물 등을 시청한 운수종사자 또는 플랫폼운수종사자

6의3. 제34조의2제2항을 위반한 자동차대여사업자

6의4. 제34조의5를 위반한 자(제90조제6호의2에 해당하는 경우는 제외한다)

7. 삭제 〈2012. 2. 1.〉

8. 삭제 〈2012. 2. 1.〉

9. 제45조에 따른 터미널 사용명령을 위반한 자

10. 제56조에 따른 정관변경 등의 명령을 따르지 아니한 자

11. 제65조제1항(제60조제2항에서 준용하는 경우를 포함한다)에 따른 보고서를 제출하지 아니하거나 거짓 보고서를 제출한 자 또는 조사나 검사를 거부·방해 또는 기피한 자

12. 제79조제1항에 따른 보고를 하지 아니하거나 거짓으로 보고한 자. 다만, 제85조제1항제33호에 따라 처분을 받은 자에 대하여는 해당 위반행위에 대한 과태료를 부과하지 아니한다.

13. 제79조제1항에 따른 서류 제출을 하지 아니하거나 거짓 서류를 제출한 자. 다만, 제85조제1항제33호에 따라 처분을 받은 자에 대하여는 해당 위반행위에 대한 과태료를 부과하지 아니한다.

14. 정당한 사유 없이 제79조제2항에 따른 검사 또는 질문에 불응하거나 이를 방해 또는 기피한 자

15. 제83조에 따른 자가용자동차의 사용 제한 또는 금지에 관한 명령을 위반한 자

16. 제89조제1항을 위반하여 자동차 등록증과 자동차 등록번호판을 반납하지 아니한 자

③ 다음 각 호의 어느 하나에 해당하는 자에게는 50만원 이하의 과태료를 부과한다. 〈개정 2012. 5. 23., 2014. 5. 21., 2015. 8. 11., 2017. 3. 21., 2020. 4. 7., 2024. 1. 9.〉

1. 제21조제6항(제49조의9에서 준용하는 경우를 포함한다)을 위

반하여 좌석안전띠가 정상적으로 작동될 수 있는 상태를 유지하지 아니한 자

2. 제21조제7항(제49조의9에서 준용하는 경우를 포함한다)을 위반하여 운수종사자에게 여객의 좌석안전띠 착용에 관한 교육을 하지 아니한 자

3. 정당한 사유 없이 제21조제9항을 위반하여 교통안전정보의 제공을 거부하거나 거짓의 정보를 제공한 자

3의2. 제24조의2제1항 또는 제2항을 위반하여 같은 항에 따른 증표를 게시하지 아니한 자

4. 제26조제1항(같은 항 제7호의4는 제외한다) 또는 제2항을 위반한 자

5. 제49조의8제1항(같은 항 제6호의2는 제외한다), 제2항 또는 제3항을 위반한 자

④ 제26조제3항 또는 제49조의8제5항을 위반한 자에게는 10만원 이하의 과태료를 부과한다. 다만, 「도로교통법」 제160조제2항제2호에 따라 과태료 처분을 받은 경우에는 그러하지 아니하다. 〈신설 2012. 5. 23., 2020. 4. 7.〉

⑤ 제1항부터 제4항까지의 규정에 따른 과태료는 대통령령으로 정하는 바에 따라 국토교통부장관 또는 시·도지사가 부과·징수한다. 〈개정 2012. 5. 23., 2013. 3. 23.〉

⑥ 삭제 〈2009. 5. 27.〉

⑦ 삭제 〈2009. 5. 27.〉

제95조(과태료 규정의 적용 특례) 제94조의 과태료 규정을 적용할 때 제88조에 따라 과징금을 부과 받은 자에게는 그 위반행위에 대하여 과태료를 부과할 수 없다.

부칙 〈제8980호, 2008. 3. 21.〉

제1조(시행일) 이 법은 2008년 7월 14일부터 시행한다.

제2조(자동차대여사업자의 의무위반에 따른 면허취소 등에 관한 적용례) 제85조제1항제26호 및 제90조제7호의 개정규정은 법률 제8511호 여객자동차 운수사업법 일부개정법률의 시행일인 2008년 1월 14일 이후 최초로 제34조제3항의 개정규정을 위반한 경우부터 적용한다.

제3조(운수종사자의 자격취소에 따른 사업면허의 취소에 관한 적용례) 제85조제1항제37호의 개정규정은 법률 제8511호 여객자동차 운수사업법 일부개정법률의 시행일인 2008년 1월 14일 이후 최초로 운수종사자의 자격이 취소되는 것부터 적용한다.
제4조(운수종사자의 자격 취소 등에 관한 경과조치) 2006년 6월 8일 전에 제24조제2항과 제3항에 따라 자격을 취득한 자에 대하여는 제24조제4항과 제87조제1항제3호의 개정규정을 적용하지 아니한다. 다만, 2006년 6월 8일 이후 제24조제4항의 개정규정에 해당하는 경우에는 제87조제1항제3호의 개정규정을 적용한다.
제5조(처분 등에 관한 일반적 경과조치) 이 법 시행 당시 종전의 규정에 따른 행정기관의 행위나 행정기관에 대한 행위는 그에 해당하는 이 법에 따른 행정기관의 행위나 행정기관에 대한 행위로 본다.
제6조(벌칙이나 과태료에 관한 경과조치) 이 법 시행 전의 행위에 대하여 벌칙이나 과태료 규정을 적용할 때에는 종전의 규정에 따른다.
제7조(다른 법률의 개정) ① 건설기계관리법 일부를 다음과 같이 개정한다.

제30조의2 중 "제5조"를 "제4조"로 한다.

② 교통안전법 일부를 다음과 같이 개정한다.

제51조제2항 중 "제21조 · 제57조"를 "제19조 · 제55조"로 한다.

③ 교통약자의이동편의증진법 일부를 다음과 같이 개정한다.

제14조제2항 중 "여객자동차운수사업법 제5조"를 "「여객자동차 운수사업법」 제4조"로, "동법 제6조"를 "같은 법 제5조"로 한다.

④ 기업활동 규제완화에 관한 특별조치법 일부를 다음과 같이 개정한다.

제55조의5제8호 중 "제24조"를 "제23조"로 한다.

⑤ 농업협동조합법 일부를 다음과 같이 개정한다.

제12조제1항 중 "여객자동차운수사업법 제5조 · 제9조 및 제73조"를 "「여객자동차 운수사업법」 제4조 · 제8조 및 제81조"로 한다.

⑥ 산림조합법 일부를 다음과 같이 개정한다.

제11조제1항 중 "여객자동차운수사업법 제5조 · 제9조 및 제73조"를 "「여객자동차 운수사업법」 제4조 · 제8조 및 제81조"로 한다.

⑦ 수산업협동조합법 일부를 다음과 같이 개정한다.

제12조 중 "여객자동차 운수사업법 제5조 · 제9조 · 제73조"를

“「여객자동차 운수사업법」 제4조ㆍ제8조ㆍ제81조”로 한다.

⑧ 자동차관리법 일부를 다음과 같이 개정한다.

제37조제1항제4호 중 “여객자동차운수사업법 제21조제2항”을 “「여객자동차 운수사업법」 제19조제2항”으로 한다.

⑨ 제주특별자치도 설치 및 국제자유도시 조성을 위한 특별법 일부를 다음과 같이 개정한다.

제324조제1항 중 “제5조, 제9조제1항, 제10조제1항, 제11조제1항ㆍ제3항, 제14조, 제15조제1항 내지 제3항, 제16조제1항, 제17조제1항ㆍ제2항, 제21조, 제75조제3항, 제76조”를 “제4조, 제8조제1항, 제9조제1항, 제10조제1항ㆍ제3항, 제13조, 제14조제1항부터 제3항까지, 제15조제1항, 제16조제1항ㆍ제2항, 제19조, 제84조제3항, 제85조”로, “제77조”를 “제86조”로, “제79조”를 “제88조”로, “제85조”를 “제94조”로 한다.

제324조제2항 중 “제5조제1항ㆍ제3항, 제6조제1항제2호ㆍ제3호, 동조제2항, 제9조제2항ㆍ제3항, 제10조제2항, 제11조제1항ㆍ제2항ㆍ제3항제4호ㆍ제4항, 제12조, 제15조제1항 내지 제3항, 제17조제1항, 제19조, 제21조, 제22조제1항ㆍ제6항, 제27조제1항, 제28조제1항제4호ㆍ제7호ㆍ제8호, 제30조, 제31조, 제32조제2항, 제37조제1항, 제39조제1항ㆍ제2항, 제42조제2항, 제45조제1항, 제47조제2항, 제75조(제3항을 제외한다) 및 제76조”를 “제4조제1항ㆍ제3항, 제5조제1항제2호ㆍ제3호, 같은 조 제2항, 제8조제2항ㆍ제3항, 제9조제2항, 제10조제1항ㆍ제2항ㆍ제3항제4호ㆍ제4항, 제11조, 제14조제1항부터 제3항까지, 제16조제1항, 제17조, 제19조, 제21조제1항ㆍ제3항, 제25조제1항, 제26조제1항제4호ㆍ제7호ㆍ제8호, 제29조, 제30조, 제31조제2항, 제36조제1항, 제38조제1항ㆍ제2항, 제41조제2항, 제43조제1항, 제45조제2항, 제84조(제3항은 제외한다) 및 제85조”로 한다.

⑩ 화물자동차 운수사업법 일부를 다음과 같이 개정한다.

제52조 중 “제66조의2”를 “제70조”로 한다.

제8조(다른 법령과의 관계) 이 법 시행 당시 다른 법령에서 종전의 「여객자동차 운수사업법」 또는 그 규정을 인용한 경우에 이 법 가운데 그에 해당하는 규정이 있으면 종전의 규정을 갈음하여 이 법 또는 이 법의 해당 규정을 인용한 것으로 본다.

부칙 〈제9070호, 2008. 3. 28.〉
이 법은 2008년 7월 14일부터 시행한다.

부칙 〈제9432호, 2009. 2. 6.〉 (식품위생법)
제1조(시행일) 이 법은 공포 후 6개월이 경과한 날부터 시행한다. 〈단서 생략〉
제2조 부터 제5조까지 생략
제6조(다른 법률의 개정) ① 부터 ⑫ 까지 생략
⑬ 여객자동차 운수사업법 일부를 다음과 같이 개정한다.
제47조제2항제2호 중 "「식품위생법」 제22조"를 "「식품위생법」 제37조"로 한다.
⑭ 부터 ㉚ 까지 생략
제7조 생략

부칙 〈제9733호, 2009. 5. 27.〉
①(시행일) 이 법은 공포 후 6개월이 경과한 날부터 시행한다.
②(국가의 감차보상에 관한 특례) 국가는 제50조제3항의 개정규정에 따라 감차보상을 하는 경우 제5조제3항의 개정규정에 따라 최초로 수립되는 수송력 공급계획을 초과하는 차량에 대한 감차보상에 소요되는 비용에 한하여 지원할 수 있다.
③(여객자동차운송사업의 양도·양수 및 상속 제한에 관한 경과조치) 이 법 시행일 전에 종전의 규정에 따라 여객자동차운송사업의 면허를 받은 경우에 그 양도·양수 및 상속의 제한에 관하여는 제14조제3항 및 제15조제1항 단서의 개정규정에도 불구하고 종전의 규정에 따른다.
④(벌칙에 관한 경과조치) 이 법 시행 전의 행위에 대하여 벌칙을 적용할 때에는 종전의 규정에 따른다.

부칙 〈제10599호, 2011. 4. 14.〉 (국토의 계획 및 이용에 관한 법률)
제1조(시행일) 이 법은 공포 후 1년이 경과한 날부터 시행한다. 〈단서 생략〉
제2조 부터 제7조까지 생략

제8조(다른 법률의 개정) ①부터 ㊽까지 생략
㊾ 여객자동차 운수사업법 일부를 다음과 같이 개정한다.
제47조제1항제3호 중 "도시계획시설사업"을 "도시·군계획시설사업"으로 한다.
㊿부터 〈83〉까지 생략
제9조 생략

부칙 〈제10673호, 2011. 5. 19.〉
이 법은 공포 후 3개월이 경과한 날부터 시행한다.

부칙 〈제10789호, 2011. 6. 7.〉 (영유아보육법)
제1조(시행일) 이 법은 공포 후 6개월이 경과한 날부터 시행한다. 〈단서 생략〉
제2조 부터 제5조까지 생략
제6조(다른 법률의 개정) ①부터 ⑳까지 생략
㉑ 여객자동차 운수사업법 일부를 다음과 같이 개정한다.
제82조제1항제1호 중 "보육시설"을 "어린이집"으로 한다.
㉒부터 ㉜까지 생략

부칙 〈제11295호, 2012. 2. 1.〉
제1조(시행일) 이 법은 공포 후 6개월이 경과한 날부터 시행한다.
제2조(여객자동차운송사업의 운전업무 종사자격에 관한 적용례) 제24조제3항 또는 제4항의 개정규정은 이 법 시행 후 형을 선고받은 사람부터 적용한다.
제3조(여객자동차운송사업의 운전업무 종사자격에 관한 경과조치) ① 이 법 공포 당시 종전의 규정에 따라 여객자동차운송사업의 운전업무에 종사하고 있던 사람으로서 이 법 시행일 이후에도 계속하여 해당 운전업무에 종사하려는 사람은 이 법 시행일부터 6개월 이내에 국토해양부장관이 정하는 바에 따라 국토해양부장관에게 신고하여야 한다.
② 국토해양부장관은 제1항에 따라 신고한 사람에 대하여는 제24조의 개정규정에도 불구하고 여객자동차운송사업의 운전업무 종사자격이 있는 것으로 보아 그 자격을 부여하여야 한다.

③ 이 법 공포일의 다음 날부터 이 법 시행일의 전일까지 종전의 규정에 따라 여객자동차운송사업의 운전업무에 종사하는 사람은 제24조의 개정규정에도 불구하고 이 법 시행 후 6개월이 되는 날까지는 여객자동차운송사업의 운전업무에 종사할 수 있다.

부칙 〈제11447호, 2012. 5. 23.〉

제1조(시행일) 이 법은 공포 후 6개월이 경과한 날부터 시행한다.

제2조(공제조합 운영위원회 위원의 결격사유에 관한 적용례) 제63조의2제1항 및 제2항의 개정규정은 이 법 시행 후 최초로 공제조합 운영위원회 위원으로 위촉되거나 선임되는 사람부터 적용한다. 다만, 이 법 시행 당시 공제조합 운영위원회 위원의 경우에는 이 법 시행 후 최초로 발생하는 사유로 인하여 공제조합 운영위원회 위원의 결격사유에 해당하게 되는 경우부터 적용한다.

부칙 〈제11556호, 2012. 12. 18.〉 (성폭력범죄의 처벌 등에 관한 특례법)

제1조(시행일) 이 법은 공포 후 6개월이 경과한 날부터 시행한다. 〈단서 생략〉

제2조 부터 제9조까지 생략

제10조(다른 법률의 개정) ①부터 ⑧까지 생략

⑨ 여객자동차 운수사업법 일부를 다음과 같이 개정한다.

제24조제4항제1호나목 중 "제14조"를 "제15조"로 한다.

⑩부터 ⑮까지 생략

부칙 〈제11690호, 2013. 3. 23.〉 (정부조직법)

제1조(시행일) ① 이 법은 공포한 날부터 시행한다.

② 생략

제2조 부터 제5조까지 생략

제6조(다른 법률의 개정) ①부터 〈610〉까지 생략

〈611〉 여객자동차 운수사업법 일부를 다음과 같이 개정한다.

제2조제5호, 제4조제1항 본문 · 단서, 같은 조 제3항, 제5조제1항제2호 · 제3호, 같은 조 제4항 · 제5항, 제8조제3항, 제9조제2항, 제10조제1항 단서, 같은 조 제2항 단서, 같은 조 제4항, 제14조제1

항, 같은 조 제2항 전단·후단, 같은 조 제4항, 제16조제1항 본문, 같은 조 제2항, 제17조, 제19조제1항, 같은 조 제2항 각 호 외의 부분, 제20조제2항·제3항·제5항, 제21조제4항, 같은 조 제6항 후단, 같은 조 제7항, 제24조제1항제1호·제2호, 같은 조 제2항, 제25조제1항, 제26조제1항제7호·제8호, 같은 조 제3항 후단, 제27조제2항, 제28조제1항, 제29조, 제30조, 제31조제2항, 제36조제1항, 제38조제2항, 제40조제2항, 제41조제2항, 제43조제1항 단서, 제45조제2항, 제46조제1항 단서, 제49조의2제1항 본문, 같은 조 제2항 본문·단서, 같은 조 제3항, 제49조의4제2항, 제50조제1항제9호, 제51조의2제5호, 제59조제1항, 제78조제1항 전단, 같은 조 제2항·제3항, 제80조 본문, 제81조제1항제2호, 같은 조 제2항, 제82조제2항, 제87조제2항 및 제88조제5항 중 "국토해양부령"을 각각 "국토교통부령"으로 한다.

제4조제1항 본문, 같은 조 제3항, 제5조제2항부터 제4항까지, 제7조 본문·단서, 제8조제1항, 제9조제1항 전단, 제10조제1항 본문·단서, 같은 조 제3항 각 호 외의 부분, 제13조제1항, 제14조제1항, 같은 조 제2항 전단·후단, 같은 조 제4항, 제15조제1항 본문, 제16조제1항 본문, 제19조제2항 각 호 외의 부분, 제20조제1항부터 제5항까지, 제22조제2항, 제23조제1항 각 호 외의 부분, 같은 조 제2항·제3항, 제24조제1항제2호·제3호, 같은 조 제5항, 제27조제1항·제2항, 제49조의2제1항 단서, 같은 조 제2항 본문·단서, 제49조의4제1항 전단, 제49조의5 각 호 외의 부분, 제49조의6제1항 각 호 외의 부분 본문, 제50조제4항 각 호 외의 부분 후단, 제51조제2항·제3항, 제59조제1항, 같은 조 제2항 후단, 제60조제1항, 제61조제1항, 제62조제1항·제2항, 제63조의2제3항, 제64조제2항 전단, 제65조제1항 각 호 외의 부분, 제66조 각 호 외의 부분, 제67조 각 호 외의 부분, 제68조제2항, 제71조제2항 각 호 외의 부분, 제75조제1항·제2항, 제76조제1항, 제77조, 제78조제1항 전단·후단, 같은 조 제2항, 제79조제1항·제2항, 제80조 단서, 제84조제3항, 제85조제1항 각 호 외의 부분 본문, 같은 항 제9호, 같은 조 제4항 각 호 외의 부분, 제86조, 제87조제1항 각 호 외의 부분 본문, 제88조제1항·제3항 및 제94조제5항 중 "국토해양부장관"을 각각 "국토교통부장관"으로 한다.

제70조제1항 각 호 외의 부분 중 "국토해양부"를 "국토교통부"로 한다.

〈612〉부터 〈710〉까지 생략

제7조 생략

부칙 〈제11998호, 2013. 8. 6.〉 (지방세외수입금의 징수 등에 관한 법률)

제1조(시행일) 이 법은 공포 후 1년이 경과한 날부터 시행한다.

제2조 생략

제3조(다른 법률의 개정) ①부터 ㊹까지 생략

㊺ 여객자동차 운수사업법 일부를 다음과 같이 개정한다.

제88조제3항 중 "국세 또는 지방세 체납처분의 예에 따라 징수한다"를 "국세 체납처분의 예 또는 「지방세외수입금의 징수 등에 관한 법률」에 따라 징수한다"로 한다.

㊻부터 〈71〉까지 생략

부칙 〈제12020호, 2013. 8. 6.〉

제1조(시행일) 이 법은 공포 후 6개월이 경과한 날부터 시행한다.

제2조(에어백 설치에 관한 적용례) 제21조제7항의 개정규정은 이 법 시행 후 6개월이 경과한 날부터 여객자동차운송사업에 사용하기 위하여 「자동차관리법」에 따른 신규등록을 하는 자동차부터 적용한다.

제3조(면허취소 등에 관한 경과조치) 이 법 시행 전의 행위에 대하여 면허취소 등의 규정을 적용할 때에는 종전의 규정에 따른다.

부칙 〈제12248호, 2014. 1. 14.〉 (도로법)

제1조(시행일) 이 법은 공포 후 6개월이 경과한 날부터 시행한다.

제2조 부터 제23조까지 생략

제24조(다른 법률의 개정) ①부터 〈73〉까지 생략

〈74〉 여객자동차 운수사업법 일부를 다음과 같이 개정한다.

제47조제1항제5호 중 "「도로법」 제34조"를 "「도로법」 제36조"로 하고, "같은 법 제38조"를 "같은 법 제61조"로 한다.

〈75〉부터 〈126〉까지 생략

제25조 생략

부칙 〈제12377호, 2014. 1. 28.〉

제1조(시행일) 이 법은 공포 후 6개월이 경과한 날부터 시행한다. 다만, 제34조의2, 제63조의2 및 제91조의 개정규정은 공포한 날부터 시행하고, 제3조제1항제3호, 제26조제1항제1호·제2호·제4호 및 제50조제2항제6호의 개정규정은 공포 후 1년이 경과한 날부터 시행한다.

제2조(면허취소 등에 관한 적용례) ① 제85조제1항제18호의 개정규정은 이 법 시행 후 제18조제1항 및 제2항의 개정규정에 따라 운송할 수 있는 소화물이 아닌 소화물을 운송하거나, 같은 조 제3항의 개정규정에 따른 소화물 운송의 금지명령을 따르지 아니한 경우부터 적용한다.

② 제85조제1항제41호의 개정규정은 이 법 시행 후 발생한 교통사고와 관련하여 거짓이나 그 밖의 부정한 방법으로 보험금을 청구하여 금고 이상의 형을 선고받고 그 형이 확정된 경우부터 적용한다.

제3조(금치산자 등에 대한 경과조치) 제6조제1호의 개정규정에 따른 피성년후견인에는 법률 제10429호 민법 일부개정법률 부칙 제2조에 따라 금치산 또는 한정치산 선고의 효력이 유지되는 사람을 포함하는 것으로 본다.

제4조(면허취소 등에 관한 경과조치) 이 법 시행 전 제85조제4항 각 호의 어느 하나에 해당하는 경우의 면허취소 등에 관하여는 제85조제4항의 개정규정에도 불구하고 종전의 규정에 따른다.

제5조(운수종사자의 준수사항 위반에 따른 행정처분 등에 관한 경과조치) 이 법 시행 전의 운수종사자의 준수사항 위반에 대한 행정처분 및 과태료의 적용에 관하여는 종전의 규정에 따른다.

제6조(벌칙에 관한 경과조치) 이 법 시행 전 위반행위에 대한 벌칙에 관하여는 종전의 규정에 따른다.

부칙 〈제12645호, 2014. 5. 21.〉

이 법은 공포 후 6개월이 경과한 날부터 시행한다.

부칙 〈제12982호, 2015. 1. 6.〉

이 법은 공포 후 1년이 경과한 날부터 시행한다. 다만, 제71조의2 및 제89조의2의 개정규정은 공포한 날부터 시행한다.

부칙 〈제13376호, 2015. 6. 22.〉

이 법은 공포 후 6개월이 경과한 날부터 시행한다. 다만, 제14조제3항 및 제15조제2항의 개정규정은 공포한 날부터 시행한다.

부칙 〈제13383호, 2015. 6. 22.〉 (수산업·어촌 발전 기본법)

제1조(시행일) 이 법은 공포 후 6개월이 경과한 날부터 시행한다. 〈단서 생략〉

제2조 및 제3조 생략

제4조(다른 법률의 개정) ①부터 ㊼까지 생략

㊽ 여객자동차 운수사업법 일부를 다음과 같이 개정한다.

제3조제3호 중 "「농어업·농어촌 및 식품산업 기본법」 제3조제5호에 따른 농어촌"을 "「농업·농촌 및 식품산업 기본법」 제3조제5호에 따른 농촌과 「수산업·어촌 발전 기본법」 제3조제6호에 따른 어촌"으로 한다.

㊾부터 〈63〉까지 생략

부칙 〈제13485호, 2015. 8. 11.〉

제1조(시행일) 이 법은 공포한 날부터 시행한다. 다만, 제19조제1항, 제24조의2, 제49조의6 및 제94조제3항제3호의2의 개정규정은 공포 후 6개월이 경과한 날부터 시행한다.

제2조(금치산자 등에 대한 경과조치) 제63조의2제1항제1호의 개정규정에도 불구하고 법률 제10429호 민법 일부개정법률 부칙 제2조에 따라 금치산 또는 한정치산 선고의 효력이 유지되는 사람에 대하여는 종전의 규정을 적용한다.

부칙 〈제13717호, 2016. 1. 6.〉 (특정범죄 가중처벌 등에 관한 법률)

제1조(시행일) 이 법은 공포한 날부터 시행한다.

제2조(다른 법률의 개정) ①부터 ⑦까지 생략

⑧ 여객자동차 운수사업법 일부를 다음과 같이 개정한다.

제24조제3항제1호에 라목을 다음과 같이 신설한다.

라. 「형법」 제332조(제329조부터 제331조까지의 상습범으로 한정한다), 제341조에 따른 죄 또는 그 각 미수죄, 제363조에 따른 죄

⑨부터 ⑪까지 생략

제3조 생략

부칙 〈제13800호, 2016. 1. 19.〉

제1조(시행일) 이 법은 공포 후 1년이 경과한 날부터 시행한다.

제2조(사업구역 지정 · 변경에 관한 경과조치) 제3조의4제1항의 개정규정에 따라 국토교통부장관이 사업구역을 지정 또는 변경한 경우 종전의 규정에 따라 사업구역을 정하여 면허를 받은 자의 사업구역은 이 법에 따라 지정하거나 변경한 사업구역으로 한다.

부칙 〈제14113호, 2016. 3. 29.〉 (공항시설법)

제1조(시행일) 이 법은 공포 후 1년이 경과한 날부터 시행한다.

제2조 부터 제16조까지 생략

제17조(다른 법률의 개정) ①부터 ㉕까지 생략

㉖ 여객자동차 운수사업법 일부를 다음과 같이 개정한다. 〈신설 2016. 12. 2.〉

제4조제4항제2호 중 "「항공법」 제2조제7호"를 "「공항시설법」 제2조제3호"로 한다.

제18조 생략

부칙 〈제14342호, 2016. 12. 2.〉

제1조(시행일) 이 법은 공포한 날부터 시행한다. 다만, 제24조제3항제3호 및 제4호의 개정규정은 공포 후 3개월이 경과한 날부터 시행하고, 부칙 제5조는 2017년 3월 30일부터 시행하며, 제50조제5항, 제51조의3 및 제51조의4의 개정규정은 공포 후 6개월이 경과한 날부터 시행하고, 제24조제4항제1호의 개정규정은 2017년 6월 30일부터 시행하며, 제34조의2, 제34조의3, 제91조제1호 및 제94조제2항제6호의2의 개정규정은 2017년 9월 1일부터 시행하고, 제84조제2항제2호의 개정규정은 공포 후 1년이 경과한 날부터 시행한다.

제2조(여객자동차운송사업의 운전업무 종사자격에 관한 적용례) ① 제24조제3항제3호 및 제4호의 개정규정은 같은 개정규정 시행 후 최초로 여객자동차운송사업의 운전자격을 취득하려는 사람부터 적용한다.

② 제24조제3항제3호가목의 개정규정은 같은 개정규정 시행 후 최초로 「도로교통법」 제93조제1항제1호부터 제4호까지에 해당하여 운전면허가 취소된 경우부터 적용한다.

③ 제24조제3항제3호나목의 개정규정은 같은 개정규정 시행 후 최초로 「도로교통법」 제43조를 위반하여 벌금형 이상의 형을 선고받거나 같은 법 제93조제1항제19호에 따라 운전면허가 취소된 경우부터 적용한다.

④ 제24조제3항제3호다목의 개정규정은 같은 개정규정 시행 후 최초로 운전 중 고의 또는 과실로 교통사고를 일으켜 「도로교통법」 제93조제1항제10호에 따라 운전면허가 취소된 경우부터 적용한다.

⑤ 제24조제3항제4호의 개정규정은 같은 개정규정 시행 후 최초로 「도로교통법」 제93조제1항제5호 및 제5호의2에 해당하여 운전면허가 취소된 경우부터 적용한다.

제3조(자동차대여사업자의 운전자격 확인 의무 등에 관한 적용례) 제34조의2제2항의 개정규정은 같은 개정규정 시행 후 최초로 자동차대여사업자가 대여사업용 자동차를 대여하는 경우부터 적용한다.

제4조(주요교통시설에서 여객 운송에 관한 경과조치) 이 법 시행 당시 이미 준공확인을 받은 주요교통시설에 대하여는 제4조제4항 및 제5항의 개정규정에도 불구하고 종전의 규정에 따른다.

제5조(다른 법률의 개정) 법률 제14113호 공항시설법 일부를 다음과 같이 개정한다.

법률 제14113호 공항시설법 부칙 제17조에 제26항을 다음과 같이 신설한다.

㉖ 여객자동차 운수사업법 일부를 다음과 같이 개정한다.

제4조제4항제2호 중 "「항공법」 제2조제7호"를 "「공항시설법」 제2조제3호"로 한다.

부칙 〈제14716호, 2017. 3. 21.〉

제1조(시행일) 이 법은 공포 후 1개월이 경과한 날부터 시행한다.

제2조(운송사업자의 운임ㆍ요금의 신고 등에 관한 적용례) 제8조제3항ㆍ제4항, 제9조제2항ㆍ제3항, 제10조제3항ㆍ제4항, 제13조제2항ㆍ제3항, 제14조제5항부터 제8항까지, 제15조제2항ㆍ제3항, 제16조제3항ㆍ제4항, 제31조제2항ㆍ제3항, 제40조제2항ㆍ제3항, 제49조의2제3항ㆍ제4항, 제49조의4제2항ㆍ제3항, 제53조제5항ㆍ제6항 또는 제81조제2항ㆍ제3항의 개정규정은 이 법 시행 후 인가 또는 허가를 신청하거나 신고 또는 변경신고를 하는 경우부터 적용한다.
제3조(다른 법률의 개정) 제주특별자치도 설치 및 국제자유도시 조성을 위한 특별법 일부를 다음과 같이 개정한다.
제427조제1항 중 "제10조제1항ㆍ제3항"을 "제10조제1항ㆍ제5항"으로 하고, 같은 조 제2항 중 "같은 조 제3항, 제9조제2항"을 "같은 조 제5항, 제9조제4항"으로, "같은 조 제3항제4호, 같은 조 제4항"을 "같은 조 제5항제4호, 같은 조 제6항"으로, "제21조제1항ㆍ제10항"을 "제21조제1항ㆍ제11항"으로, "제31조제2항"을 "제31조제4항"으로, "제40조제2항"을 "제40조제4항"으로 한다.

부칙 〈제14861호, 2017. 8. 9.〉
이 법은 공포한 날부터 시행한다.

부칙 〈제14939호, 2017. 10. 24.〉 (한국교통안전공단법)
제1조(시행일) 이 법은 2018년 1월 1일부터 시행한다.
제2조 생략
제3조(다른 법률의 개정) ① 및 ② 생략
③ 여객자동차 운수사업법 일부를 다음과 같이 개정한다.
제76조제1항 및 제2항 중 "「교통안전공단법」에 따른 교통안전공단"을 각각 "「한국교통안전공단법」에 따른 한국교통안전공단"으로 한다.
④부터 ⑫까지 생략

부칙 〈제14949호, 2017. 10. 24.〉
제1조(시행일) 이 법은 공포 후 6개월이 경과한 날부터 시행한다. 다만, 제84조제2항의 개정규정은 공포한 날부터 시행한다.
제2조(유아보호용 장구 장착에 관한 적용례) 제21조제6항의 개정규

정은 이 법 시행 이후 운송사업자가 신규로 도입하는 차량부터 적용한다. 다만, 제21조제6항의 개정규정에도 불구하고 기술 여건상 유아보호용 장구의 정상적인 장착이 불가능하다고 인정되는 차량은 시행일부터 3년까지 국토교통부장관이 고시하는 바에 따라 그 적용을 유예할 수 있다.
제3조(자동차 차령 제한의 예외에 관한 적용례) 제84조제2항의 개정규정은 같은 개정규정 시행 이후 최초로 재등록하는 자동차 및 배터리를 신규로 교체한 전기자동차 · 연료전지자동차부터 적용한다.

부칙 〈제15320호, 2017. 12. 26.〉
제1조(시행일) 이 법은 2018년 4월 25일부터 시행한다. 다만, 제3조제1항제3호의 개정규정은 공포 후 1년이 경과한 날부터 시행한다.
제2조(운수종사자 등의 현황 통보에 관한 적용례) 법률 제14949호 여객자동차 운수사업법 일부개정법률 제22조제1항 및 제3항의 개정규정은 이 법 시행 후 최초로 운송사업자가 운수종사자 현황 등 운수종사자에 관한 사항을 시 · 도지사에게 알리거나 시 · 도지사가 자격을 취득한 사람의 현황을 국토교통부장관에게 보고하는 경우부터 적용한다.

부칙 〈제15460호, 2018. 3. 13.〉 (철도의 건설 및 철도시설 유지관리에 관한 법률)
제1조(시행일) 이 법은 공포 후 1년이 경과한 날부터 시행한다.
제2조(다른 법률의 개정) ①부터 ⑫까지 생략
⑬ 여객자동차 운수사업법 일부를 다음과 같이 개정한다.
제4조제4항제1호 중 "「철도건설법」"을 "「철도의 건설 및 철도시설 유지관리에 관한 법률」"로 한다.
⑭부터 ⑳까지 생략
제3조 생략

부칙 〈제15735호, 2018. 8. 14.〉
제1조(시행일) 이 법은 공포 후 6개월이 경과한 날부터 시행한다. 다만, 제79조제1항의 개정규정은 공포한 날부터 시행한다.

제2조(면허취소 등에 관한 경과조치) 이 법 시행 전의 행위에 대하여 면허취소 등의 규정을 적용할 때에는 종전의 규정에 따른다.
제3조(과태료에 관한 경과조치) 이 법 시행 전 위반행위에 대한 과태료에 관하여는 종전의 규정에 따른다.

부칙 〈제15781호, 2018. 9. 18.〉
이 법은 공포 후 1년이 경과한 날부터 시행한다.

부칙 〈제15996호, 2018. 12. 18.〉 (대도시권 광역교통 관리에 관한 특별법)
제1조(시행일) 이 법은 공포 후 3개월이 경과한 날부터 시행한다.
제2조 생략
제3조(다른 법률의 개정) ①부터 ④까지 생략
⑤ 여객자동차 운수사업법 일부를 다음과 같이 개정한다.
제75조제1항 중 "시 · 도지사"를 "「대도시권 광역교통 관리에 관한 특별법」 제9조의2에 따른 대도시권광역교통위원장 또는 시 · 도지사"로 한다.
⑥ 및 ⑦ 생략

부칙 〈제16133호, 2018. 12. 31.〉 (환경친화적 자동차의 개발 및 보급 촉진에 관한 법률)
제1조(시행일) 이 법은 공포 후 3개월이 경과한 날부터 시행한다.
제2조(다른 법률의 개정) ① 여객자동차 운수사업법 일부를 다음과 같이 개정한다.
제84조제2항제4호 본문 중 "연료전지자동차"를 "수소전기자동차"로 한다.
②부터 ⑤까지 생략
제3조 생략

부칙 〈제16143호, 2018. 12. 31.〉
제1조(시행일) 이 법은 공포 후 1개월이 경과한 날부터 시행한다.
제2조(터미널사업자의 터미널시설 사용료 인가 등에 관한 적용례) 제41조제2항 · 제3항, 제49조의2제3항 · 제4항의 개정규정은 이 법

시행 후 인가, 변경인가 또는 허가를 신청하는 경우부터 적용한다.

부칙 〈제16389호, 2019. 4. 23.〉
이 법은 공포한 날부터 시행한다.

부칙 〈제16563호, 2019. 8. 27.〉
제1조(시행일) 이 법은 2020년 1월 1일부터 시행한다. 다만 제81조제1항제1호의 개정규정은 공포한 날부터 시행한다.
제2조(자가용 자동차의 유상운송 금지에 관한 적용례) 제81조제1항제1호의 개정규정은 이 법 시행 후 최초로 자가용 자동차를 유상으로 운송용으로 제공 또는 임대하거나 이를 알선하는 경우부터 적용한다.

부칙 〈제16632호, 2019. 11. 26.〉
이 법은 공포 후 6개월이 경과한 날부터 시행한다.

부칙 〈제17007호, 2020. 2. 18.〉 (중앙행정권한 및 사무 등의 지방 일괄 이양을 위한 물가안정에 관한 법률 등 46개 법률 일부개정을 위한 법률)
제1조(시행일) 이 법은 2021년 1월 1일부터 시행한다. 〈단서 생략〉
제2조(사무이양을 위한 사전조치) ① 관계 중앙행정기관의 장은 이 법에 따른 중앙행정권한 및 사무의 지방 일괄 이양에 필요한 인력 및 재정 소요 사항을 지원하기 위하여 필요한 조치를 마련하여 이 법에 따른 시행일 3개월 전까지 국회 소관 상임위원회에 보고하여야 한다.
② 「지방자치분권 및 지방행정체제개편에 관한 특별법」 제44조에 따른 자치분권위원회는 제1항에 따른 인력 및 재정 소요 사항을 사전에 전문적으로 조사·평가할 수 있다.
제3조(행정처분 등에 관한 일반적 경과조치) 이 법 시행 당시 종전의 규정에 따라 행정기관이 행한 처분 또는 그 밖의 행위는 이 법의 규정에 따라 행정기관이 행한 처분 또는 그 밖의 행위로 보고, 종전의 규정에 따라 행정기관에 대하여 행한 신청·신고, 그 밖의 행위는 이 법의 규정에 따라 행정기관에 대하여 행한 신청·신고,

부칙 〈제17976호, 2021. 3. 23.〉

제1조(시행일) 이 법은 공포 후 6개월이 경과한 날부터 시행한다.

제2조(자동차 등록증과 자동차 등록번호판의 반납에 관한 적용례) 제89조제2항제2호의 개정규정은 이 법 시행 이후 휴업허가를 신청하거나 신고하는 경우부터 적용한다.

부칙 〈제18346호, 2021. 7. 27.〉

제1조(시행일) 이 법은 공포 후 6개월이 경과한 날부터 시행한다. 다만, 제42조제1항제3호의 개정규정은 공포한 날부터 시행한다.

제2조(여객자동차운송사업의 운전업무 종사자격에 관한 적용례) ① 제24조제3항제4호가목의 개정규정은 이 법 시행 이후「도로교통법」 제93조제1항제1호에 해당하여 운전면허효력 정지처분을 받은 경우부터 적용한다.

② 제24조제4항제1호나목의 개정규정은 이 법 시행 이후「성폭력범죄의 처벌 등에 관한 특례법」 제14조, 제14조의2 및 제14조의3에 해당하여 금고 이상의 실형을 선고받은 경우부터 적용한다.

제3조(공제조합 운영위원회 위원의 결격사유에 관한 경과조치) 이 법 시행 당시 운영위원회 위원인 사람이 이 법 시행 전에 발생한 사유로 인하여 제63조의2제1항제3호부터 제5호까지의 개정규정에 따른 결격사유에 해당하게 된 경우에는 같은 개정규정에도 불구하고 종전의 규정에 따른다.

부칙 〈제18558호, 2021. 12. 7.〉

제1조(시행일) 이 법은 공포 후 1년 6개월이 경과한 날부터 시행한다.

제2조(운전자격확인시스템 이용에 관한 적용례) 제34조의2제2항의 개정규정은 이 법 시행 이후 운전자격을 확인하는 경우부터 적용한다.

부칙 〈제19387호, 2023. 4. 18.〉

이 법은 공포 후 6개월이 경과한 날부터 시행한다.

부칙 〈제19978호, 2024. 1. 9.〉

이 법은 공포 후 6개월이 경과한 날부터 시행한다.

부칙 〈제19986호, 2024. 1. 9.〉 (행정기관 소속 위원회 정비를 위한 공항시설법 등 9개 법률의 일부개정에 관한 법률)

제1조(시행일) 이 법은 공포 후 6개월이 경과한 날부터 시행한다.

제2조 생략

제3조(「여객자동차 운수사업법」 및 「자동차손해배상 보장법」의 개정에 관한 경과조치) ① 이 법 시행 당시 종전의 「여객자동차 운수사업법」 제70조에 따른 공제분쟁조정위원회, 종전의 「자동차손해배상 보장법」 제34조에 따른 재활시설운영심의위원회 및 같은 법 제39조의2에 따른 자동차손해배상보장사업 채권정리위원회(이하 이 조에서 "종전위원회"라 한다)의 위원으로 위촉되거나 지명된 위원은 「자동차손해배상 보장법」 제23조의3의 개정규정에 따른 자동차손해배상보장위원회의 위원으로 위촉되거나 지명된 것으로 본다. 이 경우 위촉위원의 임기는 종전 임기의 남은 기간으로 한다.

② 이 법 시행 전에 종전위원회에 심의·의결 또는 조정 요청된 사항은 「자동차손해배상 보장법」 제23조의3의 개정규정에 따른 자동차손해배상보장위원회에 심의·의결 또는 조정 요청된 것으로 본다.

③ 이 법 시행 전의 행위에 대하여 벌칙을 적용할 때 다음 각 호에 따른 위원회 위원 중 공무원이 아닌 위원의 공무원 의제에 관하여는 「여객자동차 운수사업법」 제71조제5항 및 「자동차손해배상 보장법」 제45조의4제1호의 개정규정에도 불구하고 종전의 규정에 따른다.

1. 종전의 「여객자동차 운수사업법」 제70조제1항에 따른 공제분쟁조정위원회

2. 종전의 「자동차손해배상 보장법」 제34조제1항에 따른 재활시설운영심의위원회

부칙 〈제20175호, 2024. 1. 30.〉

제1조(시행일) 이 법은 공포 후 6개월이 경과한 날부터 시행한다.

제2조(대폐차 차량충당연한에 관한 적용례) 제84조제2항제2호의 개정 규정은 이 법 시행 이후 대폐차를 하는 구역 여객자동차운송사업자부터 적용한다.

부칙 〈제20296호, 2024. 2. 13.〉

제1조(시행일) 이 법은 공포 후 3개월이 경과한 날부터 시행한다. 다만, 제49조제1항의 개정규정은 공포한 날부터 시행한다.

제2조(노선의 타당성 평가에 대한 경과조치) 이 법 시행 당시 국토교통부장관이 광역버스운송사업 노선의 타당성 평가를 하고 있는 경우에는 제5조의2의 개정규정에 따라 노선의 타당성 평가를 하고 있는 것으로 본다.

여객자동차 운수사업법 시행령
(약칭 : 여객자동차법 시행령)

[시행 2024. 12. 31.] [대통령령 제35163호, 2024. 12. 31., 일부개정]

제10조삭 제
제10조의2(운송사업의 양도 · 상속의 제한)
제11조(중대한 교통사고)
제12조(운송수입금을 전액 수납하여야 하는 운송사업자 등)
제12조의2(교통안전정보를 제공하여야 하는 여객자동차운송사업자)
제12조의3(운행정보 신고 대상 여객자동차운송사업)
제12조의4(운수종사자의 음주 여부 확인 및 기록)
제13조(벽지노선 등의 운행에 관한 개선명령)
제14조(대체교통 운행명령)
제15조(개선명령 또는 운행명령으로 인한 손실의 보상)
제16조(운전업무 종사자격의 취득 제한)
제16조의2(전자적 매체 · 기기 등을 통한 운전자격증명 게시)
제16조의3(운수종사자 준수사항을 적용받지 아니하는 여객자동차운송사업)
제17조삭 제
제17조의2(좌석안전띠 착용)
제17조의3(영상기록장치의 설치 등)
제18조삭 제
제19조(여객자동차터미널에 관한 공사시행의 변경인가)
제20조(행정처분의 통보)
제20조의2(여객자동차플랫폼운송사업의 허가 등)
제20조의3(플랫폼운송사업심의위원회의 구성)
제20조의4(위원의 제척 · 기피 · 회피)
제20조의5(위원의 해임 및 해촉)
제20조의6(사업심의위원회의 운영)
제20조의7(여객자동차운송시장안정기여금의 산정기준)
제20조의8(기여금의 납부주기 등)
제20조의9(기여금 납부기한의 연기)
제20조의10(연체료의 납부 등)
제20조의11(기여금 미납에 따른 사업정지처분 등)
제20조의12(플랫폼운수종사자의 운전업무 종사자격)
제20조의13(여객자동차플랫폼운송가맹점의 가입대상)
제20조의14(여객자동차플랫폼운송가맹사업의 개선명령)
제20조의15(여객자동차플랫폼운송가맹사업의 면허취소 등)
제21조(보조 또는 융자의 신청)
제21조의2(보조 또는 융자 대상 운송사업)

**개정 예정 법률 밑줄 별도 표시.

여객자동차 운수사업법 시행령
(약칭 : 여객자동차법 시행령)

[시행 2024. 12. 31.] [대통령령 제35163호, 2024. 12. 31., 일부개정]

제1조(목적) 이 영은 「여객자동차 운수사업법」에서 위임된 사항과 그 시행에 필요한 사항을 규정함을 목적으로 한다.

제2조(정의) 이 영에서 사용하는 용어의 뜻은 다음 각 호와 같다. 〈개정 2009. 11. 27.〉

1. "노선"이란 자동차를 정기적으로 운행하거나 운행하려는 구간을 말한다.

2. "운행계통"이란 노선의 기점(起點)·종점(終點)과 그 기점·종점 간의 운행경로·운행거리·운행횟수 및 운행대수를 총칭한 것을 말한다.

3. "여객운송 부가서비스"란 여객자동차를 이용하여 여객운송 외에 여객의 특성과 수요에 따른 업무지원 또는 도움 기능 등을 부가적으로 제공하는 서비스를 말한다.

제2조의2(수요응답형 여객자동차운송사업의 대상) 「여객자동차 운수사업법」(이하 "법"이라 한다) 제3조제1항제3호나목에서 "대통령령으로 정하는 경우"란 다음 각 호의 어느 하나에 해당하는 경우를 말한다. 〈개정 2024. 7. 2.〉

1. 「대도시권 광역교통 관리에 관한 특별법」 제7조의2에 따른 광역교통 개선대책이 수립·확정되었으나 그 이행이 완료되지 않은 지역으로서 국토교통부장관 또는 특별시장·광역시장·특별자치시장·도지사·특별자치도지사(이하 "시·도지사"라 한다)가 교통이 불편하다고 인정하는 경우

2. 「대중교통의 육성 및 이용촉진에 관한 법률」 제16조에 따라

실시하는 대중교통현황조사 결과 대중교통이 부족하다고 국토교통부장관이 인정하는 경우

3. 제1호 또는 제2호에 해당하는 지역을 기점 또는 종점으로 하는 노선버스 및 철도(도시철도를 포함한다. 이하 같다) 등 대중교통수단(이하 "대중교통수단"이라 한다)이 인근 지역의 「국가통합교통체계효율화법」 제2조제12호에 따른 환승시설 또는 같은 조 제13호에 따른 환승센터까지 운행되지 않거나 운행횟수가 부족하여 국토교통부장관 또는 시·도지사가 교통이 불편하다고 인정하는 경우

4. 심야시간대에 대중교통수단이 운행되지 않거나 그 접근이 불편한 경우로서 국토교통부장관 또는 시·도지사가 시간 및 지역을 정하여 고시하는 경우

5. 수익성 부족, 인구 감소 등을 이유로 기존 노선이 폐지 또는 단축되어 대중교통수단이 없거나 그 접근이 불편한 지역으로서 국토교통부장관 또는 시·도지사가 이를 대체할 교통수단의 도입이 필요하다고 인정하는 경우

6. 「대도시권 광역교통 관리에 관한 특별법 시행령」 별표 1에 따른 대도시권의 같은 권역 내 둘 이상의 특별시·광역시·특별자치시·도 또는 특별자치도(이하 "시·도"라 한다) 간에 일상적인 교통수요를 신속하게 처리하기 위한 대중교통수단이 부족한 경우로서 국토교통부장관이 지역을 정하여 고시하는 경우

[본조신설 2023. 10. 10.]

제3조(여객자동차운송사업의 종류) 법 제3조제2항에 따라 같은 조 제1항제1호 및 제2호에 따른 노선 여객자동차운송사업과 구역 여객자동차운송사업은 다음 각 호와 같이 세분한다. 〈개정 2008. 11. 26., 2009. 11. 27., 2011. 12. 8., 2011. 12. 30., 2012. 11. 23., 2013. 3. 23., 2015. 1. 28., 2016. 1. 6., 2016. 1. 22., 2019. 2. 12., 2021. 4. 6., 2023. 10. 10., 2024. 12. 31.〉

1. 노선 여객자동차운송사업

가. 시내버스운송사업: 주로 특별시·광역시·특별자치시 또는 시(「제주특별자치도 설치 및 국제자유도시 조성을 위한 특별법」 제10조제2항에 따른 행정시를 포함한다. 이하 같다)의 단일 행정구역에서 운행계통을 정하고 국토교통부령으로 정하는 자동차를 사용하여 여객을 운송하는 사업. 이 경우 국토교통부령으로 정하는 바에

따라 광역급행형 · 직행좌석형 · 좌석형 및 일반형 등으로 그 운행형태를 구분한다.

나. 농어촌버스운송사업: 주로 군(광역시의 군은 제외한다)의 단일 행정구역에서 운행계통을 정하고 국토교통부령으로 정하는 자동차를 사용하여 여객을 운송하는 사업. 이 경우 국토교통부령으로 정하는 바에 따라 직행좌석형 · 좌석형 및 일반형 등으로 그 운행형태를 구분한다.

다. 마을버스운송사업: 주로 시 · 군 · 구의 단일 행정구역에서 기점 · 종점의 특수성이나 사용되는 자동차의 특수성 등으로 인하여 다른 노선 여객자동차운송사업자가 운행하기 어려운 구간을 대상으로 국토교통부령으로 정하는 기준에 따라 운행계통을 정하고 국토교통부령으로 정하는 자동차를 사용하여 여객을 운송하는 사업

라. 시외버스운송사업: 운행계통을 정하고 국토교통부령으로 정하는 자동차를 사용하여 여객을 운송하는 사업으로서 가목부터 다목까지의 사업에 속하지 아니하는 사업. 이 경우 국토교통부령이 정하는 바에 따라 고속형 · 직행형 및 일반형 등으로 그 운행형태를 구분한다.

2. 구역 여객자동차운송사업

가. 전세버스운송사업: 운행계통을 정하지 아니하고 전국을 사업구역으로 정하여 1개의 운송계약에 따라 국토교통부령으로 정하는 자동차를 사용하여 여객을 운송하는 사업

1) 삭제 〈2024. 12. 31.〉

2) 삭제 〈2024. 12. 31.〉

3) 삭제 〈2024. 12. 31.〉

나. 특수여객자동차운송사업: 운행계통을 정하지 아니하고 전국을 사업구역으로 하여 1개의 운송계약에 따라 국토교통부령으로 정하는 특수한 자동차를 사용하여 장례에 참여하는 자와 시체(유골을 포함한다)를 운송하는 사업

다. 일반택시운송사업: 운행계통을 정하지 아니하고 국토교통부령으로 정하는 사업구역에서 1개의 운송계약에 따라 국토교통부령으로 정하는 자동차를 사용하여 여객을 운송하는 사업. 이 경우 국토교통부령으로 정하는 바에 따라 경형 · 소형 · 중형 · 대형 · 모범형 및 고급형 등으로 구분한다.

라. 개인택시운송사업: 운행계통을 정하지 아니하고 국토교통부령으로 정하는 사업구역에서 1개의 운송계약에 따라 국토교통부령으로 정하는 자동차 1대를 사업자가 직접 운전(사업자의 질병 등 국토교통부령으로 정하는 사유가 있는 경우는 제외한다)하여 여객을 운송하는 사업. 이 경우 국토교통부령으로 정하는 바에 따라 경형·소형·중형·대형·모범형 및 고급형 등으로 구분한다.

제3조의2(전세버스운송사업에 관한 특례) ① 제3조제2호가목을 적용할 때 다음 각 호의 어느 하나에 해당하는 경우에는 운행계통을 정하지 않은 것으로 본다.

1. 다음 각 목의 어느 하나에 해당하는 기관 또는 시설 등의 장과 1개의 운송계약(운임의 수령주체와 관계없이 개별 탑승자로부터 현금이나 회수권 또는 카드결제 등의 방식으로 운임을 받는 경우는 제외한다. 이하 이 조에서 같다)에 따라 그 소속원[「산업입지 및 개발에 관한 법률」에 따른 산업단지, 준산업단지 및 공장입지 유도지구(이하 이 조에서 "산업단지등"이라 한다) 관리기관의 경우 해당 산업단지등의 입주기업체 소속원을 포함한다]만의 통근·통학을 목적으로 자동차를 운행하는 경우

가. 정부기관·지방자치단체와 그 출연기관·연구기관 등 공법인

나. 회사, 「초·중등교육법」 제2조에 따른 학교, 「고등교육법」 제2조에 따른 학교, 「유아교육법」 제2조제2호에 따른 유치원, 「영유아보육법」 제10조에 따른 어린이집, 「학원의 설립·운영 및 과외교습에 관한 법률」 제2조의2제1항제1호에 따른 학교교과교습학원 또는 「체육시설의 설치·이용에 관한 법률」 제3조에 따른 체육시설(「유통산업발전법」 제2조제3호에 따른 대규모점포에 부설된 체육시설은 제외한다)

다. 국토교통부장관 또는 시·도지사가 정하여 고시하는 산업단지등의 관리기관

2. 「공동주택관리법」 제2조제1항제10호에 따른 관리주체와 1개의 운송계약에 따라 해당 공동주택 거주자만의 통근을 목적으로 자동차를 운행하는 경우로서 다음 각 목에 모두 해당하는 경우

가. 기점에서의 출발시간이 오전 6시부터 오전 8시까지 또는 오후 6시부터 오후 8시까지일 것

나. 토요일, 일요일 및 공휴일에는 운행하지 않을 것

다. 기점과 종점은 서로 다른 시·도에 위치할 것

라. 중간정차지를 두는 경우에는 기점 또는 종점으로부터 3킬로미터 이내에 총 2개 이하로 둘 것

마. 기점, 종점 및 중간정차지는 모두 「대도시권 광역교통 관리에 관한 특별법 시행령」 별표 1에 따른 수도권 내의 지역으로서 국토교통부장관이 교통수단 이용의 편의성 및 교통 혼잡성 등을 고려하여 고시하는 지역 내에 위치할 것

② 운송사업자(법 제4조제1항에 따라 여객자동차운송사업의 면허를 받거나 등록을 한 자를 말한다. 이하 같다) 또는 운송사업자가 가입한 법 제53조에 따른 조합(운송사업자가 법 제53조에 따른 조합에 해당 운송사업자를 대신하여 시·도지사와 협의해 줄 것을 요청한 경우로 한정한다)은 제1항제2호에 따른 운송계약을 체결하기 전에 기점, 종점 및 중간정차지의 소재지를 관할하는 시·도지사와 자동차의 운행에 관하여 협의해야 한다. 이 경우 법 제53조에 따른 조합에 가입한 운송사업자가 시·도지사와 직접 협의하는 경우에는 미리 그 협의하려는 사항에 관하여 법 제53조에 따른 조합의 의견을 들어야 한다.

[본조신설 2024. 12. 31.]

제3조의3 삭제 〈2024. 7. 2.〉

제3조의4 삭제 〈2024. 7. 2.〉

제3조의5 삭제 〈2024. 7. 2.〉

제3조의6 삭제 〈2024. 7. 2.〉

제3조의7 삭제 〈2024. 7. 2.〉

제3조의8 삭제 〈2024. 7. 2.〉

제4조(시·도지사의 면허 또는 등록 대상인 여객자동차운송사업) ① 법 제4조제1항 단서에 따라 시·도지사의 면허를 받아야 하는 면허대상 여객자동차운송사업은 법 제3조제1항제3호에 따른 수요응답형 여객자동차운송사업(이하 "수요응답형 여객자동차운송사업"이라 한다) 중 제2조의2제6호에 따른 사업을 제외한 사업으로 한다. 〈신설 2015. 1. 28., 2016. 1. 6., 2024. 7. 2.〉

② 법 제4조제1항 단서에 따라 시·도지사에게 등록하여야 하는 등록대상 여객자동차운송사업은 마을버스운송사업·전세버스운송사업 및 특수여객자동차운송사업으로 한다. 〈개정 2015. 1. 28.〉

③ 법 제4조제3항에서 “대통령령으로 정하는 여객자동차운송사업”이란 마을버스운송사업을 말한다. 〈개정 2015. 1. 28.〉

[제목개정 2015. 1. 28.]

제4조의2(연계수송 대상 여객자동차운송사업) ① 법 제4조제4항 각 호 외의 부분에서 “대통령령으로 정하는 운송사업자”란 일반택시운송사업자 및 개인택시운송사업자를 말한다.

② 법 제4조제5항 전단에서 “대통령령으로 정하는 여객자동차운송사업”이란 일반택시운송사업 및 개인택시운송사업을 말한다.

[본조신설 2017. 1. 20.]

제4조의3(연계수송 대상 교통시설) 법 제4조제4항제4호에서 “대통령령으로 정하는 교통시설”이란 「국가통합교통체계효율화법」 제2조제15호에 따른 복합환승센터를 말한다.

[본조신설 2017. 1. 20.]

제5조(운전경력 등 별도의 면허기준이 요구되는 여객자동차운송사업) 법 제5조제1항제3호에 따른 운전 경력 등의 면허기준이 적용되는 여객자동차운송사업은 개인택시운송사업으로 한다.

제6조(수송력 공급에 관한 산정기준을 정할 수 있는 여객자동차운송사업) 법 제5조제2항에서 “대통령령으로 정하는 여객자동차운송사업”이란 일반택시운송사업 및 개인택시운송사업을 말한다.

제6조의2(노선의 타당성 평가) ① 국토교통부장관은 법 제5조의2제1항에 따라 「대도시권 광역교통 관리에 관한 특별법」 제2조제3호에 따른 광역버스운송사업(이하 “광역버스운송사업”이라 한다)의 필요성·적합성 등에 대한 종합적인 타당성을 평가하려는 경우에는 다음 각 호의 사항을 평가해야 한다.

1. 광역버스운송사업의 면허로 인한 지역 간 연결성 개선 여부
2. 광역버스운송사업의 면허로 인한 지역 간 통행시간 절감 여부
3. 광역버스운송사업에 대한 예상 수요
4. 그 밖에 국토교통부장관이 광역버스운송사업의 타당성 평가를 위해 필요하다고 인정하는 사항

② 제1항에 따른 타당성 평가는 정량평가의 방법으로 한다. 다만, 제1항 각 호에 따른 평가항목의 특성상 정량평가만으로는 정확한 평가가 어렵다고 인정되는 경우에는 정성평가의 방법을 병행할 수 있다.

[본조신설 2024. 5. 7.]
[종전 제6조의2는 제6조의3으로 이동 〈2024. 5. 7.〉]

제6조의3(여객자동차운송사업 수급계획의 수립 및 수급조절 절차 등) ① 법 제5조의3제1항, 같은 조 제3항 본문 및 같은 조 제4항 전단에서 "대통령령으로 정하는 여객자동차운송사업"이란 각각 전세버스운송사업을 말한다. 〈개정 2024. 5. 7.〉

② 국토교통부장관은 법 제5조의3제1항에 따른 여객자동차운송사업 수급계획(이하 "수급계획"이라 한다)을 수립할 때 다음 각 호의 사항이 포함되도록 하여야 한다. 〈개정 2024. 5. 7.〉

1. 전세버스 수급상황
2. 전세버스 이용실태
3. 전세버스 적정 공급규모
4. 전세버스 등록제한 규모 및 기간
5. 그 밖에 전세버스 수급조절을 위하여 필요한 사항

③ 수급계획은 2년 단위로 수립하여야 한다.

④ 국토교통부장관은 수급계획을 변경하려는 경우에는 법 제5조의3제2항에 따른 여객자동차운송사업 수급조절위원회(이하 "수급조절위원회"라 한다)의 심의를 거쳐야 한다. 다만, 국토교통부령으로 정하는 경미한 사항을 변경하려는 경우는 제외한다. 〈개정 2024. 5. 7.〉

⑤ 법 제5조의3제4항 전단에 따라 국토교통부장관으로부터 등록제한의 통보를 받은 시·도지사는 다음 각 호의 조치를 취한 후 그 결과를 국토교통부장관에게 통보하여야 한다. 〈개정 2024. 5. 7.〉

1. 전세버스운송사업의 신규 등록의 제한
2. 전세버스의 증차가 포함된 사업계획 변경등록의 제한

[본조신설 2014. 7. 28.]
[제6조의2에서 이동, 종전 제6조의3은 제6조의4로 이동 〈2024. 5. 7.〉]

제6조의4(수급조절위원회의 구성 및 심의사항 등) ① 수급조절위원회는 위원장 1명을 포함하여 10명 이내의 위원으로 구성한다.

② 수급조절위원회의 위원장은 국토교통부 교통물류실장이 되고, 위원은 다음 각 호에 해당하는 사람 중에서 국토교통부장관이 임명 또는 위촉하는 사람이 된다. 〈개정 2016. 1. 6., 2016. 9. 5.,

2017. 1. 20.〉

1. 국토교통부에서 전세버스운송사업 관련 업무를 담당하는 4급 이상 공무원

2. 시·도에서 전세버스운송사업 관련 업무를 담당하는 4급 이상 공무원

3. 법 제59조에 따라 설립된 전세버스운송사업조합 연합회의 장

4. 삭제 〈2016. 9. 5.〉

③ 삭제 〈2016. 9. 5.〉

④ 수급조절위원회는 다음 각 호의 사항을 심의한다. 〈개정 2024. 5. 7.〉

1. 수급계획의 수립 및 변경에 관한 사항. 다만, 국토교통부령으로 정하는 경미한 사항의 변경은 제외한다.

2. 법 제5조의3제3항 및 제4항에 따른 전세버스운송사업의 등록제한 기간 및 고시에 관한 사항

3. 그 밖에 전세버스운송사업의 수급조절과 관련된 사항으로서 수급조절위원회의 위원장이 회의에 부치는 사항

⑤ 수급조절위원회의 위원장은 교통 분야에 관한 전문적·기술적 사항에 관하여 자문하기 위하여 관계 전문가로 구성된 자문단을 구성·운영할 수 있다. 〈신설 2016. 9. 5.〉

[본조신설 2014. 7. 28.]

[제6조의3에서 이동, 종전 제6조의4는 제6조의5로 이동 〈2024. 5. 7.〉]

제6조의5(수급조절위원회 위원의 해임 및 해촉) 국토교통부장관은 제6조의4제2항에 따른 위원이 다음 각 호의 어느 하나에 해당하는 경우에는 해당 위원을 해임 또는 해촉할 수 있다. 〈개정 2017. 1. 20., 2024. 5. 7.〉

1. 심신장애로 인하여 직무를 수행할 수 없게 된 경우

2. 직무와 관련된 비위사실이 있는 경우

3. 직무태만, 품위손상이나 그 밖의 사유로 인하여 위원으로 적합하지 아니하다고 인정되는 경우

4. 위원 스스로 직무를 수행하는 것이 곤란하다고 의사를 밝히는 경우

[본조신설 2016. 1. 6.]

[제6조의4에서 이동, 종전 제6조의5는 제6조의6으로 이동 〈2024. 5. 7.〉]

제6조의6(수급조절위원회의 운영 등) ① 수급조절위원회의 위원장은 수급조절위원회를 대표하고, 수급조절위원회의 업무를 총괄한다.

② 수급조절위원회의 위원장이 부득이한 사유로 직무를 수행할 수 없는 경우에는 수급조절위원회의 위원장이 미리 지명한 수급조절위원회의 위원이 그 직무를 대행한다.

③ 수급조절위원회의 위원장은 수급조절위원회의 회의를 소집하고, 그 의장이 된다.

④ 수급조절위원회의 회의는 재적위원 과반수의 출석으로 개의하고, 출석위원 과반수의 찬성으로 의결한다. 〈개정 2017. 1. 20.〉

⑤ 수급조절위원회의 사무를 처리하기 위하여 간사 1명을 두며, 간사는 국토교통부 소속 공무원 중에서 국토교통부장관이 지명한다.

⑥ 수급조절위원회의 회의에 출석한 위원에 대해서는 예산의 범위에서 수당과 여비를 지급할 수 있다. 다만, 공무원인 위원이 그 소관 업무와 직접 관련되어 참석하는 경우에는 그러하지 아니하다.

[본조신설 2014. 7. 28.]

[제6조의5에서 이동 〈2024. 5. 7.〉]

제7조(운임·요금을 신고해야 하는 여객자동차운송사업자) 법 제8조제2항에서 "대통령령으로 정하는 자"란 다음 각 호의 자를 말한다. 〈개정 2016. 8. 2., 2020. 12. 29., 2024. 7. 2.〉

1. 법 제4조제3항에 따른 여객자동차운송사업의 한정면허(제2조의2제6호에 따른 수요응답형 여객자동차운송사업 및 제37조제1항제1호 각 목 외의 부분에서 규정한 시내버스운송사업의 한정면허는 제외한다)를 받은 자

2. 제3조제2호다목에 따른 일반택시운송사업의 면허를 받은 자 중 대형(승합자동차를 사용하는 경우로 한정한다) 또는 고급형으로 구분된 택시운송사업을 경영하는 자

3. 제3조제2호라목에 따른 개인택시운송사업의 면허를 받은 자 중 대형(승합자동차를 사용하는 경우로 한정한다) 또는 고급형으로 구분된 택시운송사업을 경영하는 자

4. 제4조제2항에 따른 마을버스운송사업의 등록을 한 자

[전문개정 2015. 9. 15.]

[제목개정 2020. 12. 29.]

제8조(사업계획의 변경이 제한되는 교통사고의 규모 또는 발생 빈도) 법 제10조제5항제4호에 따라 사업계획의 변경을 제한할 수 있는 경우는 다음 각 호의 어느 하나에 해당하는 경우로 한다. 〈개정 2014. 7. 28., 2018. 4. 10., 2024. 12. 31.〉

1. 운송사업자의 중대한 교통사고 건수(운송사업자가 사업계획 변경의 인가일·등록일 또는 신고일 전 최근 1년간 일으킨 제11조에 따른 중대한 교통사고의 건수를 말한다)가 다음 각 목의 어느 하나에 해당하는 경우

가. 운송사업자가 보유한 자동차의 대수가 300대 미만인 경우: 1건 이상

나. 운송사업자가 보유한 자동차의 대수가 300대 이상 600대 미만인 경우: 2건 이상

다. 운송사업자가 보유한 자동차의 대수가 600대 이상인 경우: 3건 이상

2. 운송사업자의 교통사고지수(운송사업자가 사업계획 변경의 인가일·등록일 또는 신고일 전 최근 1년간 일으킨 교통사고의 건수를 운송사업자가 보유한 자동차의 대수로 나눈 수에 10을 곱한 값을 말한다)가 다음 각 목의 어느 하나에 해당하는 경우. 다만, 운송사업자가 보유한 자동차의 대수가 5대 미만인 경우에는 해당 운송사업자가 사업계획 변경의 인가일·등록일 또는 신고일 전 최근 1년간 일으킨 교통사고의 건수가 2건 이상인 경우

가. 시내버스운송사업 및 농어촌버스운송사업의 경우: 4 이상

나. 시외버스운송사업의 경우: 3 이상(운행형태가 고속형인 경우에는 2 이상)

다. 일반택시운송사업의 경우: 2 이상

라. 전세버스운송사업의 경우: 2 이상

마. 특수여객자동차운송사업의 경우: 1 이상

제9조(공동운수협정) 운송사업자는 법 제11조에 따라 공동운수협정을 체결하려는 경우에는 다음 각 호의 사항을 고려하여야 한다. 〈개정 2011. 12. 30., 2013. 3. 23.〉

1. 공동운수협정이 차고지(車庫地) 등 운송시설의 공동사용에 관한 사항인 경우에는 해당 여객자동차운송사업의 원활한 운영 및 여객의

이용 편의를 도모할 것

2. 공동운수협정이 수송력 공급의 증가를 목적으로 하는 경우에는 다음 각 목의 기준에 따를 것

가. 주말이나 연휴 등 일시적인 수송수요에 따라 운송하는 경우에는 그 수송수요의 증가분에 적합할 것

나. 국토교통부장관이 정하여 고시하는 출퇴근 또는 심야 시간대에 정기적인 수송수요에 따라 운송하는 경우에는 그 수송수요에 적합할 것

제10조 삭제 〈2009. 11. 27.〉

제10조의2(운송사업의 양도·상속의 제한) ① 법 제14조제1항 후단에서 "대통령령으로 정하는 여객자동차운송사업"이란 전세버스운송사업을 말한다. 〈신설 2014. 7. 28.〉

② 법 제14조제3항 본문 및 제15조제4항 본문에서 "대통령령으로 정하는 자" 및 "대통령령으로 정하는 운송사업자"란 각각 개인택시운송사업자를 말한다. 〈개정 2014. 7. 28., 2015. 11. 30., 2022. 1. 28.〉

[본조신설 2009. 11. 27.]

제11조(중대한 교통사고) 법 제19조제2항제3호에서 "대통령령으로 정하는 수(數) 이상의 사람이 죽거나 다친 사고"란 다음 각 호의 어느 하나에 해당하는 사상자가 발생한 사고(이하 "중대한 교통사고"라 한다)를 말한다.

1. 사망자 2명 이상
2. 사망자 1명과 중상자 3명 이상
3. 중상자 6명 이상

제12조(운송수입금을 전액 수납하여야 하는 운송사업자 등) ① 법 제21조제1항에 따라 운수종사자(법 제24조에 따른 운전업무 종사자격을 갖추고 여객자동차운송사업의 운전업무에 종사하고 있는 자를 말한다. 이하 같다)로부터 운송수입금의 전액을 받아야 하는 자는 일반택시운송사업자로 한다. 다만, 군(광역시의 군은 제외한다)지역의 일반택시운송사업자는 제외한다. 〈개정 2014. 7. 28., 2023. 3. 21.〉

② 법 제21조제8항에서 "대통령령으로 정하는 여객자동차운송사업"이란 일반택시운송사업 및 개인택시운송사업을 말한다. 〈신설 2014. 7. 28., 2018. 4. 10.〉

[제목개정 2014. 7. 28.]

제12조의2(교통안전정보를 제공하여야 하는 여객자동차운송사업자) 법 제21조제9항 각 호 외의 부분에서 "대통령령으로 정하는 여객자동차운송사업"이란 전세버스운송사업을 말한다. 〈개정 2018. 4. 10.〉

[본조신설 2014. 11. 21.]

제12조의3(운행정보 신고 대상 여객자동차운송사업) 법 제21조제10항 각 호 외의 부분 전단에서 "대통령령으로 정하는 여객자동차운송사업"이란 제3조제2호가목에 따른 전세버스운송사업을 말한다. 〈개정 2018. 4. 10.〉

[본조신설 2016. 1. 6.]

제12조의4(운수종사자의 음주 여부 확인 및 기록) ① 운송사업자는 법 제21조제12항 전단에 따라 운수종사자의 음주 여부를 확인하는 경우에는 국토교통부장관이 정하여 고시하는 성능을 갖춘 호흡측정기(이하 "호흡측정기"라 한다)를 사용하여 확인해야 한다.

② 운송사업자는 제1항에 따라 운수종사자의 음주 여부를 확인한 경우에는 해당 운수종사자의 성명, 측정일시 및 측정결과를 변조가 불가능한 형태의 전자적 파일이나 서면으로 기록하여 3년 동안 보관·관리해야 한다.

③ 제1항 및 제2항에서 규정한 사항 외에 호흡측정기의 사용방법과 기록의 보관·관리 등에 관한 세부적인 사항은 국토교통부장관이 정하여 고시한다.

[본조신설 2019. 2. 12.]

제13조(벽지노선 등의 운행에 관한 개선명령) 국토교통부장관, 시·도지사 또는 시장·군수[농어촌버스운송사업, 마을버스운송사업 및 수요응답형 여객자동차운송사업(제2조의2제6호에 따른 사업은 제외한다)의 경우만 해당한다]는 법 제23조제1항제10호에 따라 벽지노선(僻地路線)이나 수익성이 없는 노선의 운행에 관한 개선명령을 하는 경우에는 다음 각 호의 사항을 적은 개선명령서를 운송사업자에게 내주어야 한다. 이 경우 개선명령서를 받은 운송사업자는 개선명령일부터 50일 이내에 그 명령에 따른 운송을 시작하여야 한다. 〈개정 2012. 7. 31., 2012. 11. 23., 2013. 3. 23., 2015. 1. 28., 2024. 7. 2.〉

1. 운송사업자의 주소와 성명(법인인 경우에는 그 명칭과 대표자

의 성명을 말한다)

2. 운행구간

3. 운행횟수와 기간

4. 운행 목적

제14조(대체교통 운행명령) 국토교통부장관 또는 시·도지사는 법 제23조제2항에 따라 대체교통수단으로서 여객자동차의 운행명령을 하는 때에는 다음 각 호의 사항을 적은 운행명령서를 운송사업자에게 내주어야 한다. 〈개정 2013. 3. 23.〉

1. 운송사업자의 주소 및 성명(법인인 경우에는 그 명칭과 대표자의 성명을 말한다)

2. 운행구간

3. 운행횟수와 기간

제15조(개선명령 또는 운행명령으로 인한 손실의 보상) ① 법 제23조제3항에 따라 손실보상을 받으려는 자는 다음 각 호의 사항을 적은 청구서에 손실액의 산출명세서를 첨부하여 국토교통부장관, 시·도지사 또는 시장·군수[농어촌버스운송사업, 마을버스운송사업 및 수요응답형 여객자동차운송사업(제2조의2제6호에 따른 사업은 제외한다)에 대한 개선명령의 경우만 해당한다. 이하 이 조에서 같다]에게 제출하여야 한다. 〈개정 2012. 7. 31., 2013. 3. 23., 2015. 1. 28., 2018. 4. 10., 2024. 7. 2.〉

1. 청구인의 주소와 성명(법인인 경우에는 그 명칭과 대표자의 성명을 말한다)

2. 개선명령이나 운행명령 및 그 이행의 내용

3. 청구금액

② 국토교통부장관, 시·도지사 또는 시장·군수는 제1항에 따른 손실보상금의 청구를 받으면 운행거리·운행횟수 및 승차인원 등을 기준으로 하여 이를 심사한 후 손실보상금을 지급하는 것이 정당하다고 인정되는 때에는 국토교통부령으로 정하는 손실보상금을 청구인에게 지급하여야 한다. 〈개정 2012. 7. 31., 2013. 3. 23.〉

제16조(운전업무 종사자격의 취득 제한) ① 법 제24조제4항 각 호 외의 부분에서 "대통령령으로 정하는 여객자동차운송사업"이란 일반택시운송사업 또는 개인택시운송사업을 말한다.

② 법 제24조제4항제1호 각 목 외의 부분에서 "대통령령으로 정

하는 기간"이란 다음 각 호의 기간을 말한다. 〈개정 2022. 1. 28.〉

1. 법 제24조제3항제1호 각 목에 따른 죄: 다음 각 목의 기간

가. 「특정강력범죄의 처벌에 관한 특례법」 제2조제1항 각 호에 따른 죄: 20년

나. 「특정범죄 가중처벌 등에 관한 법률」 제5조의2부터 제5조의5까지, 제5조의9제1항부터 제3항까지 및 제11조에 따른 죄: 20년

다. 「특정범죄 가중처벌 등에 관한 법률」 제5조의9제4항에 따른 죄: 6년

라. 「마약류 관리에 관한 법률」 제58조부터 제60조까지에 따른 죄: 20년

마. 「마약류 관리에 관한 법률」 제61조제1항 각 호에 따른 죄 및 같은 조 제3항에 따른 그 각 미수죄(같은 조 제1항제2호, 제3호 및 제8호의 미수범은 제외한다): 10년

바. 「마약류 관리에 관한 법률」 제61조제2항에 따른 죄 및 같은 조 제3항에 따른 그 각 미수죄(같은 조 제1항제2호, 제3호 및 제8호의 미수범은 제외한다): 15년

사. 「마약류 관리에 관한 법률」 제62조제1항 각 호에 따른 죄 및 같은 조 제3항에 따른 그 각 미수죄: 6년

아. 「마약류 관리에 관한 법률」 제62조제2항에 따른 죄 및 같은 조 제3항에 따른 그 각 미수죄: 9년

자. 「마약류 관리에 관한 법률」 제63조제1항 각 호에 따른 죄 및 같은 조 제3항에 따른 그 각 미수죄(같은 조 제1항제2호부터 제5호까지, 제11호 및 제12호에 따른 죄의 미수범으로 한정한다): 4년

차. 「마약류 관리에 관한 법률」 제63조제2항에 따른 죄 및 같은 조 제3항에 따른 그 각 미수죄(같은 조 제2항에 따른 죄의 미수범으로 한정한다): 6년

카. 「마약류 관리에 관한 법률」 제64조 각 호에 따른 죄: 2년

타. 「형법」 제332조(제329조의 상습범으로 한정한다)에 따른 죄 및 그 미수죄: 18년

파. 「형법」 제332조(제330조 및 제331조의 상습범으로 한정한다), 제341조에 따른 죄 및 그 각 미수죄, 제363조에 따른 죄: 20년

2. 「성폭력범죄의 처벌 등에 관한 특례법」 제2조제1항제2호부터 제4호까지, 제3조부터 제9조까지, 제14조, 제14조의2, 제14조의3 및 제15조에 따른 죄: 20년

3. 「아동·청소년의 성보호에 관한 법률」 제2조제2호에 따른 죄: 20년

[전문개정 2017. 6. 30.]

[2017. 6. 30. 대통령령 제28175호에 의하여 2015. 12. 23. 헌법재판소에서 헌법불합치 결정된 이 조를 개정함.]

제16조의2(전자적 매체·기기 등을 통한 운전자격증명 게시) 법 제24조의2제2항에서 "대통령령으로 정하는 운수종사자"란 다음 각 호의 어느 하나에 해당하는 자를 말한다. 〈개정 2016. 8. 2.〉

1. 일반택시운송사업 중 대형(승합자동차를 사용하는 경우로 한정한다) 또는 고급형으로 구분된 사업의 운수종사자

2. 개인택시운송사업 중 대형(승합자동차를 사용하는 경우로 한정한다) 또는 고급형으로 구분된 사업의 운수종사자

[본조신설 2016. 2. 23.]

[종전 제16조의2는 제16조의3으로 이동 〈2016. 2. 23.〉]

제16조의3(운수종사자 준수사항을 적용받지 아니하는 여객자동차운송사업) 법 제26조제1항제1호 및 제2호에서 "대통령령으로 정하는 여객자동차운송사업"이란 각각 일반택시운송사업 및 개인택시운송사업을 말한다.

[본조신설 2014. 7. 28.]

[제16조의2에서 이동 〈2016. 2. 23.〉]

제17조 삭제 〈2014. 7. 28.〉

제17조의2(좌석안전띠 착용) ① 법 제27조의2제1항 본문에서 "대통령령으로 정하는 도로"란 다음 각 호의 도로를 말한다. 〈개정 2014. 7. 28.〉

1. 「도로법」에 따른 도로

2. 「농어촌도로 정비법」에 따른 농어촌도로

② 법 제27조의2제1항 본문에서 "대통령령으로 정하는 여객자동차운송사업용 자동차"란 다음 각 호의 자동차를 말한다. 〈개정 2014. 7. 28.〉

1. 노선 여객자동차운송사업 중 시내버스운송사업(광역급행형에

한정한다)에 사용되는 자동차

2. 노선 여객자동차운송사업 중 시외버스운송사업에 사용되는 자동차

3. 구역 여객자동차운송사업에 사용되는 자동차. 다만, 일반택시운송사업과 개인택시운송사업에 사용되는 자동차의 경우에는 제1항제1호에 따른 도로 중 고속국도 및 자동차 전용도로에 한정한다.

③ 법 제27조의2제1항 단서에서 "대통령령으로 정하는 여객"이란 다음 각 호의 어느 하나에 해당하는 사람을 말한다. 〈개정 2014. 7. 28.〉

1. 부상·질병·장애 또는 임신 등으로 인하여 좌석안전띠를 착용하는 것이 적절하지 아니하다고 인정되는 사람

2. 신장·체중, 그 밖의 신체 상태에 의하여 좌석안전띠를 착용하는 것이 적절하지 아니하다고 인정되는 사람

[본조신설 2012. 11. 23.]

제17조의3(영상기록장치의 설치 등) ① 법 제27조의3제1항 본문에서 "대통령령으로 정하는 여객자동차운송사업"이란 다음 각 호의 여객자동차운송사업을 말한다.

1. 제3조제1호 각 목의 노선 여객자동차운송사업

2. 제3조제2호가목의 전세버스운송사업

② 운송사업자는 법 제27조의3제2항에 따라 다음 각 호의 사항이 표시된 안내판을 사업용 자동차의 출입구 등 운수종사자나 승객이 쉽게 볼 수 있는 곳에 설치해야 한다.

1. 영상기록장치의 설치 목적

2. 영상기록장치의 설치 위치, 촬영 범위 및 촬영 시간

3. 영상기록장치 관리책임자의 성명 및 연락처

4. 그 밖에 운송사업자가 필요하다고 인정하는 사항

③ 법 제27조의3제7항에 따라 운송사업자는 다음 각 호의 사항이 포함된 영상기록장치 운영·관리 지침을 마련해야 한다.

1. 영상기록장치의 설치 근거 및 설치 목적

2. 영상기록장치의 설치 대수, 설치 위치 및 촬영 범위

3. 영상기록장치 관리책임자, 담당 부서 및 영상기록에 대한 접근 권한이 있는 사람의 범위

4. 영상기록의 촬영 시간, 보관기간, 보관장소 및 처리방법

5. 영상기록의 외부 제공 방법 등 운송사업자의 영상기록 확인 방법

6. 정보주체의 영상기록 열람 등 요구에 대한 조치

7. 영상기록을 안전하게 저장·전송하고, 무단 접속 및 위조·변조를 방지하기 위한 기술의 적용 또는 조치

8. 그 밖에 영상기록장치의 설치·운영 및 관리에 필요한 사항

[본조신설 2019. 10. 1.]

제18조 삭제 〈2021. 4. 6.〉

제19조(여객자동차터미널에 관한 공사시행의 변경인가) 법 제38조제1항에 따라 변경인가를 받아야 하는 사항의 변경은 다음 각 호와 같다.

1. 자동차의 출구·입구의 구조 및 위치 변경

2. 여객 또는 자동차를 위한 시설의 면적 및 구조 변경

제20조(행정처분의 통보) 시·도지사 또는 시장·군수·자치구의 구청장(이하 "시장·군수·구청장"이라 한다)은 다른 시·도의 관할 구역에 주된 사무소가 있는 운송사업자가 사용하는 여객자동차터미널(이하 "터미널"이라 한다)에 대하여 다음 각 호의 행정처분을 한 경우에는 그 내용을 지체 없이 해당 운송사업자의 주된 사무소를 관할하는 시·도지사에게 통보해야 한다. 〈개정 2012. 11. 23., 2014. 7. 28., 2020. 9. 8.〉

1. 법 제43조에 따른 터미널의 위치·규모 및 구조·설비 등의 변경인가

2. 법 제45조에 따른 터미널의 사용명령

3. 법 제48조에 따른 터미널사업의 휴업·폐업의 허가

4. 법 제85조에 따른 터미널사업 면허의 취소 및 사업의 정지

제20조의2(여객자동차플랫폼운송사업의 허가 등) ① 국토교통부장관은 법 제49조의3제1항에 따라 여객자동차플랫폼운송사업(이하 "플랫폼운송사업"이라 한다)을 허가하려는 경우 같은 조 제2항에 따라 그 기간을 10년 이하로 한정하여 허가할 수 있다.

② 법 제49조의3제3항제2호에서 "대통령령으로 정하는 여객자동차운송사업"이란 제3조제2호다목 및 라목에 따른 일반택시운송사업 및 개인택시운송사업을 말한다.

[전문개정 2021. 4. 6.]

제20조의3(플랫폼운송사업심의위원회의 구성) ① 법 제49조의4제1항에 따른 플랫폼운송사업심의위원회(이하 "사업심의위원회"라 한다) 위원은 같은 조 제3항에 따라 국토교통부장관이 임명 또는 위촉하는 다음 각 호의 사람으로 한다.

1. 국토교통부에서 여객자동차 운수사업 관련 업무를 담당하는 고위공무원단에 속하는 공무원 1명

2. 교통, 자동차, 여객자동차운송플랫폼 관련 분야를 전공하고 대학이나 공인된 연구기관에서 부교수 이상 또는 이에 상당하는 직에 있거나 있던 사람 1명 이상

3. 근로자 또는 소비자 권익 보장에 관한 업무에 5년 이상 종사한 경력이 있는 사람 1명 이상

4. 그 밖에 제1호부터 제3호까지에 해당하는 사람과 동등한 자격이 있다고 인정되는 사람 6명 이하

② 사업심의위원회 위원장이 부득이한 사유로 직무를 수행할 수 없을 때에는 제1항제1호의 위원, 위원장이 미리 지명하는 위원의 순으로 그 직무를 대행한다.

③ 사업심의위원회의 사무를 처리하기 위해 사업심의위원회에 간사 1명을 두며, 간사는 국토교통부 소속 공무원 중에서 국토교통부장관이 지명한다.

[전문개정 2021. 4. 6.]

제20조의4(위원의 제척·기피·회피) ① 사업심의위원회 위원이 다음 각 호의 어느 하나에 해당하는 경우에는 사업심의위원회의 심의·의결에서 제척된다.

1. 사업심의위원회 위원 또는 그 배우자나 배우자였던 사람이 해당 안건의 당사자(당사자가 법인·단체 등인 경우에는 그 임원을 포함한다. 이하 이 호 및 제2호에서 같다)이거나 그 안건의 당사자와 공동권리자 또는 공동의무자인 경우

2. 사업심의위원회 위원이 해당 안건의 당사자와 친족이거나 친족이었던 경우

3. 사업심의위원회 위원이 해당 안건에 대하여 증언, 진술, 자문, 연구, 용역 또는 감정을 한 경우

4. 사업심의위원회 위원이나 사업심의위원회 위원이 속한 법인이 해당 안건 당사자의 대리인이거나 대리인이었던 경우

② 해당 안건의 당사자는 사업심의위원회 위원에게 공정한 심의·의결을 기대하기 어려운 사정이 있는 경우에는 사업심의위원회에 기피 신청을 할 수 있으며, 사업심의위원회는 의결로 기피 여부를 결정한다. 이 경우 기피 신청의 대상인 사업심의위원회 위원은 그 의결에 참여하지 못한다.

③ 사업심의위원회 위원이 제1항 각 호에 따른 제척 사유에 해당하는 경우에는 스스로 해당 안건의 심의·의결에서 회피해야 한다.

[본조신설 2021. 4. 6.]

제20조의5(위원의 해임 및 해촉) 국토교통부장관은 사업심의위원회 위원이 다음 각 호의 어느 하나에 해당하는 경우에는 해당 위원을 해임 또는 해촉할 수 있다.

1. 심신장애로 직무를 수행할 수 없게 된 경우
2. 직무와 관련된 비위사실이 있는 경우
3. 직무태만, 품위손상이나 그 밖의 사유로 사업심의위원회 위원으로 적합하지 않다고 인정되는 경우
4. 제20조의4제1항 각 호의 어느 하나에 해당하는 경우에도 불구하고 회피하지 않은 경우
5. 사업심의위원회 위원 스스로 직무를 수행하는 것이 곤란하다고 의사를 밝히는 경우

[본조신설 2021. 4. 6.]

제20조의6(사업심의위원회의 운영) ① 사업심의위원회 회의는 재적위원 과반수의 출석으로 개의하고, 출석위원 과반수의 찬성으로 의결한다.

② 사업심의위원회의 심의·의결사항을 사전에 전문적으로 검토하기 위하여 전문위원회를 둘 수 있다.

③ 제2항에 따라 전문위원회를 두는 경우 전문위원회는 위원장 1명을 포함하여 5명 이내의 위원으로 구성한다.

④ 제2항에 따른 전문위원회 위원장은 사업심의위원회 위원장이 전문위원회 위원 중에서 지명하고, 전문위원회 위원은 다음 각 호의 사람 중에서 사업심의위원회 위원장이 임명하거나 위촉한다.

1. 사업심의위원회 위원 중 해당 분야 전문가
2. 관계 중앙행정기관 소속 공무원
3. 제20조의3제1항제2호부터 제4호까지에서 규정한 사람

⑤ 사업심의위원회 및 전문위원회 위원에게는 예산의 범위에서 수당과 여비를 지급할 수 있다. 다만, 공무원인 위원이 그 소관 업무와 직접적으로 관련되어 출석하는 경우에는 지급하지 않는다.

⑥ 제1항부터 제5항까지에서 규정한 사항 외에 사업심의위원회 및 전문위원회 운영에 필요한 사항은 사업심의위원회 의결을 거쳐 사업심의위원회 위원장이 정한다.

[본조신설 2021. 4. 6.]

제20조의7(여객자동차운송시장안정기여금의 산정기준) ① 법 제49조의3제1항에 따라 플랫폼운송사업의 허가를 받은 자(이하 "플랫폼운송사업자"라 한다)가 법 제49조의5제1항에 따라 납부해야 하는 여객자동차운송시장안정기여금(이하 "기여금"이라 한다)은 분기별로 해당 분기의 전체 운송매출액(운송에 부가되는 서비스를 제공하여 발생하는 매출액을 포함한다)에 100분의 5를 곱한 금액으로 한다. 다만, 플랫폼운송사업자의 신청에 따라 운행횟수당 800원이나 법 제49조의3에 따라 허가받은 사업용 자동차의 대수(이하 "허가대수"라 한다)당 월 40만원을 분기별로 계산한 금액으로 할 수 있다.

② 제1항에도 불구하고 플랫폼운송사업자가 다음 각 호의 기준을 모두 충족하는 경우의 기여금은 제1항 본문 또는 단서에 따라 계산한 금액의 100분의 50(허가대수가 200대 미만인 경우에는 제1항 본문 또는 단서에 따라 계산한 금액의 100분의 25)에 상당하는 금액으로 한다. 〈개정 2022. 6. 28.〉

1. 「중소기업창업 지원법」에 따른 창업기업일 것
2. 허가대수가 300대 미만일 것

③ 다음 각 호의 어느 하나에 해당하는 경우 해당 분기에 대한 기여금은 제1항 또는 제2항에 따라 계산한 금액을 일수에 비례하여 계산한 금액으로 한다.

1. 분기 중에 사업이 시작, 정지 또는 종료되는 경우
2. 분기 중에 법 제49조의3제6항에 따라 허가대수가 변경되어 제1항 또는 제2항에 따라 계산한 기여금이 변경되는 경우

④ 제1항부터 제3항까지의 규정에 따른 운송매출액, 운행횟수 등의 산정에 필요한 사항은 국토교통부장관이 정하여 고시한다.

[본조신설 2021. 4. 6.]

제20조의8(기여금의 납부주기 등) ① 국토교통부장관은 분기마다 다

음 각 호의 사항을 구체적으로 적은 기여금 납부고지서를 플랫폼운송사업자에게 발급해야 한다.

1. 산정기준 및 산출근거
2. 납부금액 및 납부기한
3. 납부장소 및 납부방법
4. 이의신청방법 및 이의신청기간

② 기여금의 납부기한은 플랫폼운송사업자가 제1항에 따른 기여금 납부고지서를 발급받은 날부터 30일로 한다.

③ 기여금은 현금 또는 신용카드·직불카드 등의 방법으로 낼 수 있다.

④ 제1항에 따라 발급된 기여금에 이의가 있는 플랫폼운송사업자는 기여금 납부고지서를 발급받은 날부터 30일 이내에 이의신청서에 이의신청사유를 증명하는 서류를 첨부하여 국토교통부장관에게 이의신청할 수 있다.

⑤ 제4항에 따른 이의신청을 받은 국토교통부장관은 이의신청을 받은 날부터 15일 이내에 그 결과를 서면으로 신청인에게 알려야 한다. 다만, 부득이한 사정이 있는 경우에는 10일의 범위에서 그 기간을 연장할 수 있다.

⑥ 제1항부터 제5항까지에서 규정한 사항 외에 기여금의 납부 및 이의신청 등에 필요한 사항은 국토교통부장관이 정하여 고시한다.

[본조신설 2021. 4. 6.]

제20조의9(기여금 납부기한의 연기) ① 국토교통부장관은 제20조의8제1항에 따른 기여금 납부고지서를 받은 플랫폼운송사업자가 다음 각 호의 구분에 따른 경우에 해당할 때에는 각 호에서 정하는 기간의 범위에서 납부기한을 연기할 수 있다. 〈개정 2022. 6. 28.〉

1. 다음 각 목의 사유로 기여금을 납부하기 어렵다고 인정되는 경우: 1년

가. 자연재해, 도난, 보안사고 등으로 재산에 현저한 손실을 입은 경우

나. 경제 여건이나 사업 여건의 악화로 사업이 중대한 위기에 있는 경우

다. 그 밖에 가목 및 나목에 준하는 사유가 있다고 국토교통부장관이 인정하는 경우

2. 다음 각 목의 기준을 모두 충족하는 경우: 2년

가. 「중소기업창업 지원법」에 따른 창업기업일 것

나. 허가대수가 100대 미만일 것

② 제1항에 따른 납부연기를 신청하려는 플랫폼운송사업자는 국토교통부령으로 정하는 기여금 납부기한 연기신청서에 연기사유를 증명하는 서류를 첨부하여 국토교통부장관에게 제출해야 한다.

③ 제2항에 따른 기여금 납부기한 연기신청서를 받은 국토교통부장관은 연기신청을 받은 날부터 20일 이내에 그 결과를 신청인에게 알려야 한다.

[본조신설 2021. 4. 6.]

제20조의10(연체료의 납부 등) ① 법 제49조의5제3항에서 "대통령령으로 정하는 비율로 계산한 연체료"란 다음 각 호의 구분에 따른 금액을 말한다.

1. 기여금을 납부기한까지 완납하지 않은 경우 납부하는 연체료: 연체된 기여금의 100분의 3에 상당하는 금액

2. 연체된 기여금을 납부하지 않은 경우 제1호의 연체료에 더하여 납부하는 연체료: 연체기간 1개월당 연체된 기여금의 1천분의 12에 상당하는 금액

② 제1항에서 규정한 사항 외에 연체료의 납부에 필요한 사항은 국토교통부장관이 정하여 고시한다.

[본조신설 2021. 4. 6.]

제20조의11(기여금 미납에 따른 사업정지처분 등) ① 법 제49조의5제5항에서 "대통령령으로 정하는 기간"이란 6개월을 말한다.

② 법 제49조의5제5항에 따른 행정처분의 기준은 기여금을 납부하지 않은 분기의 총수를 기준으로 다음 각 호의 구분에 따른다.

1. 2분기 초과 4분기 이하: 사업정지 1개월

2. 4분기 초과 6분기 이하: 사업정지 3개월

3. 6분기 초과 8분기 이하: 사업정지 6개월

4. 8분기 초과: 허가취소

[본조신설 2021. 4. 6.]

제20조의12(플랫폼운수종사자의 운전업무 종사자격) 법 제49조의8제2항에서 "대통령령으로 정하는 여객자동차운송사업"이란 제3조제2호다목 및 라목에 따른 일반택시운송사업 및 개인택시운송사업을

말한다.

[본조신설 2021. 4. 6.]

제20조의13(여객자동차플랫폼운송가맹점의 가입대상) 법 제49조의11제1항에서 "대통령령으로 정하는 운송사업자"란 제3조제2호다목 및 라목에 따른 일반택시운송사업자 및 개인택시운송사업자를 말한다.

[본조신설 2021. 4. 6.]

제20조의14(여객자동차플랫폼운송가맹사업의 개선명령) 법 제49조의14제5호에서 "대통령령으로 정하는 사항"이란 다음 각 호의 사항을 말한다.

1. 법 제49조의12제1항제3호에 따른 공동전산망의 운영 개선
2. 여객운송 부가서비스의 개선
3. 그 밖에 여객의 운송편익 확대 및 보호를 위하여 필요한 조치

[본조신설 2021. 4. 6.]

제20조의15(여객자동차플랫폼운송가맹사업의 면허취소 등) 법 제49조의10제1항에 따라 여객자동차플랫폼운송가맹사업(이하 "플랫폼가맹사업"이라 한다)의 면허를 받은 자(이하 "플랫폼가맹사업자"라 한다)에 대한 법 제49조의15에 따른 면허취소 또는 사업정지 명령의 기준은 별표 1과 같다.

[본조신설 2021. 4. 6.]

제21조(보조 또는 융자의 신청) ① 법 제50조제1항에 따라 보조 또는 융자를 받으려는 자는 다음 각 호의 사항을 적은 신청서를 시·도지사를 거쳐 국토교통부장관에게 제출하여야 한다. 〈개정 2013. 3. 23., 2019. 2. 12.〉

1. 신청인의 주소와 성명(법인인 경우에는 그 명칭과 대표자의 성명을 말한다)
2. 여객자동차 운수사업의 종류, 면허 또는 등록 번호 및 그 일자
3. 보조 또는 융자를 받으려는 사유
4. 보조 또는 융자를 받으려는 금액

② 제1항의 신청서에는 다음 각 호의 서류를 첨부하여야 한다.

1. 보조 또는 융자를 받으려는 사업의 목적·시행계획·효과 및 시설 등을 적은 사업계획서
2. 보조금 또는 융자금의 사용계획서

제21조의2(보조 또는 융자 대상 운송사업) 법 제50조제2항제5호에서 "대통령령으로 정하는 여객자동차운송사업"이란 일반택시운송사업 및 개인택시운송사업을 말한다.

[본조신설 2009. 11. 27.]

제21조의3(감차보상에 대한 재정지원) ① 국토교통부장관은 법 제50조제4항제1호에 따라 지방자치단체가 감차보상을 하는 경우 그 소요되는 비용 중 일부를 지원하기 위한 기준을 기획재정부장관과 협의하여 마련하고 해당 지방자치단체에 통보해야 한다. 〈개정 2013. 3. 23., 2018. 4. 10., 2021. 9. 24.〉

② 제1항에 따른 기준에는 다음 각 호의 사항이 포함되어야 한다.

1. 감차보상 대상 및 보상금 산정 방법
2. 감차보상금 지원율 및 지원범위
3. 감차보상금의 신청절차
4. 그 밖에 감차보상에 필요한 사항

③ 국토교통부장관이 지방자치단체로부터 감차보상금의 지원을 신청 받은 때에는 재정여건에 따라 지원금액 등을 조정할 수 있다. 〈개정 2013. 3. 23.〉

[본조신설 2009. 11. 27.]

제21조의4(유가보조금의 지급대상) 법 제50조제5항 각 호 외의 부분 전단에서 "대통령령으로 정하는 운송사업자"란 다음 각 호의 운송사업자를 말한다. 〈개정 2021. 9. 24.〉

1. 노선 여객자동차운송사업자
2. 일반택시운송사업자
3. 개인택시운송사업자(제3조제2호라목 전단에 따른 사유로 사업자가 직접 운전하지 않는 개인택시운송사업의 경우에는 개인택시운송사업자의 사업용 자동차를 대리 운전하는 사람을 포함한다)

[본조신설 2012. 7. 31.]

제21조의5(유가보조금의 지급 기준·방법 및 절차) ① 특별시장·광역시장·특별자치시장·특별자치도지사 또는 시장·군수는 제21조의4에 따른 운송사업자가 다음 각 호의 기준을 모두 충족하여 유류를 구매한 경우에는 법 제50조제5항에 따른 보조금(이하 "유가보조금"이라 한다)을 지급할 수 있다.

1. 「부가가치세법」 제8조에 따라 사업자등록을 하고 실제로 사업

을 영위하는 운송사업자가 구매한 유류(油類)일 것

2. 법 또는 다른 법령에 따라 운행의 제한을 받지 않을 것

3. 법 제24조제1항에 따른 여객자동차운송사업의 운전업무 종사자격 요건을 갖춘 자가 운행할 것

4. 주유소 또는 자가주유시설의 고정된 설비에서 유류를 직접 주유받을 것

5. 해당 여객자동차의 연료와 일치하는 종류의 유류를 구매할 것

6. 유류 구매를 입증하는 자료에 적힌 구매자 이름, 자동차등록번호, 구매 일시·장소, 구매량, 구매금액, 구매한 유류의 종류·단가 등이 실제 주유한 내용과 일치할 것

7. 「여신전문금융업법」 제2조제2호의2의 신용카드업자(국토교통부장관이 선정한 자로 한정한다)가 발행한 같은 조 제3호 또는 제6호의 신용카드 또는 직불카드로서 보조금 신청에 사용되는 카드(이하 "연료구매카드"라 한다)로 유류를 구매할 것. 다만, 연료구매카드의 분실·훼손·유효기간 만료 등으로 연료구매카드를 사용할 수 없는 경우나 자가주유시설의 고정된 설비에서 유류를 직접 주유 받는 경우 등 국토교통부장관이 정하여 고시하는 경우는 제외한다.

8. 운송사업자가 다른 법령이나 국가 간의 조약·협정에 따라 유류비를 지원받거나 조세가 면제된 유류를 공급받지 않을 것

9. 그 밖에 국토교통부장관이 보조금의 지급에 필요하다고 정하여 고시하는 사항을 지킬 것

② 유가보조금 지급액은 운송사업자가 구매한 유류의 양에 국토교통부장관이 정하여 고시하는 지급단가를 곱하여 산정한 금액으로 한다.

③ 유가보조금은 유류를 주유 받은 여객자동차운송사업용 자동차를 보유한 운송사업자에게 지급한다.

④ 운송사업자는 연료구매카드를 발행한 신용카드업자를 통하여 유가보조금 지급을 청구해야 한다. 다만, 제1항제7호 단서의 경우에는 같은 항 제6의 자료를 첨부하여 특별시장·광역시장·특별자치시장·특별자치도지사 또는 시장·군수에게 직접 청구할 수 있다.

⑤ 제1항부터 제4항까지에서 규정한 사항 외에 유가보조금의 지급 기준·방법 및 절차에 관한 세부사항은 국토교통부장관이 정하여 고시한다.

[본조신설 2021. 9. 24.]
[종전 제21조의5는 제21조의6으로 이동 〈2021. 9. 24.〉]

제21조의6(천연가스 연료보조금의 지급대상) 법 제50조제6항 각 호 외의 부분 전단에서 "대통령령으로 정하는 운송사업자"란 노선 여객자동차운송사업자 및 전세버스운송사업자를 말한다. 〈개정 2021. 9. 24.〉
[본조신설 2017. 6. 2.]
[제21조의5에서 이동, 종전 제21조의6은 제21조의11로 이동 〈2021. 9. 24.〉]

제21조의7(천연가스 연료보조금의 지급 기준·방법 및 절차) 법 제50조제6항에 따른 보조금의 지급 기준·방법 및 절차에 관하여는 제21조의5를 준용한다. 이 경우 "제21조의4에 따른 운송사업자"는 "제21조의6에 따른 운송사업자"로, "유류"는 "천연가스"로, "유가보조금"은 "천연가스 연료보조금"으로, "주유소"는 "충전소"로, "자가주유시설"은 "자가충전시설"로, "주유"는 "충전"으로, "유류비"는 "천연가스 연료비용"으로 본다.
[본조신설 2021. 9. 24.]

제21조의8(수소 연료보조금의 지급대상) 법 제50조제7항 전단에서 "대통령령으로 정하는 운송사업자"란 다음 각 호의 운송사업자를 말한다.
1. 노선 여객자동차운송사업자
2. 전세버스운송사업자
3. 일반택시운송사업자
4. 개인택시운송사업자(제3조제2호라목 전단에 따른 사유로 사업자가 직접 운전하지 않는 개인택시운송사업의 경우에는 개인택시운송사업자의 사업용 자동차를 대리 운전하는 사람을 포함한다)
[본조신설 2021. 9. 24.]

제21조의9(수소 연료보조금의 지급 기준·방법 및 절차) 법 제50조제7항에 따른 보조금의 지급 기준·방법 및 절차에 관하여는 제21조의5를 준용한다. 이 경우 "제21조의4에 따른 운송사업자"는 "제21조의8에 따른 운송사업자"로, "유류"는 "수소"로, "유가보조금"은 "수소 연료보조금"으로, "주유소"는 "충전소"로, "자가주유시설"은 "자가충전시설"로, "주유"는 "충전"으로, "유류비"는 "수소 연료비용"으로 본다.

[본조신설 2021. 9. 24.]

제21조의10(자료의 제공) 법 제50조제8항 전단에서 "대통령령으로 정하는 필요한 자료"란 다음 각 호의 자료를 말한다.

1. 「부가가치세법」 제8조에 따른 사업자등록에 관한 자료
2. 「자동차손해배상 보장법」 제5조에 따른 보험 등의 가입에 관한 자료
3. 법 제24조에 따른 여객자동차운송사업의 운전업무 종사자격에 관한 자료 및 법 제87조에 따른 운수종사자의 자격 취소에 관한 자료
4. 「도로교통법」 제80조에 따른 운전면허의 취득에 관한 자료 및 같은 법 제93조에 따른 운전면허의 취소·정지에 관한 자료
5. 「자동차관리법」 제7조에 따른 자동차등록원부 및 같은 법 제8조제2항에 따른 자동차등록증
6. 그 밖에 법 제50조제5항부터 제7항까지의 규정에 따른 보조금 지급업무의 효율적인 운영을 위하여 국토교통부장관이 정하여 고시하는 자료

[본조신설 2021. 9. 24.]

제21조의11(버스 운전인력 양성에 대한 재정지원) 국토교통부장관 또는 고용노동부장관은 법 제50조제9항에 따라 「한국교통안전공단법」에 따른 한국교통안전공단(이하 "한국교통안전공단"이라 한다)이 실시하는 버스 운전인력 양성 교육·훈련에 참여하는 사람에게 예산의 범위에서 다음 각 호의 비용 일부를 지원할 수 있다. 〈개정 2021. 9. 24.〉

1. 교육·훈련비
2. 자격시험 응시료

[본조신설 2020. 12. 8.]

[제21조의6에서 이동 〈2021. 9. 24.〉]

제21조의12(유가보조금의 지급정지 사유) ① 법 제51조의2제5호에 따라 유가보조금의 지급을 정지하는 경우는 다음 각 호의 경우로 한다.

1. 법 제10조제1항 본문 또는 같은 조 제2항 본문에 따라 사업계획의 변경인가 또는 변경등록을 하지 않고 자동차의 대수나 운행횟수를 늘려 운행한 경우
2.「자동차손해배상 보장법」 제5조에 따라 보험 또는 공제에 가입

하지 않고 운행한 경우

3. 제21조의5제1항 각 호의 지급기준을 충족하지 못한 경우

② 제1항에 따른 유가보조금 지급정지에 필요한 세부사항은 국토교통부장관이 정하여 고시한다.

[본조신설 2021. 9. 24.]

제21조의13(천연가스 연료보조금의 지급정지 사유) 법 제51조의3제5호에 따라 대통령령으로 정하는 천연가스 연료보조금의 지급정지 사유에 관하여는 제21조의12를 준용한다. 이 경우 "제21조의5제1항 각 호"는 "제21조의7에서 준용하는 제21조의5제1항 각 호"로, "유가보조금"은 "천연가스 연료보조금"으로 본다.

[본조신설 2021. 9. 24.]

제21조의14(수소 연료보조금의 지급정지 사유 등) ① 법 제51조의4제1항제5호에서 "대통령령으로 정하는 사항"이란 제21조의9에서 준용하는 제21조의5제1항 각 호의 지급기준을 말한다.

② 법 제51조의4제2항에 따라 수소 연료보조금의 지급을 정지하려는 경우에는 연료구매카드의 거래기능을 정지해야 한다.

③ 제1항 및 제2항에 따른 수소 연료보조금 지급정지에 필요한 세부사항은 국토교통부장관이 정하여 고시한다.

[본조신설 2021. 9. 24.]

제22조(대의원회의 구성 등) ① 법 제58조에 따른 조합의 대의원회는 그 조합의 대표자와 대의원으로 구성한다.

② 대의원의 정수(定數)는 조합의 정관으로 정하되, 조합원 수에 비례한 정수로 하여야 한다.

③ 대의원의 임기·선출방법 및 대의원회의 운영 등에 관하여 필요한 사항은 조합의 정관으로 정한다.

제23조(공제사업의 허가 등) ① 법 제60조제1항에 따라 공제사업의 허가를 받으려는 조합 또는 연합회는 그 허가신청서에 다음 각 호의 서류를 첨부하여 국토교통부장관에게 제출하여야 한다. 〈개정 2013. 3. 23.〉

1. 공제규정
2. 사업계획서
3. 수지계산서
4. 창립총회의 회의록

② 공제사업에 관한 회계는 다른 사업에 관한 회계와 구분하여 경리하여야 한다.

제24조(공제조합의 설립 등) ① 법 제61조제1항에 따라 업종별 공제조합의 설립인가를 받으려는 자는 인가신청서에 다음 각 호의 서류를 첨부하여 국토교통부장관에게 제출하여야 한다. 〈개정 2013. 3. 23.〉

1. 정관
2. 사업계획서
3. 수지계산서
4. 창립총회의 회의록

② 국토교통부장관은 법 제59조제1항에 따른 연합회(연합회가 설립되지 아니한 경우에는 그 업종을 말한다)별로 하나의 공제조합만을 인가하여야 한다. 〈개정 2013. 3. 23.〉

제25조(정관의 기재사항) 법 제61조제7항에 따른 공제조합의 정관에 포함하여야 할 사항은 다음 각 호와 같다.

1. 목적
2. 명칭
3. 사무소의 소재지
4. 조합원의 자격 및 가입·탈퇴에 관한 사항
5. 자산과 회계에 관한 사항
6. 총회에 관한 사항
7. 운영위원회에 관한 사항
8. 임원과 직원에 관한 사항
9. 업무와 그 집행에 관한 사항
10. 정관의 변경에 관한 사항
11. 해산과 잔여재산의 처리에 관한 사항

제26조(예산과 결산의 제출) ① 공제조합은 매 사업연도의 총수입과 총지출을 예산으로 편성하여 사업연도가 시작되기 1개월 전까지 국토교통부장관에게 제출하여야 한다. 〈개정 2013. 3. 23.〉

② 공제조합은 매 사업연도가 끝난 후 2개월 이내에 결산을 완료하고 결산보고서에 재무상태표와 손익계산서를 첨부하여 국토교통부장관에게 제출해야 한다. 〈개정 2013. 3. 23., 2021. 1. 5.〉

③ 공제조합은 제2항에 따라 국토교통부장관에게 제출한 재무상

태표와 손익계산서를 주사무소와 지부(支部)에 갖추어 두되, 재무상태표는 공고해야 한다. 〈개정 2013. 3. 23., 2021. 1. 5.〉

제27조(운영위원회) ① 법 제63조(법 제60조제2항에서 준용하는 경우를 포함한다)에 따른 운영위원회(이하 "운영위원회"라 한다)는 다음 각 호의 위원으로 구성한다. 이 경우 제2호와 제3호에 해당하는 위원의 수는 전체위원 수의 2분의 1 미만으로 한다. 〈개정 2013. 3. 23., 2014. 7. 28.〉

1. 다음 각 목의 어느 하나에 해당하는 사람으로서 공제조합 이사장(법 제60조제1항에 따라 조합 및 연합회가 국토교통부장관의 허가를 받아 공제사업을 하는 경우에는 해당 조합의 이사장 및 연합회의 회장을 말한다)이 국토교통부장관의 사전 승인을 받아 위촉하는 사람

가. 금융·보험·회계 분야를 전공하고, 대학에서 부교수 이상으로 재직하고 있거나 재직하였던 사람

나. 변호사·공인회계사 또는 손해사정사의 자격이 있는 사람

다. 「보험업법」에 따른 보험회사나 「소비자기본법」에 따른 한국소비자원 또는 같은 법 제29조에 따라 등록한 소비자단체의 임원으로 재직 중인 사람

라. 교통분야 정책 또는 연구 업무에 5년 이상 종사한 경력이 있는 사람

2. 총회가 조합원(법 제60조제1항에 따라 조합 및 연합회가 국토교통부장관의 허가를 받아 공제사업을 하는 경우에는 해당 조합의 조합원 및 해당 연합회의 회원인 조합의 조합원을 말한다) 중에서 선임하는 사람

3. 해당 연합회의 회장

4. 해당 공제조합의 이사장(법 제60조제1항에 따라 조합 및 연합회가 국토교통부장관의 허가를 받아 공제사업을 하는 경우에는 공제규정에서 정하는 바에 따라 공제사업을 총괄하는 사람을 말한다)

② 제1항제1호 및 제2호에 따른 위원의 임기는 2년으로 하되, 보궐위원의 임기는 전임자 임기의 남은 기간으로 한다.

③ 운영위원회에는 위원장과 부위원장 각 1명을 두되, 위원장 및 부위원장은 위원 중에서 각각 호선(互選)한다. 이 경우 위원장과 부위원장 중 1명은 제1항제1호에 해당하는 사람이어야 한다.

④ 운영위원회의 위원장은 운영위원회의 회의를 소집하며 그 의장이 된다.

⑤ 운영위원회의 부위원장은 위원장을 보좌하며, 위원장이 부득이한 사유로 그 직무를 수행할 수 없을 때에는 그 직무를 대행한다.

⑥ 운영위원회의 회의는 재적위원 과반수의 출석으로 개의하고, 출석위원 과반수의 찬성으로 의결한다. 다만, 제7항제6호 및 제7호의 사항은 출석위원 3분의 2 이상의 찬성으로 의결한다.

⑦ 운영위원회는 공제사업에 관하여 다음 각 호의 사항을 심의·의결하며 그 업무집행을 감독한다.

1. 사업계획·운영 및 관리에 관한 기본 방침
2. 예산 및 결산에 관한 사항
3. 차입금에 관한 사항
4. 주요 예산집행에 관한 사항
5. 임원의 임면(任免)에 관한 사항
6. 공제약관·공제규정의 변경과 각종 내부규정의 제정·개정 및 폐지에 관한 사항
7. 공제금, 공제 가입금, 분담금 및 그 요율(料率)에 관한 사항
8. 정관으로 정하는 사항
9. 그 밖에 위원장이 필요하다고 인정하여 회의에 부치는 사항

⑧ 운영위원회의 사무를 처리하기 위하여 간사 및 서기를 두되, 간사 및 서기는 해당 공제조합의 직원(법 제60조제1항에 따라 조합 및 연합회가 국토교통부장관의 허가를 받아 공제사업을 하는 경우에는 해당 조합 및 해당 연합회의 직원을 말한다) 중에서 위원장이 임명한다. 〈개정 2013. 3. 23.〉

⑨ 간사는 회의 때마다 회의록을 작성하여 다음 회의에 보고하고 이를 보관하여야 한다.

⑩ 이 영에 규정된 사항 외에 운영위원회의 운영에 필요한 사항은 운영위원회의 의결을 거쳐 위원장이 정한다.

제27조의2(운영위원회 위원의 결격사유) 법 제63조의2제1항제3호 및 제4호에서 "대통령령으로 정하는 금융 관계 법령(외국의 금융 관계 법령을 포함한다)"이란 각각 별표 1의2에서 정하는 법령을 말한다.

[본조신설 2022. 1. 28.]

제28조(재무건전성 기준) ① 이 조에서 사용하는 용어의 뜻은 다음

각 호와 같다. <개정 2013. 3. 23.>

1. "지급여력금액"이란 자본금, 대손충당금, 이익잉여금, 그 밖에 이에 준하는 것으로서 국토교통부장관이 정하는 금액을 합산한 금액에서 영업권, 선급비용 등 국토교통부장관이 정하는 금액을 뺀 금액을 말한다.

2. "지급여력기준금액"이란 공제사업을 운영함에 따라 발생하게 되는 위험을 국토교통부장관이 정하는 방법에 따라 금액으로 환산한 것을 말한다.

3. "지급여력비율"이란 지급여력금액을 지급여력기준금액으로 나눈 비율을 말한다.

② 법 제68조제1항에 따라 공제조합이 준수하여야 하는 재무건전성 기준은 다음 각 호와 같다.

1. 지급여력비율은 100분의 100 이상을 유지할 것

2. 구상채권 등 보유자산의 건전성을 정기적으로 분류하고 대손충당금을 적립할 것

③ 법 제68조제2항에 따라 국토교통부장관이 공제조합에 대하여 자본금의 증액을 명하거나 주식 등 위험자산의 소유를 제한하는 조치를 하려는 경우에는 다음 각 호의 사항을 고려하여야 한다. <개정 2013. 3. 23.>

1. 해당 조치가 공제계약자의 보호를 위하여 적정한지 여부

2. 해당 조치가 공제조합의 부실화를 예방하고 건전한 경영을 유도하기 위하여 필요한지 여부

④ 국토교통부장관은 제1항부터 제3항까지의 규정에 관하여 필요한 세부 기준을 정할 수 있다. <개정 2013. 3. 23.>

제29조(공제분쟁의 조정) ① 법 제70조제2항제5호에서 "대통령령으로 정하는 사항에 관한 분쟁"이란 자동차사고와 관련된 공제사업자 간의 분쟁을 말한다.

② 법 제70조제2항 각 호의 분쟁에 대하여 조정을 받으려는 자는 국토교통부령으로 정하는 바에 따라 그 신청 취지와 신청 사건의 내용을 서면으로 명확히 작성하여 법 제70조제1항에 따른 공제분쟁조정위원회(이하 "위원회"라 한다)에 신청(전자문서에 의한 신청을 포함한다)하여야 한다. <개정 2013. 3. 23.>

제30조(위원회의 운영) ① 위원회의 위원장은 위원회의 업무를 총괄

하고 위원회를 대표한다.

② 위원회의 위원장이 부득이한 사유로 직무를 수행할 수 없을 때에는 위원회의 위원장이 미리 지명하는 위원이 그 직무를 대행한다.

③ 위원회의 회의는 위원회의 위원장이 소집하고, 재적위원 과반수의 출석과 출석위원 과반수의 찬성으로 의결한다.

제30조의2 삭제 〈2016. 1. 6.〉

제30조의3(위원의 해촉) 국토교통부장관은 위원이 다음 각 호의 어느 하나에 해당하는 경우에는 해당 위원을 해촉(解囑)할 수 있다. 〈개정 2013. 3. 23., 2016. 1. 6.〉

1. 심신장애로 인하여 직무를 수행할 수 없게 된 경우
2. 직무와 관련된 비위사실이 있는 경우
3. 직무태만, 품위손상이나 그 밖의 사유로 인하여 위원으로 적합하지 아니하다고 인정되는 경우
4. 법 제71조의2제1항 각 호의 어느 하나에 해당하는 데에도 불구하고 회피하지 아니한 경우
5. 위원 스스로 직무를 수행하는 것이 곤란하다고 의사를 밝히는 경우

[본조신설 2012. 7. 4.]

제31조(감정 등의 의뢰) ① 위원회는 분쟁조정신청사건을 심사하기 위하여 필요하다고 인정되는 경우에는 관계 전문기관 또는 의료기관에 감정·진단 등을 의뢰할 수 있다.

② 위원회는 제1항의 감정·진단 등에 소요되는 비용을 공제사업을 하는 자나 분쟁을 조정받으려는 자가 부담하도록 할 수 있다.

제32조(의견청취 등) ① 위원회는 분쟁조정신청사건을 심사하기 위하여 필요하다고 인정되는 경우에는 당사자나 관계 전문가를 위원회의 회의에 출석하게 하여 의견을 듣거나 관련 자료의 제출을 요청할 수 있다.

② 위원회는 제1항에 따라 의견을 들으려면 회의개최일 7일 전까지 서면으로 통지(당사자나 관계 전문가가 원하는 경우에는 전자문서에 의한 통지를 포함한다)하여야 한다.

③ 위원회는 분쟁조정 신청사건을 심사하기 위하여 필요하다고 인정되는 경우에는 현장검증을 할 수 있다.

第33조(조정 전 합의) 위원회는 분쟁조정 당사자 양쪽이 위원회의 조정 전에 합의를 한 경우에는 해당 사건에 대한 조정을 중단하고 분쟁 당사자가 합의한 내용에 따라 즉시 합의서를 작성하여야 한다. 이 경우 위원회의 위원장과 각 당사자는 이에 서명 또는 날인하여야 한다.

第34조(위원회 업무의 위탁) 국토교통부장관은 법 제71조제6항에 따라 다음 각 호의 업무를 「자동차손해배상 보장법」에 따른 자동차손해배상진흥원에 위탁한다.

1. 제29조제2항에 따른 신청의 접수
2. 제31조에 따른 감정·진단 등의 의뢰 지원과 그에 부수되는 업무
3. 제32조제1항에 따른 회의출석과 자료 제출의 요청 통지
4. 제33조에 따른 합의서 작성의 지원 및 보조
5. 그 밖에 위원회의 운영에 필요한 사무처리에 관한 업무

[전문개정 2021. 9. 24.]

第35조(수당) 위원회의 회의에 출석하거나 현장검증을 실시한 위원과 관계 전문가에게는 예산의 범위에서 수당과 여비를 지급할 수 있다. 다만, 공무원인 위원이 그 소관 업무와 직접 관련되어 출석한 경우에는 그러하지 아니하다.

第36조(운영세칙) 이 영에 규정한 사항 외에 위원회의 운영에 필요한 사항은 위원회의 의결을 거쳐 위원장이 정한다.

第37조(권한의 위임) ① 국토교통부장관은 법 제75조제1항에 따라 다음 각 호의 권한을 「대도시권 광역교통 관리에 관한 특별법」 제8조에 따른 대도시권광역교통위원회에 위임한다. 〈신설 2019. 3. 19., 2020. 4. 14., 2020. 12. 29., 2021. 4. 6., 2022. 1. 28., 2024. 5. 7., 2024. 7. 2.〉

1. 운행형태가 직행좌석형인 시내버스운송사업(별표 1의3에서 정하는 지역을 기점으로 하여 「대도시권 광역교통 관리에 관한 특별법 시행령」 별표 1에 따른 대도시권 내 둘 이상의 시·도에 걸쳐 운행되는 노선으로서 국토교통부장관이 정하여 고시하는 노선만 해당한다) 및 운행형태가 광역급행형인 시내버스운송사업에 대한 다음 각 목의 권한
    가. 법 제4조제1항 본문에 따른 여객자동차운송사업의 면허

나. 법 제5조의2제1항에 따른 광역버스운송사업의 타당성 평가 및 같은 조 제2항에 따른 자료의 제출 요청

다. 법 제8조제1항에 따른 여객자동차운송사업의 운임·요금의 기준과 요율의 결정

라. 법 제9조제1항에 따른 여객자동차운송사업의 운송약관 및 그 변경 신고의 수리, 같은 조 제2항에 따른 신고수리 여부의 통지

마. 법 제10조제1항 본문에 따른 여객자동차운송사업의 사업계획 변경(제2항제6호 본문에 따른 여객자동차운송사업의 사업계획 변경은 제외한다) 인가

바. 법 제13조제1항에 따른 여객자동차운송사업 관리위탁 신고의 수리 및 같은 조 제2항에 따른 신고수리 여부의 통지

사. 법 제14조제1항에 따른 여객자동차운송사업의 양도·양수 신고의 수리, 같은 조 제2항에 따른 여객자동차운송사업의 양도·양수 인가, 같은 조 제4항에 따른 법인의 합병 신고의 수리, 같은 조 제5항에 따른 신고수리 여부의 통지 및 같은 조 제7항에 따른 인가 여부의 통지

아. 법 제15조제1항에 따른 여객자동차운송사업의 상속 신고의 수리 및 같은 조 제2항에 따른 신고수리 여부의 통지

자. 법 제16조제1항 본문에 따른 여객자동차운송사업의 휴업·폐업 허가

차. 법 제18조제3항에 따른 노선 여객자동차운송사업자에 대한 운송금지 명령

카. 법 제22조제2항부터 제4항까지의 규정에 따른 현황 보고의 접수

타. 법 제23조제1항에 따른 운송사업자에 대한 개선명령, 같은 조 제2항에 따른 운행명령 및 같은 조 제3항에 따른 손실보상

파. 법 제24조제5항에 따른 운전경력 및 범죄경력자료 조회 요청

하. 법 제50조에 따른 여객자동차 운수사업자 또는 지방자치단체에 대한 재정 지원

거. 법 제51조제2항에 따른 보조 또는 융자를 받은 자에 대한 감독, 같은 조 제3항에 따른 보조금 또는 융자금의 반환 명령 및 회수

너. 법 제78조에 따른 여객자동차운송사업(직행좌석형 시내버스운송사업을 포함한다)에 관한 조정, 결과 통보 및 직접 처분

더. 법 제79조제1항에 따른 여객자동차 운수사업자에 대한 보고 및 서류제출 명령, 같은 조 제2항에 따른 검사 및 질문

러. 법 제85조제1항에 따른 여객자동차 운수사업의 면허·허가 또는 인가의 취소 및 사업계획 변경 명령

머. 법 제86조에 따른 청문

버. 법 제94조제1항제2호 및 같은 조 제2항제12호부터 제14호까지의 규정에 따른 과태료 부과·징수

1의2. 제2조의2제6호에 따른 수요응답형 여객자동차운송사업에 대한 제1호 각 목(나목 및 차목은 제외한다)의 권한

2. 제3조제2호다목에 따른 일반택시운송사업 및 같은 호 라목에 따른 개인택시운송사업에 대한 법 제78조에 따른 조정, 결과 통보 및 직접 처분(사업구역이 「대도시권 광역교통 관리에 관한 특별법」 제2조제1호에 따른 대도시권 안에 있는 경우로 한정한다)

② 국토교통부장관은 법 제75조제1항에 따라 다음 각 호의 권한을 시·도지사에게 위임한다. 〈개정 2008. 11. 26., 2009. 11. 27., 2012. 7. 31., 2013. 3. 23., 2015. 1. 28., 2016. 1. 6., 2019. 3. 19., 2020. 4. 14., 2020. 12. 29., 2021. 4. 6., 2024. 7. 2.〉

1. 법 제4조에 따른 여객자동차운송사업의 면허. 다만, 다음 각 목에 따른 여객자동차운송사업의 면허는 제외한다.

가. 제2조의2제6호에 따른 수요응답형 여객자동차운송사업

나. 제1항제1호 각 목 외의 부분에서 규정한 시내버스운송사업

다. 운행형태가 고속형인 시외버스운송사업

2. 법 제7조에 따른 수송시설의 확인과 운송개시일의 연기 또는 개시기간의 연장승인

3. 법 제8조에 따른 여객자동차운송사업(제2조의2제6호에 따른 수요응답형 여객자동차운송사업, 이 조 제1항제1호 각 목 외의 부분에서 규정한 시내버스운송사업 및 시외버스운송사업은 제외한다)의 운임·요금의 기준 및 요율의 결정

4. 법 제8조제1항에 따른 여객자동차운송사업에 관한 운임·요금의 신고의 수리(受理)

5. 법 제9조에 따른 여객자동차운송사업(제1호 각 목에 따른 여객자동차운송사업은 제외한다)의 운송약관 및 그 변경신고의 수리

6. 다음 각 목의 구분에 따른 변경사항에 대한 법 제10조제1항 본문에 따른 여객자동차운송사업의 사업계획 변경의 인가

가. 제2조의2제6호에 따른 수요응답형 여객자동차운송사업: 영업소 및 운송부대시설의 변경

나. 제1항제1호 각 목 외의 부분에서 규정한 시내버스운송사업: 운행시간, 영업소, 정류소 및 운송부대시설의 변경과 관할구역 내에서의 운행경로의 변경(기점 또는 종점의 변경은 제외한다)

다. 운행형태가 고속형인 시외버스운송사업: 운행시간, 영업소, 정류소 및 운송부대시설의 변경

라. 법 제4조제1항 본문에 해당하는 여객자동차운송사업 중 가목부터 다목까지에서 규정한 여객자동차운송사업을 제외한 사업: 다음의 사항을 제외한 변경

1) 시내버스운송사업을 제1항제1호 각 목 외의 부분에서 규정한 시내버스운송사업으로의 변경

2) 시외버스운송사업(운행형태가 고속형인 경우는 제외한다)을 제1항제1호 각 목 외의 부분에서 규정한 시내버스운송사업으로의 변경

6의2. 법 제10조제1항 단서에 따른 여객자동차운송사업의 사업계획 변경(운행형태가 고속형인 시외버스운송사업의 경우에는 운행시간, 영업소, 정류소 및 운송부대시설의 변경만 해당한다) 신고(제38조제1항제1호 본문에 따른 사업계획 변경사항의 신고는 제외한다)의 수리

7. 법 제13조에 따른 여객자동차운송사업(제1호 각 목에 따른 여객자동차운송사업은 제외한다)의 관리위탁신고의 수리

8. 법 제14조에 따른 여객자동차운송사업(제1호 각 목에 따른 여객자동차운송사업은 제외한다)의 양도·양수에 대한 신고의 수리 및 인가와 법인의 합병에 대한 신고의 수리

9. 법 제15조에 따른 여객자동차운송사업(제1호 각 목에 따른 여객자동차운송사업은 제외한다)의 상속에 대한 신고의 수리

10. 법 제16조제1항에 따른 여객자동차운송사업(제1호 각 목에 따른 여객자동차운송사업은 제외한다)의 휴업 또는 폐업의 허가

11. 법 제19조제2항에 따른 중대한 교통사고에 대한 보고의 수리 및 처리

12. 법 제23조에 따른 운송사업자에 대한 사업개선명령(법 제23조제1항제1호에 따른 사업계획의 변경 중 둘 이상의 시ㆍ도에 관련되는 사업의 운행계통ㆍ운행횟수 및 운행대수의 변경에 관한 사항으로서 국토교통부령으로 정하는 것은 제외하며, 법 제23조제1항제3호에 따른 운임 또는 요금의 조정에 관한 사항과 제1호 각 목에 따른 여객자동차운송사업의 사업자에 대해서는 권한이 위임된 사항에 관한 사업개선명령만 해당한다)

12의2. 삭제 〈2021. 4. 6.〉

13. 삭제 〈2014. 7. 28.〉

14. 법 제85조제1항에 따른 여객자동차 운수사업[플랫폼운송사업, 법 제49조의10제1항 단서에 따라 국토교통부장관에게 면허를 받은 플랫폼가맹사업 및 법 제49조의2제3호에 따른 여객자동차플랫폼운송중개사업(이하 "플랫폼중개사업"이라 한다)은 제외한다]의 면허ㆍ허가 또는 인가의 취소, 사업정지처분 및 노선폐지ㆍ감차(減車) 등을 수반하는 사업계획 변경명령. 다만, 제1호 각 목에 따른 여객자동차운송사업의 경우에는 사업정지처분만 해당한다.

14의2. 삭제 〈2014. 7. 28.〉

15. 법 제86조에 따른 청문. 다만, 다음 각 목에 따른 사업의 사업자에 대한 처분을 하는 경우의 청문은 제외한다.

가. 제1호 각 목에 따른 여객자동차운송사업

나. 플랫폼운송사업 및 플랫폼중개사업

다. 법 제49조의10제1항 단서에 따라 국토교통부장관에게 면허를 받은 플랫폼가맹사업

15의2. 법 제87조제1항에 따른 운수종사자의 자격 취소 및 효력 정지

16. 법 제88조에 따른 여객자동차 운수사업자[플랫폼운송사업자, 법 제49조의10제1항 단서에 따라 국토교통부장관에게 플랫폼가맹사업의 면허를 받은 자 및 법 제49조의18제1항에 따라 플랫폼중개사업의 등록을 한 자(이하 "플랫폼중개사업자"라 한다)는 제외한다]에 대한 과징금 부과처분과 그 징수

17. 법 제94조에 따른 과태료 부과처분과 그 징수. 다만, 플랫폼

운송사업자, 법 제49조의10제1항 단서에 따라 국토교통부장관에게 플랫폼가맹사업의 면허를 받은 자, 플랫폼중개사업자 및 법 제49조의7제7호에 따른 플랫폼운수종사자에 대한 과태료 부과처분과 그 징수는 제외한다.

③ 시·도지사는 제2항에 따라 위임받은 업무 중 다음 각 호의 업무를 수행했으면 그 내용을 지체 없이 국토교통부장관에게 보고해야 한다. 〈개정 2020. 12. 29., 2024. 7. 2.〉

1. 제2항제1호에 따른 여객자동차운송사업 면허
2. 제2항제2호에 따른 수송시설의 확인과 운송개시일의 연기 또는 개시기간의 연장승인(제2조의2제6호에 따른 수요응답형 여객자동차운송사업 및 제1항제1호 각 목 외의 부분에서 규정한 시내버스운송사업만 해당한다)
3. 제2항제3호에 따른 여객자동차운송사업의 운임·요금의 기준 및 요율의 결정
4. 제2항제6호에 따른 여객자동차운송사업(제2조의2제6호에 따른 수요응답형 여객자동차운송사업 및 제1항제1호 각 목 외의 부분에서 규정한 시내버스운송사업, 운행형태가 일반형 및 직행형인 시외버스운송사업만 해당한다)의 사업계획 변경 인가
5. 제2항제6호의2에 따른 여객자동차운송사업(제1항제1호 각 목 외의 부분에서 규정한 시내버스운송사업만 해당한다)의 사업계획 변경신고의 수리
6. 제2항제8호에 따른 여객자동차운송사업(운행형태가 일반형 및 직행형인 시외버스운송사업만 해당한다)의 양도·양수에 대한 신고의 수리 및 인가와 법인의 합병에 대한 신고의 수리
7. 제2항제10호에 따른 여객자동차운송사업(개인택시운송사업은 제외한다)의 휴업 또는 폐업의 허가
8. 제2항제11호에 따른 중대한 교통사고(제2항제1호 각 목에 따른 여객자동차운송사업의 사업자가 일으킨 중대한 교통사고만 해당한다)에 대한 보고의 수리 및 처리
9. 제2항제12호에 따른 운송사업자(제2조의2제6호에 따른 수요응답형 여객자동차운송사업 및 제1항제1호 각 목 외의 부분에서 규정한 시내버스운송사업의 사업자 및 시외버스운송사업자만 해당한다)에 대한 사업개선명령

10. 제2항제15호에 따른 청문(개인택시운송사업 외의 여객자동차 운수사업의 면허취소 및 등록취소에 따른 청문만 해당한다)

제38조(권한의 위탁) ① 국토교통부장관은 법 제76조제1항에 따라 다음 각 호의 권한을 조합에 위탁한다. 다만, 조합의 해산 등으로 조합이 수탁업무를 수행할 수 없는 경우에는 시·도지사가 수행한다. 〈개정 2013. 3. 23.〉

1. 법 제10조제1항 단서에 따른 사업계획 변경신고의 수리. 다만, 국토교통부령으로 정하는 사업계획 변경신고는 제외한다.

2. 법 제79조제1항에 따른 여객자동차 운수사업자에 대한 해당 사업에 관한 사항이나 자동차의 소유·사용에 관한 보고 또는 서류 제출의 명령

② 시·도지사는 법 제76조제1항에 따라 다음 각 호의 권한을 조합에 위탁한다. 다만, 조합이 설립되지 아니하거나 조합의 해산 등으로 조합이 수탁업무를 수행할 수 없는 경우에는 그러하지 아니하다. 〈개정 2013. 3. 23., 2016. 1. 6., 2018. 4. 10.〉

1. 법 제10조제2항 단서(법 제35조에서 준용하는 경우를 포함한다)에 따른 사업계획 변경사항의 신고(국토교통부령으로 정하는 사업계획 변경사항의 신고는 제외한다)의 수리

2. 법 제21조제10항에 따른 운행정보 신고의 접수 및 운행기록증의 발부

③ 국토교통부장관은 법 제76조제1항에 따라 다음 각 호의 권한을 한국교통안전공단에 위탁한다. 〈개정 2012. 7. 31., 2013. 3. 23., 2014. 7. 28., 2014. 11. 21., 2016. 1. 6., 2018. 4. 10., 2018. 6. 12., 2020. 4. 14., 2020. 12. 8., 2022. 1. 28., 2022. 11. 8.〉

1. 법 제20조의2제1항에 따른 여객자동차 운수사업자와 관련된 교통안전정보의 공시

2. 법 제22조제2항, 제3항 및 제4항에 따른 보고의 접수 및 유지·관리

3. 법 제22조의2제1항에 따른 운수종사자 관리시스템의 구축·운영

4. 법 제24조제1항제2호에 따른 운전 적성에 대한 정밀검사의 시행

5. 법 제24조제1항제3호에 따른 운전업무 종사자격 시험의 실시 및 자격 수여

6. 법 제24조제1항제4호에 따른 이론 및 실기 교육의 실시 및 자격 수여

7. 법 제24조제5항에 따른 운전경력 및 범죄경력자료의 조회 요청

8. 법 제27조제1항에 따른 운수종사자의 사상사고 현황, 교통법규 위반사항과 범죄경력의 확인 및 그 기록의 유지·관리

9. 법 제27조제2항에 따른 운수종사자의 운전면허 취소 또는 정지 등 사실의 통보

9의2. 법 제34조의3제1항에 따른 운전자격확인시스템의 구축·운영 및 같은 조 제2항에 따른 정보의 조회 요청

10. 법 제87조제3항에 따른 운전경력 및 범죄경력자료의 조회 요청

④ 국토교통부장관은 제3항에도 불구하고 운송사업자가 소속 운전자를 직접 검사하기 위하여 국토교통부장관이 정하는 검사시설 및 검사기준을 갖춘 검사기관(이하 "전문검사기관"이라 한다)을 운영하는 경우에는 제3항제4호의 운전정밀검사(운송사업자가 소속 운전자를 검사하는 경우만 해당한다)의 시행에 관한 권한을 전문검사기관에 위탁한다. 이 경우 국토교통부장관은 전문검사기관의 지정과 위탁한 권한의 내용을 고시하여야 한다. 〈개정 2013. 3. 23., 2018. 6. 12.〉

⑤ 시·도지사는 법 제76조제1항에 따라 다음 각 호의 업무를 한국교통안전공단에 위탁한다. 〈개정 2012. 7. 31., 2020. 4. 14., 2022. 1. 28.〉

1. 법 제24조제1항제3호에 따른 운전업무 종사자격 시험의 실시 및 자격 수여

2. 법 제24조제5항에 따른 범죄경력자료의 조회 요청

3. 법 제87조제3항에 따른 운전경력 및 범죄경력자료의 조회 요청

⑥ 조합은 제1항(제2호는 제외한다) 및 제2항에 따라 위탁받은 업무를 처리하였으면 지체 없이 시·도지사와 연합회에 보고하여야 한다. 다만, 운행형태가 고속형인 시외버스운송사업에 관한 사항은 국토교통부장관과 연합회에 보고하여야 한다. 〈개정 2013. 3. 23.〉

⑦ 한국교통안전공단은 제5항에 따라 위탁받은 업무를 처리하였으면 지체 없이 시·도지사에게 보고하여야 한다. 〈개정 2020. 4. 14.〉

제39조(자가용자동차의 노선운행허가) ① 법 제82조제1항제2호에서 "대중교통수단이 없는 지역 등 대통령령으로 정하는 사유에 해당하는 경우"란 다음 각 호의 어느 하나에 해당하는 경우를 말한다. 〈개정 2023. 10. 10.〉

1. 대중교통수단이 운행되지 아니하거나 그 접근이 극히 불편한 지역의 고객을 수송하는 경우

2. 공사 등으로 대중교통수단의 운행이 불가능한 지역의 고객을 일시적으로 수송하는 경우

3. 해당 시설의 소재지가 대중교통수단이 없거나 그 접근이 극히 불편한 지역인 경우

② 제1항제3호의 경우에 자가용자동차의 운행구간은 해당 시설과 그로부터 가장 가까운 정류소 또는 철도역 사이의 구간으로 한다.

제40조(자동차의 차령 등) ① 법 제84조제1항에 따라 여객자동차 운수사업에 사용되는 자동차(법 제4조제3항에 따라 외국인만 운송할 것을 조건으로 일반택시운송사업의 한정면허를 받아 운행하는 자동차는 제외한다)의 운행연한(이하 "차령"이라 한다)과 그 연장요건은 별표 2와 같다. 〈개정 2009. 11. 27.〉

② 삭제 〈2020. 9. 1.〉

③ 차령의 기산일은 「자동차관리법 시행령」에서 정하는 바에 따른다. 〈개정 2016. 6. 30.〉

④ 법 제84조제2항 본문에 따른 차량충당연한(이하 "차량충당연한"이라 한다)은 별표 2의2와 같다. 〈개정 2023. 3. 21.〉

⑤ 차량충당연한의 기산일은 다음 각 호의 구분에 따른다. 〈개정 2016. 6. 30.〉

1. 제작연도에 등록된 자동차: 최초의 신규등록일

2. 제작연도에 등록되지 아니한 자동차: 제작연도의 말일

⑥ 법 제84조제2항제2호에서 "대통령령으로 정하는 여객자동차운송사업자"란 다음 각 호에 따른 자를 말한다. 〈개정 2024. 7. 2.〉

1. 노선 여객자동차운송사업의 면허를 받거나 등록을 한 자

2. 구역 여객자동차운송사업자 중 전세버스운송사업 및 특수여객자동차운송사업의 등록을 한 자

제41조(면허취소 등) ① 법 제85조제1항 각 호 외의 부분 본문에서 "대통령령으로 정하는 여객자동차운송사업"이란 마을버스운송사업·

전세버스운송사업·특수여객자동차운송사업 및 수요응답형 여객자동차운송사업(제2조의2제6호에 따른 사업은 제외한다)을 말하며, 같은 항 제37호에서 "대통령령으로 정하는 여객자동차운송사업"이란 개인택시운송사업을 말한다. 〈개정 2015. 1. 28., 2024. 7. 2.〉

② 법 제85조제2항에서 "대통령령으로 정하는 수 이상의 사상자가 발생한 경우"란 제11조 각 호의 어느 하나에 해당하는 사상자 수가 발생한 경우를 말한다.

③ 법 제85조제2항에서 "사상자가 발생한 교통사고가 대통령령으로 정하는 교통사고건수 또는 교통사고지수에 해당하게 된 경우"란 다음 각 호의 어느 하나에 해당하는 경우를 말한다. 〈개정 2015. 1. 28., 2021. 4. 6.〉

1. 5대 미만의 자동차를 보유한 운송사업자가 해당 교통사고일 이전 최근 1년간 1건 이상의 교통사고를 일으킨 경우

2. 5대 이상의 자동차를 보유한 운송사업자 또는 플랫폼운송사업자의 교통사고지수(해당 연도의 교통사고건수를 운송사업자 또는 플랫폼운송사업자가 보유한 자동차의 대수로 나눈 수에 10을 곱한 값을 말한다)가 다음 각 목의 어느 하나의 기준에 이르게 된 경우

가. 시내버스운송사업·농어촌버스운송사업 및 마을버스운송사업의 경우: 4 이상

나. 시외버스운송사업의 경우: 3 이상(운행형태가 고속형인 경우에는 2 이상)

다. 일반택시운송사업의 경우: 2 이상

라. 전세버스운송사업의 경우: 2 이상

마. 특수여객자동차운송사업의 경우: 1 이상

바. 수요응답형 여객자동차운송사업의 경우: 1 이상

사. 플랫폼운송사업의 경우: 2 이상

제42조(처분관할관청 등) ① 삭제 〈2024. 7. 2.〉

② 법 제83조 또는 제85조에 따라 처분을 하는 국토교통부장관, 대도시권광역교통위원회, 시·도지사 또는 시장·군수·구청장(이하 "처분관할관청"이라 한다)은 법 제83조제1항 각 호의 어느 하나에 해당하거나 법 제85조제1항 각 호의 어느 하나에 해당하는 위반행위를 적발한 때에는 특별한 사유가 없으면 적발한 날부터 30일 이내에 처분을 하여야 한다. 이 경우 운행정지·사업전부정지 또는 사

업일부정지의 처분을 할 때에는 그 처분기간을 분명히 밝혀야 한다. 〈개정 2024. 7. 2.〉

③ 처분관할관청은 제2항에 따라 적발한 사업용 자동차가 처분관할에 속하지 아니한 경우 적발한 날부터 5일 이내에 국토교통부령으로 정하는 바에 따라 해당 처분관할관청에 그 적발 사실을 통보하여야 한다. 〈개정 2013. 3. 23.〉

④ 처분관할관청은 제3항에 따라 적발통보를 받은 경우 특별한 사유가 없으면 30일 이내에 처분을 하고, 그 결과를 지체 없이 적발 사실을 통보한 관할 관청에 통보하여야 한다.

제43조(사업 면허·등록·허가 취소 및 사업정지의 처분기준 및 그 적용) ① 처분관할관청은 법 제83조에 따른 자가용자동차의 사용제한 또는 사용금지처분과 법 제85조에 따른 여객자동차 운수사업자에 대한 면허취소 등의 처분을 다음 각 호의 구분에 따라 별표 3의 기준에 의하여 하여야 한다. 〈개정 2009. 11. 27., 2021. 4. 6.〉

1. 사업면허취소·사업등록취소·사업허가취소 또는 사업인가취소: 사업면허·사업등록·사업허가 또는 사업인가의 취소

2. 노선폐지명령: 제3조제1호에 따른 노선 여객자동차운송사업에서의 위반행위와 관련된 노선의 폐지명령

3. 감차명령: 면허 또는 허가를 받거나 등록을 한 자동차 중의 일부(제2호의 노선폐지명령을 받은 경우에는 폐지된 노선을 운행하는 자동차 전부를 말하며, 별표 3의 처분기준에서 감차할 자동차 대수를 분명히 밝히지 아니한 경우에는 위반행위를 한 자동차 전부를 말한다)의 감차명령

4. 운행정지: 위반행위를 한 여객자동차 운수사업용 자동차 또는 자가용자동차의 사용정지

5. 사업전부정지: 사업면허·사업등록 또는 사업허가 전부의 정지

6. 사업일부정지: 위반행위와 직접 관련된 자동차의 2배수의 자동차(위반행위와 직접 관련된 자동차가 없을 때에는 제3조제1호에 따른 노선 여객자동차운송사업의 경우 수입이 가장 많은 운행계통을 운행하는 자동차 중 5대의 자동차, 제3조제2호에 따른 구역 여객자동차운송사업의 경우 자동차의 보유대수가 1대인 경우에는 해당 자동차, 그 외의 경우에는 사업자가 보유한 자동차 중 5대의 자동차)에 대한 사용정지

② 삭제 〈2009. 3. 31.〉

③ 삭제 〈2009. 3. 31.〉

④ 처분관할관청은 사업정지처분 또는 운행정지처분의 대상이 되는 자동차가 여러 대인 경우에는 대중교통에 미치는 영향을 고려하여 이를 분할하여 집행할 수 있다.

⑤ 처분관할관청은 처분을 하려면 증거에 의하여 「행정절차법」에 따라 행하여야 한다.

[제목개정 2021. 4. 6.]

제43조의2(벌점부과 및 사업면허취소 등) ① 법 제85조제4항 각 호 외의 부분에서 "대통령령으로 정하는 운송사업자"란 일반택시운송사업자 및 개인택시운송사업자를 말한다.

② 법 제85조제4항에 따른 벌점 부과기준 및 그 벌점에 따른 사업면허취소·감차명령 등의 기준은 별표 4와 같다.

③ 처분관할관청은 별표 4의 제1호 및 제2호에 따라 일반택시운송사업자 및 개인택시운송사업자의 처분기준 벌점 산정을 매년 12월 31일을 기준으로 실시하고, 최근 2년 동안 벌점의 합이 같은 표 제3호의 기준에 해당하는 경우 그에 상응하는 처분을 하여야 한다. 이 경우 이미 처분을 한 벌점은 제외한다.

④ 처분관할관청은 제3항에 따라 처분기준 벌점을 산정하는 경우 「정부 표창 규정」에 따른 표창을 받은 경우에는 1회당 벌점 50점을 경감하고, 최근 5년간 무사고 운전자(최근 2년간 법령 위반건수가 3회 이상인 자는 제외한다)가 있는 경우에는 1명당 벌점 50점을 경감할 수 있다. 〈개정 2013. 1. 16.〉

[본조신설 2009. 11. 27.]

제44조(사업면허취소·사업등록취소 등의 처분절차) ① 처분관할관청은 여객자동차 운수사업자와 자가용자동차의 사용자가 법 제89조제1항(법 제83조제2항에서 준용하는 경우를 포함한다)을 위반하여 정당한 사유 없이 정해진 날까지 자동차등록증을 반납하지 아니하고 자동차등록번호판을 영치하지 아니한 경우에는 사업정지처분 또는 운행정지처분의 원래의 처분 일수에 지체 기간에 해당하는 기간을 더하여 처분한다.

② 처분관할관청은 처분을 하면 국토교통부령으로 정하는 서식의 처분장을 처분대상 자동차의 앞면 유리창의 오른쪽에 처분기간 동안

붙여야 한다. 〈개정 2013. 3. 23.〉

③ 처분기간은 집행시각부터 계산한다.

④ 처분의 집행완료일시가 토요일이면 금요일 근무시간에 집행을 종료시킬 수 있다.

⑤ 처분관할관청은 처분을 할 때에는 해당 처분의 집행종료일이 공휴일 또는 일요일에 해당되지 아니하도록 하여야 한다.

제45조(운수종사자의 자격취소) 법 제87조제1항제6호에서 "대통령령으로 정하는 수"란 제11조에 따른 수를 말한다.

제45조의2(민감정보 및 고유식별정보의 처리) ①국토교통부장관, 시·도지사(법 제75조에 따라 권한의 일부를 위임받는 시·도지사나 그 권한을 재위임받는 시장·군수·구청장 및 법 제76조제1항에 따라 권한의 일부를 위탁받는 자를 포함한다), 시장·군수·구청장 및 위원회는 다음 각 호의 사무를 수행하기 위하여 불가피한 경우 「개인정보 보호법 시행령」 제18조제2호에 따른 범죄경력자료에 해당하는 정보나 같은 영 제19조에 따른 주민등록번호, 운전면허의 면허번호 또는 외국인등록번호가 포함된 자료를 처리할 수 있다. 〈개정 2013. 3. 23., 2014. 7. 28., 2014. 8. 6., 2017. 3. 27., 2017. 6. 2., 2020. 9. 8., 2021. 4. 6.〉

1. 법 제4조에 따른 면허 등에 관한 사무

1의2. 법 제6조에 따른 결격사유 확인에 관한 사무

2. 법 제14조에 따른 사업의 양도·양수 등에 관한 사무

3. 법 제15조에 따른 여객자동차운송사업의 상속에 관한 사무

3의2. 법 제22조에 따른 운수종사자 등 현황 통보에 관한 사무

3의3. 법 제22조의2에 따른 운수종사자 관리업무의 전산처리에 관한 사무

3의4. 법 제19조에 따른 사고 시의 조치 등에 관한 사무

4. 법 제24조에 따른 여객자동차운송사업의 운전업무 종사자격에 관한 사무

5. 법 제27조에 따른 운수종사자의 사고기록의 유지관리 등에 관한 사무

6. 법 제28조에 따른 자동차대여사업의 등록에 관한 사무

6의2. 법 제35조에 따른 자동차대여사업의 양도·양수 및 법인의 합병, 상속에 관한 사무

7. 법 제36조에 따른 여객자동차터미널사업의 면허에 관한 사무

7의2. 법 제48조에 따른 여객자동차터미널사업의 양도·양수 및 법인의 합병, 상속에 관한 사무

7의3. 법 제49조의3, 제49조의9, 제49조의10 및 제49조의16에 따른 플랫폼운송사업의 허가 등, 플랫폼가맹사업의 면허 등, 플랫폼운송사업 및 플랫폼가맹사업의 양도·양수, 법인의 합병, 상속에 관한 사무

8. 법 제49조의15에 따른 플랫폼가맹사업의 면허취소 등에 관한 사무

9. 법 제50조제4항 및 제51조의2에 따른 유가보조금의 지급 및 지급정지에 관한 사무

9의2. 법 제50조제5항 및 제51조의3에 따른 천연가스 연료보조금의 지급 및 지급정지에 관한 사무

9의3. 법 제63조 및 제63조의2에 따른 공제조합 운영위원회의 구성 및 공제조합 운영위원회 위원의 결격사유 확인에 관한 사무

10. 법 제66조에 따른 공제조합업무의 개선명령에 관한 사무

11. 법 제67조에 따른 공제조합 임직원에 대한 제재 등에 관한 사무

11의2. 법 제70조제2항에 따른 분쟁조정에 관한 사무

12. 법 제85조에 따른 면허취소 등에 관한 사무

13. 법 제87조에 따른 운수종사자의 자격 취소 등에 관한 사무

14. 법 제88조에 따른 과징금 처분에 관한 사무

15. 법 제89조에 따른 자동차의 사용정지에 관한 사무

② 법 제53조 및 제59조에 따른 조합 및 연합회 또는 법 제61조에 따른 공제조합은 법 제60조 또는 제64조에 따른 공제사업에 관한 사무를 수행하기 위하여 불가피한 경우 「개인정보 보호법 시행령」 제19조에 따른 주민등록번호, 여권번호, 운전면허의 면허번호 또는 외국인등록번호가 포함된 자료를 처리할 수 있다. 〈신설 2014. 8. 6.〉

[본조신설 2012. 4. 20.]

제46조(과징금을 부과하는 위반행위의 종류와 과징금 액수) ① 법 제88조제1항에 따라 과징금을 부과하는 위반행위의 종류와 위반 정도에 따른 과징금 액수는 별표 5와 같다. 〈개정 2009. 11. 27.〉

② 국토교통부장관, 시·도지사 또는 시장·군수·구청장은 여객자동차 운수사업자의 사업규모, 사업지역의 특수성, 운전자 과실의 정도와 위반행위의 내용 및 횟수 등을 고려하여 제1항에 따른 과징금 액수의 2분의 1의 범위에서 가중하거나 경감할 수 있다. 다만, 가중하는 경우에도 과징금의 총액은 5천만원을 초과할 수 없다. 〈개정 2013. 3. 23., 2020. 9. 8.〉

제47조(과징금의 부과 및 납부) ① 국토교통부장관, 시·도지사 또는 시장·군수·구청장은 법 제88조제1항에 따라 과징금을 부과하려면 그 위반행위의 종류와 해당 과징금의 액수 등을 분명히 적어 이를 낼 것을 서면으로 통지(과징금부과 대상자가 원하는 경우에는 전자문서에 의한 통지를 포함한다)해야 한다. 〈개정 2013. 3. 23., 2020. 9. 8.〉

② 제1항에 따라 통지를 받은 자는 20일 이내에 과징금을 지정된 수납기관에 내야 한다. 〈개정 2023. 12. 12.〉

③ 제2항에 따라 과징금을 받은 수납기관은 납부자에게 영수증을 내주어야 한다.

④ 과징금의 수납기관은 제2항에 따라 과징금을 받으면 지체 없이 그 사실을 국토교통부장관, 시·도지사 또는 시장·군수·구청장에게 통보해야 한다. 〈개정 2013. 3. 23., 2020. 9. 8.〉

⑤ 삭제 〈2021. 9. 24.〉

제48조(과징금의 용도) ① 법 제88조제4항제1호에서 "대통령령으로 정하는 노선"이란 다음 각 호의 노선을 말한다. 〈개정 2015. 1. 28.〉

1. 법 제23조제1항제2호에 따라 노선의 연장 또는 변경의 명령을 받고 버스를 운행함으로써 결손이 발생한 노선

2. 법 제23조제1항제10호에 따라 개선명령을 받은 노선 등(이하 "벽지노선등"이라 한다)

3. 수요응답형 여객자동차운송사업의 노선 중 수익성이 없는 노선

4. 그 밖의 수익성이 없는 노선 중 지역주민의 교통불편과 결손액의 정도를 고려하여 시·도지사가 정한 노선

② 법 제88조제4항제5호에서 "그 밖에 여객자동차 운수사업의 발전을 위하여 필요한 사업"이란 다음 각 호의 사업을 말한다. 〈개정 2013. 3. 23.〉

1. 여객자동차 운수사업의 경영개선에 관한 연구를 주목적으로 설립된 연구기관 중 국토교통부장관이 지정하는 연구기관의 운영

2. 연합회나 조합이 법 제76조제1항에 따라 국토교통부장관 또는 시·도지사로부터 권한을 위탁받아 수행하는 사업

③ 국토교통부장관, 시·도지사 또는 시장·군수·구청장은 과징금의 세부용도와 사용비율을 정할 수 있다. 〈개정 2013. 3. 23., 2020. 9. 8.〉

제48조의2(규제의 재검토) ① 국토교통부장관은 다음 각 호의 사항에 대하여 다음 각 호의 기준일을 기준으로 3년마다(매 3년이 되는 해의 기준일과 같은 날 전까지를 말한다) 그 타당성을 검토하여 개선 등의 조치를 해야 한다. 〈개정 2021. 4. 6.〉

1. 제9조에 따른 공동운수협정: 2017년 1월 1일

2. 삭제 〈2021. 4. 6.〉

3. 제43조 및 별표 3 제2호 개별기준 가목의 위반내용란 제13호에 따른 명의이용 금지 위반에 관한 사업면허·등록 취소 등의 처분기준: 2017년 1월 1일

4. 제43조의2 및 별표 4에 따른 벌점 부과기준 및 사업면허취소 등의 기준: 2017년 1월 1일

② 국토교통부장관은 제20조의9에 따른 기여금에 대하여 2021년 1월 1일을 기준으로 2년마다(매 2년이 되는 해의 기준일과 같은 날 전까지를 말한다) 그 타당성을 검토하여 개선 등의 조치를 해야 한다. 〈신설 2021. 4. 6.〉

[전문개정 2016. 12. 30.]

제48조의3(신고포상금의 대상) 법 제89조의3에서 "대통령령으로 정하는 여객자동차운송사업"이란 일반택시운송사업 및 개인택시운송사업을 말한다.

[본조신설 2015. 11. 30.]

제49조(과태료의 부과기준) 법 제94조제1항부터 제4항까지의 규정에 따른 과태료의 부과기준은 별표 6과 같다. 〈개정 2012. 11. 23.〉

[전문개정 2011. 4. 6.]

부칙 〈제21077호, 2008. 10. 8.〉

제1조(시행일) 이 영은 공포한 날부터 시행한다.
제2조(농어촌버스운송사업의 운행지역 조정에 따른 경과조치) 대통령령 제16934호 여객자동차운수사업법시행령중개정령 시행일인 2000년 8월 2일 당시 시지역에서 종전의 규정에 따라 농어촌버스운송사업의 면허를 받은 자는 제3조의 개정규정에 따라 시내버스운송사업의 면허를 받은 것으로 본다.
제3조(운영위원회의 구성에 관한 경과조치) 이 영 시행 당시 운영중인 운영위원회의 구성에 관하여는 제27조제1항 각 호 외의 부분 후단의 개정규정에도 불구하고 2010년 6월 30일까지 제27조제1항 제2호 및 제3호에 해당하는 위원의 수를 전체위원 수의 4분의 3 미만으로 한다.
제4조(다른 법령의 개정) ① 공용차량관리규정 일부를 다음과 같이 개정한다.

제2조제2호 중 "여객자동차운수사업법 제29조의 규정에 의하여"를 "「여객자동차 운수사업법」 제28조에 따라"로 한다.

② 과세자료의 제출 및 관리에 관한 법률 시행령 일부를 다음과 같이 개정한다.

제2조제5호 중 "「여객자동차 운수사업법」 제60조의 규정에 의하여"를 "「여객자동차 운수사업법」 제59조에 따라"로 한다.

③ 교통안전법 시행령 일부를 다음과 같이 개정한다.

제27조제1호 중 "「여객자동차 운수사업법」 제5조"를 "「여객자동차운수사업법」 제4조"로 한다.

제29조제1항제1호가목1) 중 "「여객자동차 운수사업법」 제5조"를 "「여객자동차 운수사업법」 제4조"로 한다.

제39조제5호 중 "「여객자동차 운수사업법」 제5조"를 "「여객자동차 운수사업법」 제4조"로 하고, 같은 조 제6호 중 "「여객자동차 운수사업법」 제62조"를 "「여객자동차 운수사업법」 제61조"로 한다.

④ 도로교통법 시행령 일부를 다음과 같이 개정한다.

제31조제3호 중 "「여객자동차 운수사업법」 제62조"를 "「여객자동차 운수사업법」 제61조"로 한다.

제58조제1항제7호 중 "「여객자동차 운수사업법」 제62조"를 "「여객자동차 운수사업법」 제61조"로 한다.

⑤ 환경개선비용 부담법 시행령 일부를 다음과 같이 개정한다.

제4조제4항제1호를 다음과 같이 한다.

1. 「여객자동차 운수사업법」 제16조에 따른 휴업허가를 받거나 휴업신고를 하고 그 휴업기간 중에 있는 자동차

제5조(다른 법령과의 관계) 이 영 시행 당시 다른 법령에서 종전의 「여객자동차운수 사업법 시행령」의 규정을 인용한 경우에 이 영 가운데 그에 해당하는 규정이 있으면 종전의 규정을 갈음하여 이 영의 해당 규정을 인용한 것으로 본다.

부칙 〈제21132호, 2008. 11. 26.〉

이 영은 공포한 날부터 시행한다.

부칙 〈제21399호, 2009. 3. 31.〉

제1조(시행일) 이 영은 공포한 날부터 시행한다.

제2조(경과조치) ① 이 영 시행 전의 위반행위에 대한 행정처분기준은 별표 2의 개정규정 중 1차 위반행위의 행정처분기준에 따른다.

② 별표 2의 개정규정에 따라 위반행위의 횟수에 따른 행정처분기준을 적용하는 경우 이 영 시행 후에 최초로 한 위반행위를 1차의 위반행위로 본다.

부칙 〈제21854호, 2009. 11. 27.〉

제1조(시행일) 이 영은 2009년 11월 28일부터 시행한다.

제2조(벌점 및 면허취소 등에 관한 적용례) 제43조의2의 개정규정은 이 영 시행 이후 최초로 법 제85조제4항 각 호에 해당하는 경우부터 적용한다.

제3조(개인택시운송사업의 양도·양수 및 상속에 관한 경과조치) 이 영 시행 전에 종전의 규정에 따라 개인택시운송사업면허를 받은 경우의 양도·양수 및 상속에 관하여는 제10조 및 제10조의2의 개정규정에도 불구하고 종전의 규정에 따른다.

제4조(광역급행형 시내버스운송사업의 운임·요금의 기준 및 요율의 결정에 관한 경과조치) 이 영 시행 전에 시·도지사가 결정한 광역급행형 시내버스운송사업의 운임·요금의 기준 및 요율은 제37조제1항제3호의 개정규정에 따라 국토해양부장관이 결정한 것으로 본다.

부칙 〈제22892호, 2011. 4. 6.〉

제1조(시행일) 이 영은 공포한 날부터 시행한다.

제2조(과태료에 관한 경과조치) ① 이 영 시행 전의 위반행위에 대하여 과태료의 부과기준을 적용할 때에는 별표 6의 개정규정에도 불구하고 종전의 규정에 따른다.

② 이 영 시행 전의 위반행위로 받은 과태료 부과처분은 별표 6의 개정규정에 따른 위반행위의 횟수 산정에 포함하지 아니한다.

부칙 〈제23356호, 2011. 12. 8.〉 (영유아보육법 시행령)

제1조(시행일) 이 영은 2011년 12월 8일부터 시행한다. 〈단서 생략〉

제2조(다른 법령의 개정) ①부터 ㊵까지 생략

㊶ 여객자동차 운수사업법 시행령 일부를 다음과 같이 개정한다.

제3조제2호가목 후단 중 "보육시설의 장"을 "어린이집의 원장"으로 한다.

㊷부터 〈54〉까지 생략

부칙 〈제23473호, 2011. 12. 30.〉

제1조(시행일) 이 영은 공포한 날부터 시행한다.

제2조(행정처분 기준에 관한 경과조치) 이 영 시행 전의 위반행위에 대하여 행정처분(과징금을 포함한다) 기준을 적용하는 경우에는 별표 3 및 별표 5의 개정규정에도 불구하고 종전의 규정에 따른다.

부칙 〈제23743호, 2012. 4. 20.〉 (민감정보 및 고유식별정보 처리 근거 마련을 위한 건설기계관리법 시행령 등 일부개정령)

이 영은 공포한 날부터 시행한다. 다만, 제3조에 따른 「여객자동차 운수사업법 시행령」 제45조의2제9호의 개정규정은 2012년 8월 2일부터 시행한다.

부칙 〈제23922호, 2012. 6. 29.〉

이 영은 공포한 날부터 시행한다.

부칙 〈제23928호, 2012. 7. 4.〉 (위원회 운영의 공정성 제고를 위한 경제자유구역 및 제주국제자유도시의 외국교육기관 설립

·운영에 관한 특별법 시행령 등 일부개정령)
이 영은 공포한 날부터 시행한다. 〈단서 생략〉

부칙 〈제24010호, 2012. 7. 31.〉
제1조(시행일) 이 영은 2012년 8월 2일부터 시행한다.
제2조(여객자동차운송가맹사업자의 과징금에 관한 적용례) 별표 5 제3호의 개정규정은 이 영 시행 후 발생한 여객자동차운송가맹사업자의 위반행위부터 적용한다.
제3조(행정처분 기준 등에 관한 경과조치) 이 영 시행 전의 위반행위에 대하여 행정처분(과징금을 포함한다)의 기준을 적용할 때에는 별표 3 및 별표 5 제1호의 개정규정에도 불구하고 종전의 규정에 따른다.

부칙 〈제24197호, 2012. 11. 23.〉
이 영은 2012년 11월 24일부터 시행한다.

부칙 〈제24314호, 2013. 1. 16.〉 (정부 표창 규정)
제1조(시행일) 이 영은 공포한 날부터 시행한다.
제2조(다른 법령의 개정) ①부터 ⑪까지 생략
⑫ 여객자동차 운수사업법 시행령 일부를 다음과 같이 개정한다.
제43조의2제4항 중 "「정부표창규정」"을 "「정부 표창 규정」"으로 한다.

부칙 〈제24443호, 2013. 3. 23.〉 (국토교통부와 그 소속기관 직제)
제1조(시행일) 이 영은 공포한 날부터 시행한다. 〈단서 생략〉
제2조 부터 제5조까지 생략
제6조(다른 법령의 개정) ①부터 〈58〉까지 생략
〈59〉 여객자동차 운수사업법 시행령 일부를 다음과 같이 개정한다.
제3조제1호가목 전단 및 후단, 같은 호 나목 전단 및 후단, 같은 호 다목, 같은 호 라목 전단 및 후단, 같은 조 제2호가목 본문, 같은 호 나목, 같은 호 다목 전단 및 후단, 같은 호 라목 전단 및 후단, 제15조제2항, 제29조제2항, 제37조제1항제12호, 제38조제1항

제1호 단서, 같은 조 제2항 본문, 제42조제3항, 제44조제2항, 별표 3 제2호가목 위반내용란 제37호 및 별표 5 제1호 위반내용란 제25호 중 "국토해양부령"을 각각 "국토교통부령"으로 한다.

제3조제2호가목3), 제9조제2호나목, 제13조 각 호 외의 부분 전단, 제14조 각 호 외의 부분, 제15조제1항 각 호 외의 부분, 같은 조 제2항, 제20조의3제2항 각 호 외의 부분, 제21조제1항 각 호 외의 부분, 제21조의3제1항 · 제3항, 제23조제1항 각 호 외의 부분, 제24조제1항 각 호 외의 부분, 같은 조 제2항, 제26조제1항부터 제3항까지, 제27조제1항제1호 · 제2호 · 제4호, 같은 조 제8항, 제28조제1항제1호 · 제2호, 같은 조 제3항 각 호 외의 부분, 같은 조 제4항, 제30조의3 각 호 외의 부분, 제34조제2항, 제37조제1항 각 호 외의 부분, 같은 항 제15호, 같은 조 제2항, 제38조제1항 각 호 외의 부분 본문, 같은 조 제3항 각 호 외의 부분, 같은 조 제4항 전단 및 후단, 같은 조 제6항 단서, 제42조제1항 단서, 제45조의2 각 호 외의 부분, 제46조제2항 본문, 제47조제1항 · 제4항, 제48조제2항제1호 · 제2호 및 같은 조 제3항 중 "국토해양부장관"을 각각 "국토교통부장관"으로 한다.

제34조제2항 중 "국토해양부"를 "국토교통부"로 한다.

〈60〉부터 〈146〉까지 생략

부칙 〈제25050호, 2013. 12. 30.〉 (행정규제기본법 개정에 따른 규제 재검토기한 설정을 위한 주택법 시행령 등 일부개정령)

이 영은 2014년 1월 1일부터 시행한다. 〈단서 생략〉

부칙 〈제25525호, 2014. 7. 28.〉

제1조(시행일) 이 영은 2014년 7월 29일부터 시행한다. 다만, 제16조의2의 개정규정은 2015년 1월 29일부터 시행한다.

제2조(수급계획 수립에 관한 적용례) 제6조의2의 개정규정에 따라 처음으로 수립하는 수급계획은 2015년 12월 31일까지 수립하여야 한다.

제3조(사업계획의 변경이 제한되는 교통사고의 규모 또는 발생빈도에 관한 경과조치) 이 영 시행 전에 사업계획의 변경이 신청된 경우의 교통사고 건수의 산정기간에 관하여는 제8조제1호 및 제2호의

개정규정에도 불구하고 종전의 규정에 따른다.
제4조(행정처분 기준에 관한 경과조치) 이 영 시행 전의 위반행위에 대한 행정처분(과징금 부과처분을 포함한다)에 관하여는 별표 3 및 별표 5의 개정규정에도 불구하고 종전의 규정에 따른다.

부칙 〈제25532호, 2014. 8. 6.〉 (민감정보 및 고유식별정보 처리 근거 마련을 위한 공공기관의 운영에 관한 법률 시행령 등 일부개정령)
이 영은 2014년 8월 7일부터 시행한다.

부칙 〈제25660호, 2014. 10. 15.〉
이 영은 공포한 날부터 시행한다.

부칙 〈제25764호, 2014. 11. 21.〉
이 영은 2014년 11월 22일부터 시행한다.

부칙 〈제25840호, 2014. 12. 9.〉 (규제 재검토기한 설정 등 규제정비를 위한 건축법 시행령 등 일부개정령)
제1조(시행일) 이 영은 2015년 1월 1일부터 시행한다.
제2조 부터 제16조까지 생략

부칙 〈제26064호, 2015. 1. 28.〉
제1조(시행일) 이 영은 2015년 1월 29일부터 시행한다.
제2조(행정처분 기준에 관한 적용례) 별표 3 제2호 개별기준 및 별표 5 제1호의 개정규정은 이 영 시행 이후 발생한 위반행위에 대하여 행정처분(과징금 부과처분을 포함한다)을 하는 경우부터 적용한다.

부칙 〈제26528호, 2015. 9. 15.〉
이 영은 특별시의 사업구역에 대해서는 공포한 날부터, 그 외의 사업구역에 대해서는 2016년 1월 1일부터 시행한다.

부칙 〈제26634호, 2015. 11. 11.〉

이 영은 공포한 날부터 시행한다.

부칙 〈제26685호, 2015. 11. 30.〉
이 영은 2015년 12월 23일부터 시행한다.

부칙 〈제26870호, 2016. 1. 6.〉
제1조(시행일) 이 영은 공포한 날부터 시행한다. 다만, 제12조의3, 제38조제2항, 별표 3 제2호가목의 개정규정은 2016년 1월 7일부터 시행한다.
제2조(권한 위임에 관한 경과조치) 이 영 시행 당시 법 제10조제1항에 따른 여객자동차운송사업의 사업계획 변경의 인가 또는 신고의 수리절차가 진행 중인 경우에는 제37조제1항제6호의 개정규정에도 불구하고 종전의 규정에 따른 권한을 가진 자가 해당 사무를 처리한다.
제3조(다른 법령의 개정) 도로교통법 시행령 일부를 다음과 같이 개정한다.
제31조제4호 중 "유치원, 학교 또는 어린이집의 장"을 "유치원, 학교, 어린이집, 학원 또는 체육시설의 장"으로 한다.

부칙 〈제26922호, 2016. 1. 22.〉 (제주특별자치도 설치 및 국제자유도시 조성을 위한 특별법 시행령)
제1조(시행일) 이 영은 2016년 1월 25일부터 시행한다.
제2조 및 제3조 생략
제4조(다른 법령의 개정) ①부터 ㉛까지 생략
㉜ 여객자동차 운수사업법 시행령 일부를 다음과 같이 개정한다.
제3조제1호가목 전단 중 "「제주특별자치도 설치 및 국제자유도시 조성을 위한 특별법」 제15조제2항"을 "「제주특별자치도 설치 및 국제자유도시 조성을 위한 특별법」 제10조제2항"으로 한다.
㉝부터 ㊻까지 생략
제5조 및 제6조 생략

부칙 〈제26989호, 2016. 2. 23.〉
이 영은 공포한 날부터 시행한다.

부칙 〈제27109호, 2016. 4. 26.〉
이 영은 공포한 날부터 시행한다.

부칙 〈제27299호, 2016. 6. 30.〉 (행정규제 정비를 위한 개발제한구역의 지정 및 관리에 관한 특별조치법 시행령 등 일부개정령)
제1조(시행일) 이 영은 2016년 7월 1일부터 시행한다. 〈단서 생략〉
제2조 부터 제4조까지 생략
제5조(「여객자동차 운수사업법 시행령」 개정에 관한 적용례) 「여객자동차 운수사업법 시행령」 별표 2 제1호의 개정규정은 이 영 시행 당시 택시운송사업에 사용 중인 전기자동차에 대해서도 적용한다.
제6조 부터 제15조까지 생략

부칙 〈제27435호, 2016. 8. 2.〉
이 영은 공포한 날부터 시행한다.

부칙 〈제27482호, 2016. 9. 5.〉 (행정기관 소속 위원회 정비를 위한 119구조 · 구급에 관한 법률 시행령 등 일부개정령)
이 영은 공포한 날부터 시행한다. 〈단서 생략〉

부칙 〈제27751호, 2016. 12. 30.〉 (규제 재검토기한 설정 등을 위한 가맹사업거래의 공정화에 관한 법률 시행령 등 일부개정령)
제1조(시행일) 이 영은 2017년 1월 1일부터 시행한다. 〈단서 생략〉
제2조 부터 제12조까지 생략

부칙 〈제27798호, 2017. 1. 20.〉
이 영은 공포한 날부터 시행한다.

부칙 〈제27922호, 2017. 2. 28.〉
제1조(시행일) 이 영은 공포한 날부터 시행한다. 다만, 별표 3 제2호가목제24호어목 · 고목 및 별표 5 제1호의 제16호서목 · 퍼목의 개정규정은 공포 후 3개월이 경과한 날부터 시행한다.
제2조(행정처분기준에 관한 적용례) 별표 3 제2호가목제24호어목 및 허목부터 노목까지의 개정규정은 이 영 시행 이후 발생한 위반

행위에 대하여 행정처분을 하는 경우부터 적용한다.
제3조(과징금에 관한 적용례) ① 별표 5 제1호의 제15호의2의 개정규정은 이 영 시행 전의 위반행위에 대하여 과징금 부과처분을 하는 경우에 대해서도 적용한다.
② 별표 5 제1호의 제16호서목 및 터목부터 허목까지의 개정규정은 이 영 시행 이후 발생한 위반행위에 대하여 과징금 부과처분을 하는 경우부터 적용한다.
제4조(과징금에 관한 경과조치) 이 영 시행 전의 위반행위에 대한 과징금 부과처분에 관하여는 별표 5 제1호의 제12호의 개정규정에도 불구하고 종전의 규정에 따른다.

부칙 〈제27960호, 2017. 3. 27.〉 (주민등록번호 등의 처리 제한을 위한 세무사법 시행령 등 일부개정령)
이 영은 2017년 3월 30일부터 시행한다. 〈단서 생략〉

부칙 〈제28099호, 2017. 6. 2.〉
이 영은 2017년 6월 3일부터 시행한다.

부칙 〈제28175호, 2017. 6. 30.〉
이 영은 공포한 날부터 시행한다.

부칙 〈제28260호, 2017. 9. 1.〉
이 영은 2017년 9월 1일부터 시행한다.

부칙 〈제28793호, 2018. 4. 10.〉
제1조(시행일) 이 영은 공포한 날부터 시행한다. 다만, 별표 2 제2호나목, 별표 3 제2호가목의 제25호, 별표 3 제2호가목의 제26호의 위반내용란 가목부터 노목까지 외의 부분, 별표 5 제1호의 제17호, 별표 6 제2호차목·타목 및 너목의 개정규정은 2018년 4월 25일부터 시행한다.
제2조(휴식시간에 관한 유효기간 등) ① 별표 3 제2호가목의 제26호노목, 별표 5 제1호의 제18호허목의 개정규정은 2018년 4월 24일까지 효력을 가진다.

② 제1항에 따른 유효기간 중 운수종사자의 휴식시간 보장에 관한 준수사항을 위반한 노선 여객자동차운송사업자 및 전세버스운송사업자에 대해서는 그 유효기간이 만료된 후에도 별표 3 제2호가목의 제26호노목, 별표 5 제1호의 제18호허목의 개정규정을 적용한다.

제3조(대폐차로 충당하는 자동차에 대한 적용례) 제40조제6항의 개정규정은 이 영 시행 이후 3개월까지 법률 제14342호 여객자동차운수사업법 일부개정법률 제84조제2항제2호의 개정규정 시행 당시 대폐차로 충당할 수 있었던 자동차에 대해서도 적용한다.

제4조(행정처분 기준에 관한 경과조치) ① 이 영 시행 전의 위반행위에 대하여 행정처분의 기준을 적용할 때에는 별표 3, 별표 5 및 별표 6의 개정규정에도 불구하고 종전의 규정에 따른다.

② 종전의 별표 3 제2호가목의 제20호 및 같은 목의 제24호사목·노목에 따라 처분을 받은 자가 이 영 시행 이후 다시 같은 위반을 한 경우에 이 영 시행 전의 위반행위는 위반 횟수 산정에 포함하지 아니한다.

부칙 〈제28969호, 2018. 6. 12.〉

이 영은 공포한 날부터 시행한다.

부칙 〈제29474호, 2019. 1. 8.〉

이 영은 공포한 날부터 시행한다.

부칙 〈제29551호, 2019. 2. 12.〉

제1조(시행일) 이 영은 2019년 2월 15일부터 시행한다.

제2조(행정처분 기준에 관한 경과조치) 이 영 시행 전의 위반행위에 대하여 행정처분의 기준을 적용할 때에는 별표 3 및 별표 5의 개정규정에도 불구하고 종전의 규정에 따른다.

부칙 〈제29634호, 2019. 3. 19.〉 (대도시권 광역교통 관리에 관한 특별법 시행령)

제1조(시행일) 이 영은 2019년 3월 19일부터 시행한다.

제2조 생략

제3조(다른 법령의 개정) ①부터 ⑥까지 생략

⑦ 여객자동차 운수사업법 시행령 일부를 다음과 같이 개정한다.

제37조제1항 및 제2항을 각각 제2항 및 제3항으로 하고, 같은 조에 제1항을 다음과 같이 신설한다.

① 국토교통부장관은 법 제75조제1항에 따라 다음 각 호의 권한을 「대도시권 광역교통 관리에 관한 특별법」 제8조에 따른 대도시권광역교통위원회에 위임한다.

1. 광역급행형 시내버스운송사업에 대한 다음 각 목의 권한

가. 법 제4조제1항 본문에 따른 여객자동차운송사업의 면허

나. 법 제8조제1항에 따른 여객자동차운송사업의 운임·요금의 기준과 요율의 결정

다. 법 제9조제1항에 따른 여객자동차운송사업의 운송약관 및 그 변경 신고의 수리, 같은 조 제2항에 따른 신고수리 여부의 통지

라. 법 제10조제1항에 따른 여객자동차운송사업 사업계획 변경 인가 및 신고의 수리 중 다음의 어느 하나에 해당하는 사항

1) 운행시간, 영업소, 정류소, 관할구역 내 기점 또는 종점의 변경 인가 및 신고의 수리

2) 시내버스운송사업의 운행형태를 광역급행형으로 변경하는 사업계획 변경 인가

3) 시외버스운송사업(고속형은 제외한다)을 광역급행형 시내버스운송사업으로 변경하는 사업계획 변경 인가

마. 법 제13조제1항에 따른 여객자동차운송사업 관리위탁 신고의 수리 및 같은 조 제2항에 따른 신고수리 여부의 통지

바. 법 제14조제1항에 따른 여객자동차운송사업의 양도·양수 신고의 수리, 같은 조 제2항에 따른 여객자동차운송사업의 양도·양수 인가, 같은 조 제4항에 따른 법인의 합병 신고의 수리, 같은 조 제5항에 따른 신고수리 여부의 통지 및 같은 조 제7항에 따른 인가 여부의 통지

사. 법 제15조제1항에 따른 여객자동차운송사업의 상속 신고의 수리 및 같은 조 제2항에 따른 신고수리 여부의 통지

아. 법 제16조제1항 본문에 따른 여객자동차운송사업의 휴업·폐업 허가

자. 제18조제3항에 따른 노선 여객자동차운송사업자에 대한 운송금지 명령

차. 법 제22조제2항부터 제4항까지의 규정에 따른 현황 보고의 접수

카. 법 제23조제1항에 따른 운송사업자에 대한 개선명령, 같은 조 제2항에 따른 운행명령 및 같은 조 제3항에 따른 손실보상

타. 법 제24조제5항에 따른 운전경력 및 범죄경력자료 조회 요청

파. 법 제50조에 따른 여객자동차 운수사업자 또는 지방자치단체에 대한 재정 지원

하. 법 제51조제2항에 따른 보조 또는 융자를 받은 자에 대한 감독, 같은 조 제3항에 따른 보조금 또는 융자금의 반환 명령 및 회수

거. 법 제78조에 따른 여객자동차운송사업(직행좌석형 시내버스운송사업을 포함한다)에 관한 조정, 결과 통보 및 직접 처분

너. 법 제79조제1항에 따른 여객자동차 운수사업자에 대한 보고 및 서류제출 명령, 같은 조 제2항에 따른 검사 및 질문

더. 법 제85조제1항에 따른 여객자동차 운수사업의 면허·허가 또는 인가의 취소 및 사업계획 변경 명령

러. 법 제86조에 따른 청문

머. 법 제94조제1항제2호 및 같은 조 제2항제12호부터 제14호까지의 규정에 따른 과태료 부과·징수

2. 제3조제2호다목 및 라목에 따른 일반택시운송사업 및 개인택시운송사업에 대한 다음 각 목의 권한(사업구역이 「대도시권 광역교통 관리에 관한 특별법」 제2조제1호에 따른 대도시권 안에 있는 경우에 한정한다)

가. 법 제3조의4에 따른 여객자동차운송사업 사업구역의 지정 및 변경

나. 법 제78조에 따른 여객자동차운송사업에 관한 조정, 결과 통보 및 직접 처분

제37조제2항(종전의 제1항)제5호 및 제7호부터 제9호까지 중 "운행형태가"를 각각 "운행형태가 광역급행형인 시내버스운송사업 및"으로 하고, 같은 조 제3항(종전의 제2항) 중 "제1항"을 각각 "제2

항”으로 한다.
⑧ 생략

부칙 〈제30104호, 2019. 10. 1.〉
이 영은 공포한 날부터 시행한다. 다만, 제17조의3제1항제2호의 개정규정은 공포 후 6개월이 경과한 날부터 시행한다.

부칙 〈제30620호, 2020. 4. 14.〉
제1조(시행일) 이 영은 공포한 날부터 시행한다. 다만 별표 3, 별표 5 및 별표 6의 개정규정은 공포 후 1개월이 경과한 날부터 시행하고, 제38조제5항 및 제7항의 개정규정은 2021년 1월 1일부터 시행한다.
제2조(수탁기관의 변경에 따른 경과조치 등) ① 부칙 제1조 단서에 따른 시행일 당시 연합회가 진행 중인 운전업무 종사자격 시험 및 자격 수여에 대해서는 제38조제5항 및 제7항의 개정규정에도 불구하고 종전의 규정에 따른다.② 한국교통안전공단은 부칙 제1조 단서에 따른 시행일 전에 2021년도 운전업무 종사자격 시험 및 자격 수여를 위한 공고 등의 행위를 할 수 있다.
제3조(행정처분 기준에 관한 경과조치) ① 부칙 제1조 단서에 따른 시행일 전의 위반행위에 대하여 행정처분(과징금 부과처분을 포함한다. 이하 이 조에서 같다)의 기준을 적용할 때에는 별표 3 및 별표 5의 개정규정에도 불구하고 종전의 규정에 따른다.
② 부칙 제1조 단서에 따른 시행일 전의 위반행위로 받은 행정처분은 별표 3 및 별표 5의 개정규정에 따른 위반행위의 횟수 산정에 포함한다.

부칙 〈제30986호, 2020. 9. 1.〉
제1조(시행일) 이 영은 2020년 9월 1일부터 시행한다.
제2조(여객자동차 운송사업용 자동차 등의 차령 특례에 관한 적용례 등) ① 별표 2 제1호 비고 가목의 개정규정은 이 영 시행 당시 법 제84조제1항 단서에 따라 차령이 연장되어 그 기간이 진행 중인 여객자동차 운송사업용 승용자동차 및 그 밖의 사업용 승합자동차에도 적용한다.

② 제1항을 적용하는 경우 이 영 시행 전에 별표 2 제2호가목 본문에 따라 같은 표 제1호에 따른 차령 기간이 만료되기 전 2개월 이내에 「자동차관리법」 제43조제1항제4호에 따른 임시검사(여객자동차 운송사업용 승용자동차의 경우에는 같은 항 제2호에 따른 정기검사를 포함한다)를 받은 경우에는 같은 표 제1호 비고 가목의 개정규정에 따른 임시검사를 받은 것으로 본다.

③ 제1항을 적용하는 경우 이 영 시행 전에 별표 2 제2호에 따라 연장되어 진행한 차령 연장 기간 중 1년까지의 기간은 별표 2 제1호 비고 가목의 개정규정에 따라 더해진 차령 기간이 해당 기간만큼 진행한 것으로 보고, 같은 개정규정에 따라 더해진 차령 기간이 만료되는 날의 다음 날부터 연장된 차령 기간이 진행하는 것으로 본다.

④ 다음 표에 해당하는 여객자동차 운송사업용 승용자동차 및 그 밖의 사업용 승합자동차가 이 영 시행일부터 2개월이 되는 날까지 「자동차관리법」 제43조제1항에 따른 임시검사 또는 정기검사를 받은 경우에는 별표 2 제2호가목에 따라 연장된 차령 기간에 받는 임시검사 또는 정기검사를 받은 것으로 본다. 이 경우 임시검사 또는 정기검사를 받아 차령이 연장되기 전까지는 해당 자동차를 종전의 규정에 따라 연장된 차령 기간을 넘겨서 운행하지 못한다.

차 종	사업의 구분		대 상
승용 자동차	여객자동차 운송사업용	개인택시(경형 · 소형)	차령기산일이 2013년 9월 1일부터 2013년 10월 31일까지인 자동차
		개인택시(배기량 2,400cc 미만)	차령기산일이 2011년 9월 1일부터 2011년 10월 31일까지인 자동차
		개인택시(배기량 2,400cc 이상)	차령기산일이 2009년 9월 1일부터 2009년 10월 31일까지인 자동차
		개인택시(전기자동차)	차령기산일이 2009년 9월 1일부터 2009년 10월 31일까지인 자동차
		일반택시(경형 · 소형)	차령기산일이 2015년 3월 1일부터 2015년 4월 31일까지인 자동차
		일반택시(배기량 2,400cc 미만)	차령기산일이 2014년 9월 1일부터 2014년 10월 31일까지의 기간에 속하는 자동차
		일반택시(배기량 2,400cc 이상)	차령기산일이 2012년 9월 1일부터 2012년 10월 31일까지인 자동차

		일반택시(전기자동차)	차령기산일이 2012년 9월 1일부터 2012년 10월 31일까지인 자동차
승합 자동차	특수여객자동차운송사업 외의 사업용		차령기산일이 2009년 9월 1일부터 2009년 10월 31일까지인 자동차

부칙 〈제30993호, 2020. 9. 8.〉 (중앙행정권한 및 사무 등의 지방 일괄 이양을 위한 30개 대통령령의 일부개정에 관한 대통령령)

이 영은 2021년 1월 1일부터 시행한다.

부칙 〈제31246호, 2020. 12. 8.〉

이 영은 2020년 12월 10일부터 시행한다.

부칙 〈제31329호, 2020. 12. 29.〉

이 영은 공포한 날부터 시행한다.

부칙 〈제31380호, 2021. 1. 5.〉 (어려운 법령용어 정비를 위한 473개 법령의 일부개정에 관한 대통령령)

이 영은 공포한 날부터 시행한다. 〈단서 생략〉

부칙 〈제31530호, 2021. 3. 9.〉

이 영은 공포한 날부터 시행한다.

부칙 〈제31609호, 2021. 4. 6.〉

제1조(시행일) 이 영은 2021년 4월 8일부터 시행한다. 다만, 제18조의 개정규정은 2021년 10월 8일부터 시행한다.

제2조(사업용 자동차의 차령에 관한 적용례) 별표 2 제1호 표 및 같은 호 비고 가목 및 다목의 개정규정은 이 영 시행 당시 운행 중인 수소전기자동차(「환경친화적 자동차의 개발 및 보급 촉진에 관한 법률」 제2조제6호에 따른 자동차를 말한다)에 대해서도 적용한다.

부칙 〈제31964호, 2021. 8. 31.〉

제1조(시행일) 이 영은 공포한 날부터 시행한다.

제2조(여객자동차 운송사업용 승합자동차의 차령에 관한 적용례) ① 별표 2 제1호의 개정규정은 이 영 시행 당시 법 제84조제1항 본문 및 이 영 별표 2 제1호 비고 가목에 따라 차령이 연장되어 그 기간이 진행 중인 전세버스운송사업용 승합자동차와 법 제84조제1항 단서에 따라 차령이 연장되어 그 기간이 진행 중인 전세버스운송사업용 승합자동차 및 특수여객자동차운송사업용 승합자동차에도 적용한다.

② 제1항을 적용하는 경우 이 영 시행 전에 별표 2 제1호 비고 가목에 따라 더해져 진행한 전세버스운송사업용 승합자동차의 차령 기간은 같은 표 제1호의 개정규정에 따른 차령 기간이 해당 기간만큼 진행한 것으로 본다.

③ 제1항 및 제2항을 적용하는 경우 이 영 시행 전에 종전의 별표 2 제2호에 따라 연장되어 진행한 차령 연장 기간 중 다음 각 호의 구분에 따른 범위 내의 기간은 같은 표 제1호의 개정규정에 따른 차령 기간이 해당 기간만큼 진행한 것으로 보고, 같은 개정규정에 따른 차령기간이 만료되는 날의 다음 날부터 같은 표 제2호에 따른 연장된 차령 기간이 진행하는 것으로 본다.

1. 전세버스운송사업용 승합자동차: 2년(별표 2 제1호 비고 가목에 따라 차령 기간이 더해진 경우에는 1년)
2. 특수여객자동차운송사업용 승합자동차: 6개월

④ 다음 표에 해당하는 전세버스운송사업용 및 특수여객자동차운송사업용 승합자동차가 이 영 시행일부터 2개월이 되는 날까지 「자동차관리법」 제43조제1항에 따른 임시검사 또는 정기검사를 받은 경우에는 별표 2 제2호나목에 따라 연장된 차령 기간에 받는 임시검사 또는 정기검사를 받은 것으로 본다. 이 경우 임시검사 또는 정기검사를 받아 차령이 연장되기 전까지는 해당 자동차를 종전의 규정에 따라 연장된 차령 기간을 넘겨서 운행하지 못한다.

차종	사업의 구분	대상
승합자동차	전세버스운송사업용	차령기산일이 2009년 9월 1일부터 2009년 10월 31일까지인 자동차 및 2010년 9월 1일부터 2010년 10월 31일까지인 자동차
	특수여객자동차운송사업용	차령기산일이 2009년 3월 1일부터 2009년 4월 30일까지인 자동차 및 2010년 9월 1일부터 2010년 10월 31일까지인 자동차

제3조(여객자동차 운송사업용 승합자동차의 차령 연장 요건에 관한 적용 특례) 별표 2 제2호가목의 개정규정을 적용할 때 「자동차관리법」 제43조제1항제2호에 따른 정기검사 또는 같은 법 제43조의2에 따른 종합검사는 이 영 시행 이후 기본차령 기간에 받아야 하는 정기검사 또는 종합검사로 한정한다.

부칙 〈제32009호, 2021. 9. 24.〉

제1조(시행일) 이 영은 2021년 9월 24일부터 시행한다.

제2조(수소 연료보조금의 지급대상 및 지급기준 등에 관한 적용례) 제21조의8 및 제21조의9의 개정규정은 이 영 시행 이후 구매한 수소에 대하여 수소 연료보조금을 지급하는 경우부터 적용한다.

제3조(유가보조금 및 천연가스 연료보조금의 지급대상 및 지급기준 등에 관한 경과조치) ① 이 영 시행 전에 구매한 유류에 대한 유가보조금의 지급대상에 관하여는 제21조의4의 개정규정에도 불구하고 종전의 규정에 따른다.

② 이 영 시행 전에 구매한 유류나 천연가스에 대한 유가보조금 또는 천연가스 연료보조금의 지급 기준·방법 및 절차에 관하여는 제21조의5 및 제21조의7의 개정규정에도 불구하고 종전의 「여객자동차 운수사업법」(법률 제17976호 여객자동차 운수사업법 일부개정법률로 개정되기 전의 것을 말한다) 제50조제5항 및 제6항에 따른다.

부칙 〈제32014호, 2021. 9. 24.〉 (행정기본법 시행령)

제1조(시행일) 이 영은 공포한 날부터 시행한다. 〈단서 생략〉

제2조(다른 법령의 개정) ①부터 ⑳까지 생략

㉑ 여객자동차 운수사업법 시행령 일부를 다음과 같이 개정한다.

제47조제5항을 삭제한다.

㉒부터 ㊱까지 생략

부칙 〈제32378호, 2022. 1. 28.〉

제1조(시행일) 이 영은 2022년 1월 28일부터 시행한다.

제2조(개인택시운송사업자에 대한 행정처분 시 위반행위 횟수 산정에 관한 적용례) 이 영 시행 전에 종전의 별표 3 제2호가목의 표 제16호가목 또는 다목에 해당하는 위반행위로 같은 별표 제1호라목

2) 및 같은 호 마목2) 단서에 따라 받은 사업정지처분은 별표 3 제2호가목의 표 제16호마목의 개정규정에 따른 위반행위의 횟수 산정에 포함한다.

제3조(개인택시운송사업자에 대한 사업정지처분에 갈음하여 부과하는 과징금 처분에 관한 적용례) 별표 5 제1호의 표 제9호의2 및 제27호의 개정규정은 이 영 시행 전에 다음 각 호에 해당하는 경우로서 해당 위반행위에 대하여 사업정지처분을 하지 아니한 경우에도 적용한다.

1. 종전의 별표 3 제2호가목의 표 제16호가목 또는 다목에 해당하는 경우로서 같은 별표 제1호라목2) 및 같은 호 마목2) 단서에 따라 사업정지를 명하려는 경우
2. 종전의 별표 3 제2호가목의 표 제36호에 해당하여 사업정지를 명하려는 경우

부칙 〈제32733호, 2022. 6. 28.〉 (중소기업창업 지원법 시행령)

제1조(시행일) 이 영은 2022년 6월 29일부터 시행한다.

제2조 생략

제3조(다른 법령의 개정) ①부터 ⑱까지 생략

⑲ 여객자동차 운수사업법 시행령 일부를 다음과 같이 개정한다.

제20조의7제2항제1호를 다음과 같이 한다.

1. 「중소기업창업 지원법」에 따른 창업기업일 것

제20조의9제1항제2호가목을 다음과 같이 한다.

가. 「중소기업창업 지원법」에 따른 창업기업일 것

⑳부터 ㉚까지 생략

제4조 생략

부칙 〈제32986호, 2022. 11. 8.〉

이 영은 공포한 날부터 시행한다.

부칙 〈제33340호, 2023. 3. 21.〉

이 영은 공포한 날부터 시행한다.

부칙 〈제33434호, 2023. 4. 25.〉 (소상공인 경제회복 지원을 위한 61개 법령의 일부개정에 관한 대통령령)

제1조(시행일) 이 영은 공포한 날부터 시행한다.

제2조(행정처분·과징금 또는 과태료에 관한 적용례) 제1조부터 제61조까지의 개정규정은 이 영 시행 전의 위반행위에 대하여 이 영 시행 이후 행정처분을 하거나 과징금 또는 과태료 부과처분을 하는 경우에도 적용한다.

부칙 〈제33792호, 2023. 10. 10.〉

이 영은 2023년 10월 19일부터 시행한다.

부칙 〈제33913호, 2023. 12. 12.〉 (행정법제 혁신을 위한 가덕도신공항 건설을 위한 특별법 시행령 등 123개 법령의 일부개정에 관한 대통령령)

이 영은 공포한 날부터 시행한다.

부칙 〈제34116호, 2024. 1. 9.〉

제1조(시행일) 이 영은 2024년 1월 15일부터 시행한다.

제2조(시외버스운송사업용 및 공항버스사업용 자동차의 차령 특례에 관한 적용례 등) ① 별표 2 제1호 비고 가목의 개정규정은 이 영 시행 당시 법 제84조제1항 단서에 따라 차령이 연장되어 그 기간이 진행 중인 시외버스운송사업용 및 공항버스사업용 승합자동차에도 적용한다.

② 제1항을 적용하는 경우 이 영 시행 전에 별표 2 제2호나목 본문에 따라 같은 표 제1호에 따른 차령 기간이 만료되기 전 2개월 이내에 「자동차관리법」 제43조제1항제4호에 따른 임시검사를 받은 경우에는 같은 표 제1호 비고 가목의 개정규정에 따른 임시검사를 받은 것으로 본다.

③ 제1항을 적용하는 경우 이 영 시행 전에 법 제84조제1항 단서에 따라 연장되어 진행한 차령 기간 중 1년까지의 기간은 별표 2 제1호 비고 가목의 개정규정에 따라 더해진 차령 기간이 해당 기간만큼 진행한 것으로 보고, 같은 개정규정에 따라 더해진 차령 기간이 만료되는 날의 다음 날부터 연장된 차령 기간이 진행하는 것으

로 본다.

④ 차령기산일이 2013년 1월 15일부터 2013년 3월 15일까지인 시외버스운송사업용 및 공항버스사업용 승합자동차가 이 영 시행일부터 2개월이 되는 날까지 「자동차관리법」 제43조제1항에 따른 임시검사를 받은 경우에는 별표 2 제2호나목에 따라 연장된 차령 기간에 받는 임시검사를 받은 것으로 본다. 이 경우 임시검사를 받아 차령이 연장되기 전까지는 해당 자동차를 종전의 규정에 따라 연장된 차령 기간을 넘겨서 운행하지 못한다.

제3조(특정 시외버스운송사업용 및 공항버스사업용 자동차의 차령 기간에 관한 특례) ① 별표 2 제1호의 표의 차령 및 같은 호 비고 가목의 개정규정에도 불구하고 차령기산일이 2012년 7월 1일부터 2013년 1월 14일까지인 시외버스운송사업용 및 공항버스사업용 승합자동차로서 다음 각 호의 요건을 모두 충족하는 자동차는 이 항 제1호에 따른 임시검사를 받은 날부터 6개월이 되는 날까지 법 제84조제1항 본문에 따른 차령이 추가로 부여된 것으로 본다. 이 경우 임시검사를 받아 추가로 차령을 부여받기 전까지는 해당 자동차를 종전의 규정에 따른 차령 기간을 넘겨서 운행하지 못한다.

1. 이 영 시행 이후 2개월 내에 「자동차관리법」 제43조제1항에 따른 임시검사를 받아 검사기준에 적합할 것

2. 법 제21조제13항에 따른 운송사업자의 준수사항 중 자동차의 장치 및 설비 등에 관한 준수사항에 위반되지 않는다고 판정될 것

② 제1항에 따른 추가 차령 기간이 만료되기 전에 「자동차관리법」 제43조제1항에 따른 임시검사를 다시 받아 검사기준에 적합한 자동차의 추가 차령 기간은 해당 임시검사를 받은 날부터 6개월이 되는 날까지 부여된 것으로 본다.

③ 제1항 및 제2항에도 불구하고 추가 차령 기간을 부여받은 시외버스사업용 및 공항버스사업용 승합자동차의 차령은 추가 차령 기간과 법 제84조제1항 단서에 따른 연장 기간을 포함하여 12년을 초과할 수 없다.

부칙 〈제34499호, 2024. 5. 7.〉

이 영은 2024년 5월 14일부터 시행한다.

부칙 〈제34653호, 2024. 7. 2.〉

이 영은 공포한 날부터 시행한다. 다만, 제40조제6항의 개정규정은 2024년 7월 31일부터 시행하고, 제3조의2부터 제3조의8까지, 제37조제1항제2호 및 별표 6 제2호의 개정규정은 2024년 7월 10일부터 시행한다.

부칙 〈제35163호, 2024. 12. 31.〉

제1조(시행일) 이 영은 공포한 날부터 시행한다.

제2조(다른 법령의 개정) 도로교통법 시행령 일부를 다음과 같이 개정한다.

제31조제4호 중 "「여객자동차 운수사업법 시행령」 제3조제2호가목 단서"를 "「여객자동차 운수사업법 시행령」 제3조의2제1항제1호"로 한다.

별표 / 서식

[별표 1] 플랫폼가맹사업의 면허취소 등 행정처분기준(제20조의15 관련)

[별표 1의2] 운영위원회 위원의 결격사유 관련 금융 관계 법령(제27조의2 관련)

[별표 1의3] 직행좌석형 시내버스운송사업 노선의 기점(제37조제1항제1호 관련)

[별표 2] 사업용 자동차의 차령과 그 연장요건(제40조제1항 관련)

[별표 2의2] 사업용 자동차의 차량충당연한(제40조제4항 관련)

[별표 3] 사업면허취소·사업허가취소·사업등록취소 및 사업정지 등의 처분기준(제43조제1항 관련)

[별표 4] 벌점 부과기준 및 벌점에 따른 사업면허취소·감차명령 등의 기준(제43조의2제2항 관련)

[별표 5] 위반행위의 종류와 위반 정도에 따른 과징금의 액수(제46조제1항 관련)

[별표 6] 과태료의 부과기준(제49조 관련)

여객자동차 운수사업법 시행규칙
(약칭 : 여객자동차법 시행규칙)

[시행 2024. 12. 26.] [국토교통부령 제1430호, 2024. 12. 26., 일부개정]

**개정 예정 법률 밑줄 별도 표시.

여객자동차 운수사업법 시행규칙
(약칭 : 여객자동차법 시행규칙)

[시행 2024. 12. 26.] [국토교통부령 제1430호, 2024. 12. 26., 일부개정]

제1장 총칙

제1조(목적) 이 규칙은 「여객자동차 운수사업법」 및 같은 법 시행령에서 위임된 사항과 그 시행에 필요한 사항을 규정함을 목적으로 한다.

제2조(정의) 이 규칙에서 사용하는 용어의 뜻은 다음과 같다. 〈개정 2009. 12. 2., 2012. 11. 23., 2013. 3. 23., 2019. 10. 1.〉

1. "관할관청"이란 제3조 및 제4조에 따라 관할이 정해지는 국토교통부장관, 「대도시권 광역교통 관리에 관한 특별법」 제8조에 따른 대도시권광역교통위원회(이하 "대도시권광역교통위원회"라 한다)나 특별시장 · 광역시장 · 특별자치시장 · 도지사 또는 특별자치도지사(이하 "시 · 도지사"라 한다)를 말한다.

2. "정류소"란 여객이 승차 또는 하차할 수 있도록 노선 사이에 설치한 장소를 말한다.

3. "택시 승차대"란 택시운송사업용 자동차에 승객을 승차 · 하차시키거나 승객을 태우기 위하여 대기하는 장소 또는 구역을 말한다.

제3조(여객자동차 운수사업의 관할관청) ① 여객자동차 운수사업은 「여객자동차 운수사업법」(이하 "법"이라 한다), 같은 법 시행령(이하 "영"이라 한다) 또는 이 규칙에 따라 국토교통부장관 및 대도시권광역교통위원회가 관장하는 경우 외에는 주사무소의 소재지를 관할하는 시 · 도지사가 관장한다. 다만, 운행형태가 광역급행형인 시내버스운송사업의 경우 면허 또는 사업계획 변경인가를 받은 이후에는 주사무소의 소재지를 관할하는 시 · 도지사가 그 사업을 관장하고,

주사무소가 특별시·광역시 또는 특별자치시에 있는 시외버스운송사업의 경우에는 인접한 도의 도지사가 그 사업을 관장한다. 〈개정 2008. 12. 2., 2012. 11. 23., 2013. 3. 23., 2019. 10. 1.〉

② 제1항에도 불구하고 주사무소 소재지 외 1개 특별시·광역시·특별자치시·도 또는 특별자치도(이하 "시·도"라 한다) 안에 노선의 기점(起點)과 종점(終點)이 있는 노선 여객자동차운송사업의 경우에는 해당 기점과 종점의 소재지를 관할하는 시·도지사가 그 사업을 관장하되, 그 관장 사무에 관하여는 주사무소의 소재지를 관할하는 시·도지사와 협의하여야 한다. 〈개정 2012. 11. 23.〉

③ 제1항에도 불구하고 주사무소 소재지가 아닌 1개의 시·도를 사업구역으로 하는 여객자동차플랫폼운송가맹사업(이하 "플랫폼가맹사업"이라 한다)의 경우에는 해당 사업구역을 관할하는 시·도지사가 그 사업을 관장한다. 〈신설 2024. 12. 26.〉

제4조(영업소 등의 관할관청) ① 제3조에도 불구하고 여객자동차 운수사업의 사업계획서에 표시된 다음 각 호의 영업소 등은 그 소재지를 관할하는 시·도지사가 관장한다.

1. 영업소
2. 정류소
3. 차고
4. 운송부대시설
5. 여객자동차터미널

② 여객자동차 운수사업 관리의 위탁·수탁, 사업의 양도·양수나 법인의 합병에 관하여는 해당 사업의 면허 또는 등록의 관할관청이 관장한다. 이 경우 관할관청이 둘 이상이면 수탁자·양수자나 법인의 합병으로 존속 또는 신설되는 법인을 관할하는 시·도지사가 이를 관장하되, 관계 시·도지사에게 그 사실을 확인하여야 한다.

제5조(협의·조정신청 등) ① 노선 여객자동차운송사업을 관할하는 시·도지사는 노선이 둘 이상의 시·도에 걸치는 경우 노선의 신설 또는 변경이나 노선과 관련되는 사업계획 변경의 인가·등록 또는 사업개선명령을 하려면 관계 시·도지사와 미리 협의하여야 한다. 다만, 다음 각 호의 경우에는 그러하지 아니하다. 〈개정 2012. 11. 23., 2014. 7. 29.〉

1. 시내버스운송사업, 농어촌버스운송사업 및 마을버스운송사업에

관한 사항으로서 다음 각 목의 어느 하나에 해당하는 사항에 관한 사업계획 변경의 인가·등록 또는 사업개선명령의 경우

가. 시내버스운송사업 또는 농어촌버스운송사업의 직행좌석형·좌석형·일반형 상호 간 운행형태의 전환

나. 관할 시·도 구역에만 해당되는 운행계통의 변경(둘 이상의 시·도지사가 공동배차 하는 노선은 제외한다)

다. 다른 시·도 구역에서의 운행계통의 단축 또는 도로·다리의 개설·확충 등으로 인한 운행경로의 변경(운행경로의 변경으로 거리가 연장되는 경우는 제외한다)

라. 제3항에 따른 교통대책을 수립하는 경우로서 그 대책에 따른 사항

2. 시외버스운송사업에 관한 사항으로서 다음 각 목의 어느 하나에 해당하는 사항에 관한 사업계획 변경인가 또는 사업개선명령의 경우

가. 관할 시·도구역에만 해당되는 운행계통의 단축이나 운행경로의 변경(관계 시·도지사의 면허를 받은 다른 시외버스운송사업자가 해당 운행계통을 운행하고 있거나 운행하게 되는 경우는 제외한다)

나. 특별시·광역시 또는 특별자치시에 걸치는 노선과 관련되는 사항의 경우(노선을 신설하거나 연장함으로써 특별시·광역시 또는 특별자치시에 기점 또는 종점이 있게 되는 경우와 특별시·광역시 또는 특별자치시의 관할구역에서 기점 또는 종점을 변경하는 경우는 제외한다)

다. 시외버스운송사업의 운행형태를 일반형에서 직행형으로 또는 직행형에서 고속형으로 전환

라. 운행형태가 직행형·일반형인 시외버스운송사업을 시내버스운송사업 또는 농어촌버스운송사업으로 변경(관할 시·도 구역 밖으로 운행계통이 걸쳐 있는 시내버스운송사업 또는 농어촌버스운송사업으로의 변경은 제외한다)

② 시·도지사는 제1항 각 호의 어느 하나에 해당하는 사업계획 변경의 인가·등록 또는 사업개선명령을 하였을 때에는 1주일 이내에 그 사실을 관계 시·도지사에게 통보하여야 한다.

③ 제1항제1호다목에 따른 사업계획 변경에 관하여 제2항에 따른

통보를 받은 관계 시·도지사는 사업계획 변경 전과 같은 운행계통을 유지할 필요가 있다고 인정할 때에는 다른 노선의 여객자동차운송사업자로 하여금 단축된 운행계통을 운행하게 하는 등 교통대책을 수립·시행하여야 한다.

④ 제1항에 따라 협의요청을 받은 시·도지사는 15일 이내에 협의요청을 받은 사항에 대한 회신을 하여야 한다. 이 경우 15일 이내에 회신을 하지 아니하면 그 협의요청에 동의한 것으로 본다.

⑤ 시·도지사는 제1항에 따라 관계 시·도지사와 협의해야 하는 사항(마을버스운송사업에 관한 사항은 제외한다)에 관하여 협의가 성립되지 않은 경우에는 법 제78조제1항에 따라 다음 각 호의 기일 내에 국토교통부장관 또는 대도시권광역교통위원회에 조정신청을 해야 한다. 다만, 조정신청 이후 수송수요 등의 변동이 있는 경우로서 교통편의의 증진을 위하여 필요하다고 인정되는 경우에는 수시로 조정을 신청할 수 있다. 〈개정 2013. 3. 23., 2014. 7. 29., 2019. 10. 1.〉

1. 상반기: 매년 5월 10일까지
2. 하반기: 매년 11월 10일까지

⑥ 제5항에 따른 조정신청에 필요한 세부적인 사항은 국토교통부장관 또는 대도시권광역교통위원회가 따로 정하는 바에 따른다. 〈개정 2013. 3. 23., 2019. 10. 1.〉

제5조의2(의견 청취) 국토교통부장관 또는 대도시권광역교통위원회는 다음 각 호의 구분에 따른 버스운송사업에 관하여 노선의 신설 또는 변경이나 노선과 관련되는 사업계획 변경의 인가를 하려는 때에는 관계 시·도지사의 의견을 들을 수 있다. 〈개정 2013. 3. 23., 2019. 10. 1., 2020. 12. 29.〉

1. 국토교통부장관: 운행형태가 고속형인 시외버스운송사업
2. 대도시권광역교통위원회: 영 제37조제1항제1호 각 목 외의 부분에서 규정한 시내버스운송사업

[본조신설 2008. 12. 2.]

제6조(면허증 등의 발급 등) ① 관할관청은 다음 각 호의 면허·허가를 하거나 등록을 받은 경우에는 별지 제1호서식의 여객자동차 운수사업 면허증, 허가증 또는 등록증을 발급해야 한다. 〈개정 2021. 4. 8.〉

1. 법 제4조제1항에 따른 여객자동차운송사업의 면허 또는 등록

2. 법 제28조제1항에 따른 자동차대여사업의 등록

3. 법 제36조제1항에 따른 여객자동차터미널사업의 면허

4. 법 제49조의3제1항에 따른 여객자동차플랫폼운송사업의 허가 및 같은 조 제9항에 따른 허가의 갱신

5. 법 제49조의10제1항에 따른 여객자동차플랫폼운송가맹사업의 면허

6. 법 제49조의18제1항에 따른 여객자동차플랫폼운송중개사업의 등록

② 관할관청은 제1항에 따라 여객자동차 운수사업 면허증, 허가증 또는 등록증을 발급했을 때에는 다음 각 호의 구분에 따른 면허대장, 허가대장 또는 등록대장을 작성하고, 필요한 사항을 기록·관리해야 한다. 〈개정 2009. 12. 2., 2021. 4. 8.〉

1. 법 제4조제1항에 따라 면허(개인택시운송사업의 면허는 제외한다)를 하였을 때: 별지 제2호서식의 여객자동차운송사업 면허대장

2. 법 제4조제1항 단서에 따라 등록을 받았을 때: 별지 제3호서식의 여객자동차운송사업 등록대장

3. 법 제28조에 따라 등록을 받았을 때: 별지 제4호서식의 자동차대여사업 등록대장

4. 법 제49조의3제1항에 따라 허가를 받았을 때: 별지 제4호의2서식의 여객자동차플랫폼운송사업 허가대장

5. 법 제49조의10제1항에 따라 면허를 했을 때: 별지 제4호의3서식의 여객자동차플랫폼운송가맹사업 면허대장

6. 법 제49조의18제1항에 따라 등록을 받았을 때: 별지 제4호의4서식의 여객자동차플랫폼운송중개사업 등록대장

③ 삭제 〈2021. 4. 8.〉

④ 제1항에 따라 발급받은 면허증, 허가증 또는 등록증을 잃어버리거나 면허증, 허가증 또는 등록증이 헐어 못 쓰게 되어 재발급받으려는 자는 별지 제5호서식의 면허증·허가증·등록증 재발급신청서에 따라 관할관청에 재발급신청을 해야 한다. 이 경우 헐어 못 쓰게 되어 재발급받으려는 자는 해당 면허증, 허가증 또는 등록증을 첨부해야 한다. 〈개정 2021. 4. 8.〉

⑤ 제2항 각 호의 대장은 전자적 처리가 불가능한 특별한 사유가

없으면 전자적 처리가 가능한 방법으로 작성·관리하여야 한다.
[제목개정 2021. 4. 8.]

제2장 여객자동차운송사업

제7조(자동차의 종류) 법 제3조 및 영 제3조에 따른 각 여객자동차운송사업에 사용되는 자동차의 종류는 별표 1과 같다. 〈개정 2016. 4. 1.〉

제8조(시내버스운송사업 등의 노선구역 등) ① 영 제3조제1호가목 및 같은 호 나목에 따른 시내버스운송사업과 농어촌버스운송사업은 특별시·광역시·특별자치시·시(「제주특별자치도 설치 및 국제자유도시조성을 위한 특별법」 제15조제2항에 따른 행정시를 포함한다. 이하 이 조 및 제33조제1항제2호다목 및 라목에서 같다) 또는 군의 단일 행정구역을 운행하는 사업으로 한다. 〈개정 2008. 12. 2., 2012. 11. 23., 2013. 3. 23., 2014. 12. 31., 2018. 2. 12., 2019. 12. 26., 2022. 6. 8.〉

② 제1항에도 불구하고 광역급행형 시내버스운송사업은 기점 행정구역의 경계로부터 50킬로미터를 초과하지 않는 범위에서 「대도시권 광역교통관리에 관한 특별법 시행령」 별표 1에 따른 대도시권역 내 둘 이상의 시·도를 운행하는 사업으로 한다. 이 경우 대도시권광역교통위원회가 고속국도 또는 도시고속도로를 이용하면서 일시적으로 다른 행정구역에 진입하였다가 별도의 정류소에 정차하지 않고 다시 기점 행정구역에 돌아오는 것으로 인정하는 운행경로의 경우에는 기점 행정구역을 벗어나지 않은 것으로 본다. 〈신설 2023. 12. 21.〉

③ 제2항에도 불구하고 다음 각 호의 요건을 모두 갖춘 경우로서 대도시권광역교통위원회가 필요하다고 인정하는 경우에는 기점 행정구역의 경계로부터 50킬로미터를 초과하여 해당 사업의 노선을 정할 수 있다. 〈신설 2022. 6. 8., 2023. 12. 21.〉

1. 다음 각 목의 구분에 따른 요건 중 어느 하나를 갖춘 경우

가. 기존 노선의 운행경로를 변경하려는 경우: 기점 및 종점을 변경하지 않을 것

나. 노선을 신설하려는 경우: 기점과 종점 사이의 최단 운행경로를 기준으로 기점 행정구역의 경계로부터 50킬로미터를 초과하지

않을 것

2. 제1호에 따라 운행경로를 변경하거나 신설하는 노선에 고속국도, 자동차전용도로 또는 버스전용차로를 이용하는 구간이 포함되어 운행시간(신설하는 노선은 제1호나목에 따른 최단 운행경로의 운행시간을 말한다) 단축이 가능한 경우

④ 제1항에도 불구하고 관할관청은 다음 각 호의 기준에 따라 시내버스운송사업자 또는 농어촌버스운송사업자의 신청이나 직권에 의하여 해당 행정구역 밖의 지역까지 노선을 연장하여 운행하게 할 수 있다. 이 경우 이 항 제3호에 따라 행정구역을 벗어나는지를 판단함에 있어 관할관청이 고속국도 또는 도시고속도로를 이용하면서 일시적으로 다른 행정구역에 진입하였다가 별도의 정류소에 정차하지 않고 다시 기점 행정구역에 돌아오는 것으로 인정하는 운행경로의 경우에는 기점 행정구역을 벗어나지 않은 것으로 본다. 〈신설 2018. 2. 12., 2019. 12. 26., 2022. 6. 8., 2023. 12. 21.〉

1. 관할관청이 지역주민의 편의 또는 지역 여건상 특히 필요하다고 인정하는 경우: 해당 행정구역의 경계로부터 30킬로미터를 초과하지 아니하는 범위

2. 국제공항·관광단지·신도시 등 지역의 특수성을 고려하여 국토교통부장관이 고시하는 지역을 운행하는 경우: 해당 행정구역의 경계로부터 50킬로미터를 초과하지 아니하는 범위

3. 직행좌석형 시내버스운송사업으로서 기점·종점이 모두 「대도시권 광역교통관리에 관한 특별법 시행령」 별표 1에 따른 대도시권역 내에 위치한 노선인 경우: 다음 각 목의 구분에 따라 해당 목에서 정하는 범위

가. 관할관청이 출퇴근 등 교통편의를 위하여 필요하다고 인정하는 경우: 해당 행정구역의 경계로부터 50킬로미터를 초과하지 않는 범위

나. 제3항 각 호의 요건을 갖춘 경우로서 관할관청이 출퇴근 등 교통편의를 위하여 필요하다고 인정하는 경우: 해당 행정구역의 경계로부터 50킬로미터를 초과하는 범위

⑤ 관할 도지사는 지역주민의 편의 또는 지역 여건상 특히 필요하다고 인정되는 경우에는 제1항에도 불구하고 둘 이상의 시·군 지역을 하나의 운행계통에 따라 운행하게 할 수 있다. 〈개정 2018.

2. 12., 2022. 6. 8., 2023. 12. 21.〉

⑥ 영 제3조제1호가목 및 같은 호 나목에 따른 시내버스운송사업과 농어촌버스운송사업의 운행형태는 다음 각 호와 같다. 〈개정 2008. 12. 2., 2011. 7. 6., 2018. 2. 12., 2019. 12. 26., 2022. 6. 8., 2023. 12. 21.〉

1. 광역급행형: 별표 1 제1호가목에 따른 시내좌석버스를 사용하고 주로 고속국도, 도시고속도로 또는 주간선도로를 이용하여 기점 및 종점으로부터 5킬로미터 이내의 지점에 위치한 각각 4개 이내의 정류소에만 정차하면서 운행하는 형태. 다만, 관할관청은 도로상황 등 지역의 특수성과 주민편의를 고려하여 필요하다고 인정하는 경우에는 기점 및 종점으로부터 7.5킬로미터 이내에 위치한 각각 6개 이내의 정류소에 정차하면서 운행하게 할 수 있고, 법 제7조에 따른 운송개시 후 지역 여건 등이 변경되어 정류소를 추가할 필요가 있는 경우에는 국토교통부장관이 정하여 고시하는 기준에 따라 기점으로부터 7.5킬로미터 이내에 위치한 2개까지의 정류소에 추가로 정차하면서 운행하게 할 수 있다.

2. 직행좌석형: 별표 1 제1호가목에 따른 시내좌석버스를 사용하여 각 정류소에 정차하되, 둘 이상의 시·도에 걸쳐 노선이 연장되는 경우 지역주민의 편의, 지역 여건 등을 고려하여 정류구간을 조정하고 해당 노선 좌석형의 총 정류소 수의 2분의 1 이내의 범위에서 정류소 수를 조정하여 운행하는 형태

3. 좌석형: 별표 1 제1호가목에 따른 시내좌석버스를 사용하여 각 정류소에 정차하면서 운행하는 형태

4. 일반형: 별표 1 제1호나목에 따른 시내일반버스를 주로 사용하여 각 정류소에 정차하면서 운행하는 형태

⑦ 영 제3조제1호다목에 따른 마을버스운송사업은 다음 각 호의 어느 하나에 해당하는 마을 등을 기점 또는 종점으로 하여 특별한 사유가 없으면 그 마을 등과 가장 가까운 철도역(도시철도역을 포함한다) 또는 노선버스 정류소(영 제3조제1호가목·나목 또는 같은 호 라목의 노선버스 정류소를 말한다) 사이를 운행하는 사업으로 한다. 다만, 관할관청은 지역주민의 편의 또는 지역 여건상 특히 필요하다고 인정되는 경우에는 해당 행정구역의 경계로부터 5킬로미터의 범위에서 연장하여 운행하게 할 수 있다. 〈개정 2018. 2. 12., 2022.

6. 8., 2023. 12. 21.〉

1. 고지대(高地帶) 마을
2. 외지 마을
3. 아파트단지
4. 산업단지
5. 학교
6. 종교단체의 소재지

⑧ 영 제3조제1호라목에 따른 시외버스운송사업의 운행형태는 다음 각 호와 같다. 〈개정 2009. 10. 9., 2010. 11. 15., 2012. 11. 23., 2013. 3. 23., 2016. 1. 6., 2018. 2. 12., 2021. 9. 24., 2022. 6. 8., 2023. 12. 21., 2024. 12. 26.〉

1. 고속형: 별표 1 제2호가목, 나목 또는 다목에 따른 시외우등고속버스, 시외고속버스 또는 시외고급고속버스를 사용하여 운행거리가 100킬로미터 이상이고, 운행구간의 60퍼센트 이상을 고속국도로 운행하며, 기점과 종점의 중간에서 정차하지 아니하는 운행형태. 다만, 다음 각 목의 경우에는 운행계통의 기점과 종점의 중간에서 정차할 수 있다.

가. 고속국도 주변이용자의 편의를 위하여 고속국도변의 정류소에 중간정차하는 경우

나. 국토교통부장관이 이용자의 교통편의를 위하여 필요하다고 인정하여 기점 또는 종점이 있는 특별시·광역시·특별자치시 또는 시·군의 행정구역 안의 각 2개소 이내에만 중간정차하는 경우. 다만, 특별시·광역시·특별자치시 또는 시·군의 행정구역 안에 있는 다음의 어느 하나에 해당하는 구간의 이용승객은 승·하차시킬 수 없다.

1) 중간정차지와 기점 간 또는 중간정차지와 종점 간의 구간
2) 중간정차지와 중간정차지 간의 구간

다. 고속국도 휴게소의 환승정류소에서 중간 정차하는 경우

2. 직행형: 별표 1 제2호라목, 마목 또는 바목에 따른 시외우등직행버스, 시외직행버스 또는 시외고급직행버스를 사용하여 기점 또는 종점이 있는 특별시·광역시·특별자치시 또는 시·군의 행정구역이 아닌 다른 행정구역에 있는 1개소 이상의 정류소에 정차하면서 운행하는 형태. 다만, 다음 각 목의 어느 하나에 해당하는 경우에는

정류소에 정차하지 않고 운행할 수 있다.

가. 운행거리가 100킬로미터 미만인 경우

나. 운행구간의 60퍼센트 미만을 고속국도로 운행하는 경우

3. 일반형: 별표 1 제2호사목 또는 아목에 따른 시외우등일반버스 또는 시외일반버스를 사용하여 각 정류소에 정차하면서 운행하는 형태

⑨ 정류소의 소재지를 관할하는 시·도지사는 다른 시·도지사의 면허를 받은 노선 여객자동차운송사업자(이하 "노선운송사업자"라 한다)가 원할 경우에는 시내버스운송사업, 농어촌버스운송사업 및 시외버스운송사업의 업종별로 자신이 면허를 한 노선운송사업자의 버스가 정차하는 정류소에 같이 정차할 수 있도록 하여야 한다. 〈개정 2018. 2. 12., 2022. 6. 8., 2023. 12. 21.〉

제9조(택시운송사업의 구분) ① 영 제3조제2호다목 후단 및 같은 호 라목 후단에 따른 택시운송사업의 구분은 다음 각 호에 따른다. 〈개정 2009. 12. 2., 2015. 9. 21., 2016. 2. 23., 2016. 9. 26., 2017. 6. 2., 2024. 12. 26.〉

1. 경형: 다음 각 목의 어느 하나에 해당하는 자동차를 사용하는 택시운송사업

가. 배기량 1,000시시 미만의 승용자동차(승차정원 5인승 이하의 것만 해당한다)

나. 길이 3.6미터 이하이면서 너비 1.6미터 이하인 승용자동차(승차정원 5인승 이하의 것만 해당한다)

2. 소형: 다음 각 목의 어느 하나에 해당하는 자동차(제1호에 따른 경형 기준에 해당하는 자동차는 제외한다)를 사용하는 택시운송사업

가. 배기량 1,600시시 미만의 승용자동차(승차정원 5인승 이하의 것만 해당한다)

나. 길이 4.7미터 이하이거나 너비 1.7미터 이하인 승용자동차(승차정원 5인승 이하의 것만 해당한다)

3. 중형: 다음 각 목의 어느 하나에 해당하는 자동차를 사용하는 택시운송사업

가. 배기량 1,600시시 이상의 승용자동차(승차정원 5인승 이하의 것만 해당한다)

나. 길이 4.7미터 초과이면서 너비 1.7미터를 초과하는 승용자동차(승차정원 5인승 이하의 것만 해당한다)

4. 대형: 다음 각 목의 어느 하나에 해당하는 자동차를 사용하는 택시운송사업

가. 배기량이 2,000시시 이상인 승용자동차(승차정원 6인승 이상 10인승 이하의 것만 해당한다)

나. 배기량이 2,000시시 이상이고 승차정원이 13인승 이하인 승합자동차

5. 모범형: 배기량 1,900시시 이상의 승용자동차(승차정원 5인승 이하의 것만 해당한다)를 사용하는 택시운송사업

6. 고급형: 다음 각 목의 어느 하나에 해당하는 자동차를 사용하는 택시운송사업

가. 배기량 2,800시시 이상의 승용자동차

나. 삭제 〈2017. 6. 2.〉

② 제1항에도 불구하고 「환경친화적 자동차의 개발 및 보급 촉진에 관한 법률」 제2조제3호부터 제6호까지의 전기자동차, 태양광자동차, 하이브리드자동차 및 수소전기자동차를 사용하는 택시운송사업은 국토교통부장관이 정하여 고시하는 기준에 따라 제1항 각 호의 사업으로 구분한다. 〈신설 2017. 6. 2., 2021. 4. 8.〉

제10조(택시운송사업의 사업구역) ① 영 제3조제2호다목 및 같은 호 라목에 따른 일반택시운송사업 및 개인택시운송사업(이하 "택시운송사업"이라 한다)의 사업구역은 특별시·광역시·특별자치시·특별자치도 또는 시·군 단위로 한다. 다만, 제9조제4호나목의 대형택시운송사업과 같은 조 제6호에 따른 고급형 택시운송사업의 사업구역은 특별시·광역시·도 단위로 한다. 〈개정 2009. 12. 2., 2012. 11. 23., 2018. 2. 12., 2024. 12. 26.〉

② 시·도지사는 제1항에도 불구하고 지역주민의 편의를 위하여 필요하다고 인정하면 지역 여건에 따라 사업구역을 별도로 정할 수 있다. 이 경우 시·도지사는 별도로 정하려는 사업구역이 그 시·도지사의 관할 범위를 벗어나는 경우에는 관련 시·도지사와 협의하여야 한다.

③ 국토교통부장관 또는 대도시권광역교통위원회는 제1항 및 제2항에도 불구하고 다음 각 호의 어느 하나에 해당하는 경우에는 「택

시운송사업의 발전에 관한 법률」 제5조에 따른 택시정책위원회의 심의를 거쳐 사업구역을 지정하거나 변경할 수 있다. 〈개정 2017. 1. 20., 2017. 3. 30., 2019. 10. 1., 2024. 12. 26.〉

1. 고속철도역, 공항(「항공사업법」에 따른 국제 정기편 운항이 이루어지는 공항만 해당한다), 항만(「항만법」에 따른 여객이용시설이 설치된 무역항만 해당한다) 또는 「국가통합교통체계효율화법」 제2조제15호에 따른 복합환승센터의 시설이 2개 이상의 사업구역에 걸쳐 있는 경우

2. 제5항에 따른 조정신청을 받은 경우

3. 그 밖에 사업구역 지역주민의 생활권과 사업구역의 경계가 일치하지 아니하는 등 사업구역의 지정·변경이 필요하다고 국토교통부장관 또는 대도시권광역교통위원회가 인정하는 경우

④ 제2항 후단에 따른 협의에 관하여는 제5조제4항을 준용한다. 〈개정 2010. 11. 15., 2017. 1. 20.〉

⑤ 시·도지사는 제2항 후단에 따라 관련 시·도지사와 협의하여야 하는 사항에 관하여 협의가 성립되지 아니한 경우에는 법 제78조제1항에 따라 국토교통부장관에게 조정신청을 하여야 한다. 〈신설 2017. 1. 20.〉

⑥ 국토교통부장관, 대도시권광역교통위원회 또는 시·도지사가 제2항 또는 제3항에 따라 사업구역을 별도로 정한 경우 그 전에 택시운송사업자의 면허를 받은 자(이하 "택시운송사업자"라 한다)의 사업구역은 새로 별도로 정한 구역으로 한다. 〈개정 2010. 11. 15., 2013. 3. 23., 2017. 1. 20., 2019. 10. 1.〉

⑦ 택시운송사업자가 다음 각 호의 어느 하나에 해당하는 영업을 하는 경우에는 해당 사업구역에서 하는 영업으로 본다. 〈개정 2010. 11. 15., 2012. 11. 23., 2017. 1. 20.〉

1. 해당 사업구역에서 승객을 태우고 사업구역 밖으로 운행하는 영업

2. 해당 사업구역에서 승객을 태우고 사업구역 밖으로 운행한 후 해당 사업구역으로 돌아오는 도중에 사업구역 밖에서 승객을 태우고 해당 사업구역에서 내리는 일시적인 영업

3. 법 제4조제4항에 따라 제13조의2에 따른 승차대를 이용하여 해당 사업구역으로 가는 여객을 운송하는 영업

제10조의2(택시 승차대의 설치 등) ① 관할관청은 택시 이용 수요가 많을 것으로 예상되는 장소에 택시 승차대를 설치할 수 있다.

② 택시 승차대의 설치 및 시설 기준은 해당 지역의 교통여건 및 택시 이용 수요를 고려하여 관할관청이 정한다.

③ 관할관청이 도로에 택시 승차대를 설치하거나 설치 및 시설 기준을 정하는 경우 관할 지방경찰청장과 협의하여야 한다.

[본조신설 2009. 12. 2.]

제11조(영업소의 설치) 구역 여객자동차운송사업자(택시운송사업자는 제외한다)가 주사무소 소재지를 관할하는 시·도의 행정구역 밖의 지역에서 상시 주차하여 영업을 하려면 해당 지역에 영업소를 설치하여야 한다.

제12조(사업면허 신청) ① 법 제4조제1항에 따라 노선 여객자동차운송사업 또는 일반택시운송사업의 면허를 받으려는 자는 별지 제6호서식의 여객자동차운송사업 면허신청서(전자문서로 된 신청서를 포함한다)에 다음 각 호의 서류(전자문서를 포함한다)를 첨부하여 관할관청에 제출하여야 한다. 이 경우 관할관청은 「전자정부법」 제36조제1항에 따른 행정정보의 공동이용을 통하여 법인 등기사항증명서(신청인이 법인인 경우만 해당한다)와 토지 등기사항증명서, 주민등록표 등본 또는 초본(신청인이 개인인 경우만 해당한다)을 확인하여야 하며, 신청인이 주민등록표 등본 또는 초본의 확인에 동의하지 아니하는 경우에는 주민등록표 등본 또는 초본을 첨부하도록 하여야 한다. 〈개정 2011. 4. 11., 2012. 8. 2., 2014. 11. 20.〉

1. 사업계획서
2. 사업용 고정자산의 총액 및 그 구체적인 내용을 적은 서류
3. 차고를 설치하려는 토지의 소유권 또는 사용권을 증명할 수 있는 서류(토지등기부 등본으로 확인 할 수 없는 경우만 첨부한다)
4. 노선 여객자동차운송사업의 경우에는 노선도(운행예정 노선의 기점, 종점, 거리와 주된 운행경로가 표시되어야 한다)
5. 기존 법인의 경우에는 다음 각 목의 서류
   가. 임원의 성명과 주민등록번호를 적은 서류
   나. 면허신청에 관한 총회 또는 이사회의 의결서 사본
6. 법인을 설립하려는 경우에는 다음 각 목의 서류
   가. 정관(공증인의 인증이 있어야 한다)

나. 발기인 또는 설립사원의 성명과 주민등록번호를 적은 서류
다. 설립하려는 법인이 주식회사 또는 유한회사인 경우에는 주식의 인수 또는 출자의 상황을 적은 서류
7. 삭제 〈2012. 8. 2.〉
8. 자동차매매계약서 등 사업에 사용할 자동차를 확보한 사실을 증명할 수 있는 서류
② 여객자동차운송사업의 면허를 받아 사업을 하고 있는 법인이 영 제3조의 구분에 따른 업종을 변경하기 위하여 면허를 신청할 때에는 제1항제5호 각 목의 서류를 첨부하지 아니할 수 있다.
③ 제1항제1호에 따른 사업계획서에는 다음 각 호의 구분에 따라 해당 사항을 적어야 한다. 〈개정 2018. 2. 12.〉
1. 노선 여객자동차운송사업의 경우
가. 주사무소와 영업소의 명칭과 위치
나. 자동차의 종류별 총 대수(臺數), 승차 정원, 형식, 연식(年式)과 상용차(常用車)의 대수
다. 각 운행계통별로 배차할 자동차의 종류·대수와 운행횟수(계절·요일 등 특별한 수송수요와 관련하여 특별수송기간 및 요일별 운행횟수 등을 구분하여 적는다)
라. 각 운행계통별 여객자동차터미널 및 정류소의 명칭과 여객자동차터미널 간 또는 정류소 간의 거리
마. 차고 및 운송부대시설의 위치와 그 수용능력
바. 법 제4조제3항에 따른 면허(이하 "한정면허"라 한다)의 경우에는 업무의 범위나 기간의 한정내용
사. 운행계통(기점·운행경로·정류소 및 종점을 적어야 한다)
아. 운행계통별 운행시간. 다만, 운행횟수가 빈번하거나 공동배차 등으로 운행시간을 지정하는 것이 적절하지 아니한 경우에는 운행횟수, 첫 버스 및 마지막 버스의 출발시각, 운행간격 및 운행에 걸리는 시간을 적는 것으로 운행시간을 갈음할 수 있다.
자. 운행계통별 투입 운수종사자의 수 및 제44조의6에 따른 휴식시간 기준 충족에 관한 사항
2. 일반택시운송사업의 경우
가. 사업구역
나. 주사무소의 명칭과 위치

다. 자동차의 종류 · 대수 · 형식 및 연식

라. 차고 및 운송부대시설의 위치와 그 수용능력

마. 한정면허의 경우에는 업무의 범위나 기간의 한정내용

제13조(사업구역과 인접한 주요교통시설의 범위) 법 제4조제4항에 따라 법 제4조제4항 각 호에 따른 주요교통시설과 사업구역 간의 거리가 다음 각 호의 구분에 따른 범위 이내에 있는 경우에는 해당 주요교통시설이 사업구역과 인접한 것으로 본다. 〈개정 2019. 3. 20.〉

1. 「철도의 건설 및 철도시설 유지관리에 관한 법률」 제2조제2호에 따른 고속철도의 역의 경계선을 기준으로 10킬로미터

2. 국제 정기편 운항이 이루어지는 「항공법」 제2조제7호에 따른 공항의 경계선을 기준으로 50킬로미터

3. 여객이용시설이 설치된 「항만법」 제2조제2호에 따른 무역항의 경계선을 기준으로 50킬로미터

4. 「국가통합교통체계효율화법」 제2조제15호에 따른 복합환승센터의 경계선을 기준으로 10킬로미터

[본조신설 2017. 1. 20.]

제13조의2(연계수송용 승차대의 설치 · 운영) 법 제4조제5항에 따라 법 제4조제4항 각 호에 따른 주요교통시설의 사업시행자는 해당 주요교통시설에 사업구역을 표시한 승차대를 사업구역별로 설치 · 운영하여야 한다. 다만, 승차대를 설치할 장소가 부족한 경우 등 불가피한 경우에는 방향이 유사한 사업구역을 통합하여 승차대를 설치 · 운영할 수 있다.

[본조신설 2017. 1. 20.]

제14조(면허기준 등) ① 법 제5조제1항에 따라 여객자동차운송사업자(이하 "운송사업자"라 한다)가 갖추어야 할 최저 면허기준 자동차 대수, 보유 차고 면적, 운송부대시설 등(이하 "시설등"이라 한다)의 기준은 별표 2와 같다.

② 관할관청은 운송사업자가 다음 각 호의 어느 하나에 해당하는 경우에는 별표 2 제1호의 면허기준 대수를 적용하지 아니할 수 있다.

1. 시외버스운송사업자가 시내버스운송사업 또는 농어촌버스운송사업을 같이 경영하는 경우

2. 운행노선 또는 사업구역이 섬이나 외딴곳, 그 밖에 특수한 사정이 있는 지역인 경우

3. 한정면허를 하는 경우

③ 관할관청은 제1항 및 제2항에 따른 기준 외에 수송수요와 수송력 공급 등에 관한 세부적인 면허기준을 따로 정할 수 있다.

제15조(시외버스운송사업의 자동차 대수 산정기준) 시외버스운송사업에 필요한 자동차 대수는 운행횟수와 노선거리에 따른 총 운행거리를 다음 각 호의 구분에 따른 1일 운행거리로 나누어 산출한 대수 이상으로 하여야 한다. 이 경우 관할관청은 도로별 지정속도와 교통혼잡도 등을 고려하여 필요하다고 인정하면 30퍼센트의 범위에서 1일 운행거리를 증감하여 적용할 수 있다.

1. 4차로 이상인 고속국도구간: 1일 750킬로미터

2. 2차로인 고속국도구간: 1일 700킬로미터

3. 고속국도 외의 도로로서 4차로 이상인 포장도로구간: 1일 650킬로미터

4. 고속국도 외의 도로로서 4차로 미만인 포장도로구간: 1일 550킬로미터

5. 비포장도로구간: 1일 400킬로미터

제16조(사업면허) ① 관할관청은 제12조에 따라 여객자동차운송사업의 면허신청을 받은 경우 그 신청서류를 심사하여 면허요건에 적합하다고 인정하면 제14조제1항에 따른 시설등을 확인할 일시를 지정하여 그 신청인에게 알려야 한다.

② 관할관청은 제1항에 따라 지정된 일시에 시설등을 확인한 후 시설등이 제14조제1항에 따른 기준을 충족한 때에는 여객자동차운송사업의 면허를 하여야 한다. 이 경우 지역 실정과 운송질서의 확립 등을 위하여 필요하다고 인정하면 법 제4조제3항에 따라 조건을 붙여 면허할 수 있다.

③ 관할관청은 제2항에 따른 시설등의 확인을 해당 시설등의 소재지를 관할하는 시·도지사에게 의뢰할 수 있다.

④ 관할관청은 제1항에 따른 신청서류의 심사 결과 면허기준에 맞지 아니하다고 인정하는 경우나 제2항에 따른 확인 결과 시설등의 기준에 미치지 못하는 경우 또는 해당 신청인이 사실확인을 위한 조사활동 등에 협조하지 아니하는 경우에는 면허를 하여서는 아

니 된다. 이 경우 관할관청은 그 이유를 분명히 밝혀서 신청인에게 알려야 한다.

제17조(한정면허) ① 법 제4조제3항에 따른 여객자동차운송사업의 한정면허는 다음 각 호의 어느 하나에 해당하는 경우에 할 수 있다. 〈개정 2008. 12. 2., 2011. 12. 30., 2012. 11. 23., 2013. 3. 23., 2014. 12. 31., 2016. 1. 6., 2016. 4. 21., 2017. 2. 28., 2020. 12. 29., 2021. 9. 24.〉

1. 다음 각 목의 어느 하나에 해당하는 노선 여객자동차운송사업을 경영하려는 경우

가. 여객의 특수성 또는 수요의 불규칙성 등으로 인하여 노선버스를 운행하기 어려운 경우로서 다음의 어느 하나에 해당하는 경우

1) 공항, 도심공항터미널 또는 국제여객선터미널을 기점 또는 종점으로 하는 경우로서 공항, 도심공항터미널 또는 국제여객선터미널 이용자의 교통불편을 해소하기 위하여 필요하다고 인정되는 경우

2) 관광지를 기점 또는 종점으로 하는 경우로서 관광의 편의를 제공하기 위하여 필요하다고 인정되는 경우

3) 고속철도 정차역을 기점 또는 종점으로 하는 경우로서 고속철도 이용자의 교통편의를 위하여 필요하다고 인정되는 경우

4) 국토교통부장관이 정하여 고시하는 출퇴근 또는 심야 시간대에 대중교통 이용자의 교통불편을 해소하기 위하여 필요하다고 인정되는 경우

5) 「산업집적활성화 및 공장설립에 관한 법률」에 따른 산업단지 또는 관할관청이 정하는 공장밀집지역을 기점 또는 종점으로 하는 경우로서 산업단지 또는 공장밀집지역의 접근성 향상을 위하여 필요하다고 인정되는 경우

나. 수익성이 없어 노선운송사업자가 운행을 기피하는 노선으로서 관할관청이 법 제50조제2항에 따라 보조금을 지급하려는 경우

다. 버스전용차로의 설치 및 운행계통의 신설 등 버스교통체계 개선을 위하여 시·도의 조례로 정한 경우

라. 신규노선에 대하여 영 제37조제1항제1호 각 목 외의 부분에서 규정한 시내버스운송사업을 경영하려는 자의 경우

2. 수요응답형 여객자동차운송사업을 경영하려는 경우

3. 국토교통부장관이 정하여 고시하는 운송사업자가 국토교통부장

관이 정하여 고시하는 심야 시간대에 승차정원이 11인승 이상의 승합자동차를 이용하여 여객의 요청에 따라 탄력적으로 여객을 운송하는 구역 여객자동차운송사업을 경영하려는 경우

4. 관할 관청이 정하는 바에 따라 업무 범위, 구역, 시간 등을 한정하여 택시운송사업을 경영하려는 자의 경우

② 관할관청은 제1항제1호, 제2호 및 제4호에 따라 여객자동차운송사업의 한정면허를 하려는 경우에는 다음 각 호의 사항을 공고하는 등 공개적인 방법으로 그 대상자를 선정하여야 한다. 이 경우 운송사업자와 대상 노선 등의 선정절차 및 방법, 그 밖에 필요한 사항은 시·도(시·도지사가 면허를 하는 경우만 해당한다)의 조례로 정한다. 〈개정 2008. 12. 2., 2014. 12. 31., 2016. 4. 21., 2021. 9. 24.〉

1. 노선 여객자동차운송사업의 경우에는 다음 각 목의 사항
   가. 운행노선
   나. 운행대수
   다. 서비스의 수준
   라. 면허기간
   마. 보조금의 지급
   바. 그 밖에 한정면허에 관하여 필요한 사항
2. 수요응답형 여객자동차운송사업의 경우에는 다음 각 목의 사항
   가. 운행노선 또는 운행구역
   나. 운행차종, 대수 및 운행방법
   다. 서비스의 수준
   라. 면허기간
   마. 운임·요금 산정에 관한 사항
   바. 보조금의 지급
   사. 그 밖에 한정면허에 관하여 필요한 사항
3. 택시운송사업의 경우에는 다음 각 목의 사항
   가. 업무범위, 구역 및 시간대
   나. 운행차종, 대수 및 운행방법
   다. 서비스의 수준
   라. 면허기간
   마. 운임·요금 산정에 관한 사항

바. 보조금의 지급
사. 그 밖에 한정면허에 관하여 필요한 사항
4. 삭제 〈2014. 12. 31.〉
5. 삭제 〈2014. 12. 31.〉

③ 제1항제3호에 따라 한정면허를 받으려는 자는 별지 제6호서식의 여객자동차운송사업 면허신청서(전자문서로 된 신청서를 포함한다)에 다음 각 호의 서류(전자문서를 포함한다)를 첨부하여 관할관청에 제출하여야 한다. 이 경우 관할관청은 신청서류를 심사하여 한정면허 요건에 적합하다고 인정하면 면허를 하여야 한다. 〈신설 2016. 4. 21.〉

1. 사업계획서
2. 여객자동차운송사업 면허증 등 제1항제3호에 따른 운송사업자임을 증명할 수 있는 서류
3. 자동차매매계약서 등 사업에 사용할 자동차를 확보한 사실을 증명할 수 있는 서류

④ 시·도지사는 지역주민의 편의 및 지역 여건상 해당 시·도에 걸치는 영 제37조제1항제1호 각 목 외의 부분에서 규정한 시내버스운송사업의 신규노선이 필요한 경우에는 대도시권광역교통위원회에 제1항제1호라목에 따른 한정면허의 대상 노선 등에 관한 의견을 제출할 수 있다. 〈신설 2014. 12. 31., 2016. 4. 21., 2019. 10. 1., 2020. 12. 29.〉

⑤ 한정면허의 기간은 6년 이내로 한다. 〈개정 2008. 12. 2., 2011. 12. 30., 2014. 12. 31., 2016. 4. 21.〉

⑥ 한정면허를 받은 자는 한정면허의 기간만료 후 사업을 계속하려면 기간만료일 3개월 전까지 면허의 갱신을 신청하여야 한다. 〈개정 2014. 12. 31., 2016. 4. 21.〉

⑦ 제1항제1호가목4)에 따른 한정면허의 사업계획의 변경에 관하여는 제33조제1항에도 불구하고 노선 또는 운행계통의 기점·종점을 신설하거나 변경하는 경우에는 관할관청의 인가를 받고, 나머지 변경의 경우에는 관할관청에 신고를 하여야 한다. 〈개정 2017. 2. 28.〉

제18조(개인택시운송사업의 면허신청) 법 제4조제1항에 따라 개인택시운송사업의 면허를 받으려는 자는 관할관청이 공고하는 기간 내에

별지 제7호서식의 개인택시운송사업 면허신청서에 다음 각 호의 서류를 첨부하여 관할관청에 제출해야 한다. 〈개정 2018. 2. 12., 2022. 1. 28., 2024. 12. 26.〉

1. 건강진단서
2. 제55조제3항에 따른 택시운전자격증(이하 "택시운전자격증"이라 한다) 사본
3. 삭제 〈2024. 12. 26.〉
4. 그 밖에 관할관청이 필요하다고 인정하여 공고하는 서류

제19조(개인택시운송사업의 면허기준 등) ① 제18조에 따라 개인택시운송사업의 면허를 받으려는 자는 제14조제1항에 따른 시설등의 기준 외에 다음 각 호의 요건을 갖추어야 한다. 다만, 관할관청은 필요하다고 인정할 때에는 다음 각 호의 요건을 2분의 1의 범위에서 완화하여 적용할 수 있다.

1. 다음 각 목의 어느 하나에 해당하는 자일 것

가. 면허신청 공고일부터 계산하여 과거 6년 동안 국내에서 여객자동차운송사업용 자동차, 「화물자동차 운수사업법 시행규칙」 제3조에 따른 화물자동차(이하 이 조에서 "화물자동차"라 한다)로서 화물자동차 운수사업에 사용되는 화물자동차 또는 「건설기계관리법 시행규칙」 제73조제1항에 따른 건설기계(이하 이 조에서 "건설기계"라 한다)로서 건설기계대여업에 사용되는 건설기계를 운전한 경력이 5년 이상인 자로서 면허신청 공고일 이전의 최종 운전종사일부터 계산하여 5년 이상 무사고로 운전한 경력이 있는 자

나. 면허신청 공고일부터 계산하여 과거 11년 동안 국내에서 다른 사람에게 고용되어 자가용자동차, 자가용 화물자동차 또는 자가용 건설기계를 운전한 경력이 10년 이상인 자로서 면허신청 공고일 이전의 최종 운전종사일부터 계산하여 10년 이상 무사고로 운전한 경력이 있는 자

다. 국내에서 가목에 따른 운전경력과 나목에 따른 운전경력이 있는 자로서 면허신청 공고일 이전의 최종 운전종사일부터 계산하여 과거 5년 이상 무사고로 운전한 경력(자가용자동차, 자가용 화물자동차 및 자가용 건설기계의 무사고 운전경력은 그 기간을 2분의 1로 환산하여 합산한다)이 있고, 합산한 무사고 운전경력의 최초 운전종사일부터 면허신청 공고일까지의 기간 중 운전업무에 종사하지

아니한 기간이 1년을 초과하지 아니하는 자

2. 면허신청 공고일부터 계산하여 과거 3년 동안 법 제26조에 따른 운수종사자의 준수사항을 위반하여 법 제94조제3항에 따른 과태료처분을 3회 이상 받은 사실이 없는 자일 것

3. 면허신청 공고일부터 계산하여 과거 3년 동안 「도로교통법 시행규칙」에 따른 운전면허 행정처분 기준에 의하여 산출한 누산점수가 180점 이하일 것

② 제1항 각 호에 따른 기간의 계산은 다음 각 호의 방법에 따른다.

1. 종전에 개인택시운송사업의 면허를 받은 자(면허를 양도받은 자를 포함한다. 이하 이 조에서 같다)이 그 사업을 양도하고 다시 개인택시운송사업의 면허를 받으려 하거나 개인택시운송사업면허 취소처분을 받은 자가 다시 개인택시운송사업의 면허를 받으려는 경우에는 종전의 개인택시운송사업면허를 양도한 날 또는 개인택시운송사업면허 취소처분을 받은 날까지의 운전경력은 제외할 것

2. 운전자가 외국에서 취업한 경우에는 출국 전의 운전기간과 귀국 후의 운전기간을 연결하여 합산하되, 귀국 후의 무사고 운전경력이 1년 이상일 것

③ 개인택시운송사업의 면허를 받은 자가 사망한 경우 그 상속인은 법 제14조제2항에 따른 양도ㆍ양수의 인가를 받아 그 면허를 타인에게 양도할 수 있으며, 상속인 본인이 제8항 및 제9항에 따른 요건을 갖추었을 때에는 법 제15조제1항에 따른 신고를 하고 그 사업을 직접 승계할 수 있다. 〈개정 2020. 4. 3.〉

④ 관할관청은 개인택시운송사업의 면허를 받은 후 법 제16조제1항에 따라 폐업의 허가를 받은 사실이 있는 자가 종전의 면허와 사업구역이 같은 면허를 다시 신청할 때에는 즉시 면허를 하여야 한다. 다만, 법 제6조에 따른 결격사유에 해당하거나 법 제24조에 따른 운수종사자의 요건을 갖추지 못한 경우에는 그러하지 아니하다.

⑤ 개인택시운송사업의 면허를 받은 자가 법 제14조제2항에 따라 사업을 양도하려면 면허를 받은 날부터 5년이 지나야 한다. 다만, 면허를 받은 자가 다음 각 호의 어느 하나에 해당하는 경우에는 그러하지 아니하다.

1. 1년 이상 치료를 하여야 하는 질병으로 인하여 본인이 직접

운전할 수 없는 경우

2. 제21조제2항에 해당되어 대리운전이 불가능한 경우

3. 해외이주로 인하여 본인이 국내에서 운전할 수 없는 경우

4. 61세 이상인 경우

⑥ 관할관청은 지역실정을 고려하여 제1항에 따른 개인택시운송사업의 면허기준 외에 다음 각 호의 사항이 포함된 면허기준을 따로 정하여 면허할 수 있다.

1. 면허신청 공고일 이전 2년 이내의 해당지역 거주기간

2. 면허발급요건 또는 우선순위

3. 그 밖에 관할관청이 특히 필요하다고 인정하는 사항

⑦ 관할관청은 개인택시운송사업의 면허를 신청한 자가 면허신청 공고일 이후에 영 제11조에 따른 중대한 교통사고에 해당하는 교통사고를 일으킨 경우에는 개인택시운송사업의 면허를 하지 아니한다.

⑧ 법 제14조제2항에 따라 개인택시운송사업을 양수하려는 자는 양도·양수 인가신청일 현재 제1항 및 제6항에 따른 요건을 갖추어야 한다.

⑨ 개인택시운송사업 면허를 양수하려는 자가 다음 각 호의 요건을 모두 갖춘 경우에는 제1항제1호의 요건을 갖춘 것으로 본다. 다만, 관할관청은 필요하다고 인정하는 경우에는 제1호의 요건을 2분의 1 범위에서 완화하여 적용할 수 있다. 〈신설 2020. 4. 3.〉

1. 양도·양수 인가신청일부터 계산하여 과거 5년 이상 국내에서 무사고로 운전한 경력이 있는 자일 것. 다만, 외국에 거주한 기간이 있을 경우 출국 전의 운전기간과 귀국 후의 운전기간을 연결하여 합산하되, 귀국 후의 무사고 운전경력이 1년 이상이어야 한다.

2. 「한국교통안전공단법」에 따른 한국교통안전공단(이하 "한국교통안전공단"이라 한다)이 교통안전체험, 교통사고 대응요령과 여객자동차 운수사업법령 등에 관하여 실시하는 이론 및 실기교육(이하 "교통안전교육"이라 한다)을 이수할 것

⑩ 제9항제2호에 따른 교육에 관하여 필요한 사항은 국토교통부장관이 정하여 고시한다. 〈신설 2020. 4. 3.〉

제20조(개인택시운송사업 면허의 특례) ① 개인택시운송사업자는 범죄신고, 범인체포 협조 등에 따른 신변보호의 필요성이 있거나 택시운송사업의 수급조절을 위하여 필요한 경우 등 관할관청이 특히 필

요하다고 인정하는 사유로 면허를 받은 사업구역이 아닌 곳에서 개인택시운송사업을 하려는 경우에는 그 사업구역의 관할관청에 개인택시운송사업면허를 신청할 수 있다. 〈개정 2014. 7. 29.〉

② 제1항에 따른 신청을 받은 관할관청은 그 신청사유가 타당하다고 인정되면 개인택시운송사업의 면허를 한 관할관청과 협의하여 이미 받은 개인택시운송사업의 면허를 폐지하게 한 후 새로 개인택시운송사업의 면허를 할 수 있다. 이 경우에는 제19조제4항 단서 및 제55조제1항을 준용한다.

제21조(개인택시운송사업의 대리운전) ① 영 제3조제2호라목 전단에 따라 개인택시운송사업자가 직접 운전을 하지 아니하고 다른 사람으로 하여금 대리운전을 하게 할 수 있는 경우는 다음 각 호의 어느 하나와 같다. 〈개정 2012. 6. 29., 2013. 3. 23.〉

1. 1년 이내에 치료할 수 있는 질병으로 본인이 직접 운전할 수 없는 경우

2. 법 제53조에 따른 조합(이하 "조합"이라 한다)에서 상근직 임원(지부장과 조합장을 포함한다. 이하 이 호에서 같다)으로 선출된 경우. 다만, 급여를 받는 상근직 임원은 조합 규모, 조합원 수, 급여 수준, 업무내용 및 적정 상근직 임원 수 등 국토교통부장관이 정하여 고시하는 기준에 적합한 경우로서 관할관청이 필요하다고 인정하는 경우만 해당한다.

3. 「도로교통법」 제146조에 따라 무사고운전자 또는 유공운전자의 표시장을 받은 자로서 같은 법 시행령 제6조제1호에 따라 교통안전 봉사활동에 종사하는 모범운전자 단체의 장(지부장과 지회장을 포함한다)으로 선출되어 급여를 받지 아니하고 근무하는 경우

② 개인택시운송사업자가 제1항제1호에 따라 동일한 질병이나 이로 인한 합병증으로 인하여 대리운전을 하게 하는 경우 그 합산기간은 최종의 대리운전신고를 한 날을 기준으로 하여 과거 3년 동안 1년을 초과할 수 없다.

③ 개인택시운송사업자는 그 사업용 자동차를 제1항 각 호에 따른 사유로 다른 사람으로 하여금 대리운전을 하게 하려면 별지 제8호서식의 개인택시운송사업 대리운전신고서에 다음 각 호의 서류를 첨부하여 미리 관할관청에 신고해야 한다. 이 경우 대리운전을 할 자는 제19조제8항 및 제9항에 따른 개인택시운송사업 면허의 양수

요건을 갖추어야 한다. 〈개정 2020. 4. 3., 2022. 1. 28., 2024. 12. 26.〉

1. 개인택시운송사업자에 관한 다음 각 목의 서류

가. 제55조의2제2항에 따른 택시운전자격증명(이하 "택시운전자격증명"이라 한다)

나. 진단서(제1항제1호의 경우에만 첨부한다)

2. 대리운전자에 관한 다음 각 목의 서류

가. 삭제 〈2012. 8. 2.〉

나. 제19조제1항제1호에 따른 운전경력을 증명하는 서류(제19조제8항에 따른 양수자만 해당한다)

다. 택시운전자격증

라. 삭제 〈2024. 12. 26.〉

마. 교통안전교육 이수를 증명할 수 있는 서류(제19조제9항에 따른 양수자만 해당한다)

④ 관할관청은 대리운전기간 중 제3항에 따라 신고인이 제출한 택시운전자격증명을 보관하여야 한다.

⑤ 관할관청은 제3항에 따라 신고한 대리운전기간이 종료되었을 때에는 신고인이 제출한 택시운전자격증명을 반환하고, 제55조의2제2항에 따라 대리운전자에게 발급된 택시운전자격증명을 회수하여 폐기해야 한다. 〈개정 2022. 1. 28.〉

⑥ 제3항에 따라 신고한 대리운전기간 중 그 대리운전사유가 소멸되었을 때에는 개인택시운송사업자가, 개인택시운송사업자가 사망하였을 때에는 상속인 등이 대리운전을 즉시 종료하게 하고 지체없이 관할관청에 그 사실을 신고하여야 한다.

⑦ 제3항에 따라 신고를 받은 관할관청은 「전자정부법」 제36조제1항에 따른 행정정보의 공동이용을 통하여 대리운전자의 자동차운전면허증 및 운전경력증명서(무사고 운전경력을 포함한다)를 확인해야 한다. 다만, 대리운전자가 관할관청의 확인에 동의하지 않는 경우에는 신고인이 해당 서류(자동차운전면허증의 경우에는 그 사본)를 첨부하게 해야 한다. 〈개정 2022. 1. 28.〉

제22조(등록신청) ① 법 제4조제1항 및 영 제4조에 따라 마을버스운송사업, 전세버스운송사업 또는 특수여객자동차운송사업의 등록을 하려는 자는 별지 제9호서식의 여객자동차운송사업 등록신청서(전자

문서로 된 신청서를 포함한다)에 다음 각 호의 서류(전자문서를 포함한다)를 첨부하여 관할관청에 제출하여야 한다. 다만, 「전자정부법」 제36조제1항에 따른 행정정보의 공동이용을 통하여 첨부서류에 대한 정보를 확인할 수 있는 경우에는 그 확인으로 첨부서류를 갈음할 수 있다. 〈개정 2011. 4. 11.〉

1. 사업계획서

2. 차고를 설치하려는 토지의 소유권 또는 사용권을 증명할 수 있는 서류

3. 제12조제1항제4호(마을버스운송사업의 경우만 해당한다) 및 제5호부터 제7호까지의 규정에 따른 서류

② 제1항제1호에 따른 사업계획서에는 다음 각 호의 사항을 적어야 한다. 다만, 제4호부터 제8호까지의 규정은 마을버스운송사업의 경우만 해당한다. 〈개정 2018. 2. 12.〉

1. 주사무소 및 영업소의 명칭 및 위치

2. 주사무소 및 영업소별 자동차의 종류·대수·승차정원·형식 및 연식

3. 주사무소 및 영업소별 차고 및 운송부대시설의 위치와 그 수용능력

4. 각 운행계통별로 배차할 자동차의 종류·대수 및 운행횟수

5. 각 운행계통별 정류소의 명칭과 정류소 간 거리

6. 운행계통(기점·운행경로·정류소 및 종점을 적어야 한다)

7. 운행계통별 운행시간

8. 운행계통별 투입 운수종사자의 수 및 제44조의6에 따른 휴식시간 기준 충족에 관한 사항

③ 영 제3조제1호다목에 따른 마을버스운송사업의 운행계통의 기준은 관할관청이 해당 행정구역의 수송수요 등을 고려하여 정하고 공고한다.

제22조의2(수송력 공급계획의 변경 사유) 법 제5조제4항에서 "수송수요의 급격한 변화 등 국토교통부령으로 정하는 사유"란 다음 각 호의 사항을 말한다. 〈개정 2013. 3. 23.〉

1. 택지가 개발되어 대규모의 인구유입이 발생한 경우

2. 제10조제1항에 따른 사업구역의 통합으로 별도의 수송력 공급계획의 수립이 필요한 경우

3. 국토교통부장관이 택시운송사업용 자동차의 적정 수요와 공급 유지를 위하여 필요하다고 인정하는 경우

[본조신설 2009. 12. 2.]

제23조(등록기준 등) ① 법 제5조제5항에 따라 마을버스운송사업자 · 전세버스운송사업자 및 특수여객자동차운송사업자가 갖추어야 하는 시설등의 등록기준은 별표 3과 같다. 〈개정 2009. 12. 2.〉

② 이 규칙에 규정된 사항 외에 마을버스운송사업의 등록조건에 관한 사항, 운행계통의 기준이나 그 밖에 마을버스운송사업의 등록에 관한 세부적인 사항은 시 · 도의 조례로 정할 수 있다.

제24조(등록) ① 관할관청은 제22조에 따른 등록신청을 받으면 그 등록요건을 갖추었는지를 확인하여야 한다. 이 경우 관할관청은 필요하다고 인정하면 시설등의 소재지를 관할하는 시 · 도지사에게 시설등의 확인을 요청할 수 있다.

② 제1항 후단에 따른 시설등의 확인요청을 받은 시 · 도지사는 요청을 받은 날부터 20일 이내에 시설등이 등록기준에 맞는지를 확인하여 관할관청에 통보하여야 한다. 〈개정 2018. 2. 12.〉

제24조의2(수송력 공급계획의 공고) 법 제5조제3항에 따라 시 · 도지사가 수송력 공급계획을 수립한 경우에는 다음 각 호의 사항을 공보에 게시하여야 한다. 〈개정 2014. 7. 29.〉

1. 사업구역별 택시운송사업용 자동차의 총대수
2. 사업구역별 · 연도별 택시운송사업용 자동차의 공급계획

[본조신설 2009. 12. 2.]

제25조(운송 개시일의 지정 등) ① 법 제7조에 따라 관할관청으로부터 수송시설의 확인을 받고 운송을 시작하여야 할 기일은 면허를 받은 날부터 3개월 이내로 한다.

② 법 제7조 단서에 따라 운송 개시의 기일을 연기하거나 기간의 연장(사업의 일부에 대한 연기 또는 연장의 경우를 포함한다)을 받으려는 자는 별지 제10호서식의 운송개시기일 연기(운송개시기간 연장) 신청서(전자문서로 된 신청서를 포함한다)에 관계 증거서류(전자문서를 포함한다)를 첨부하여 관할관청에 제출하여야 한다.

③ 관할관청은 제2항에 따른 운송개시의 기일 연기 또는 기간 연장 신청을 받은 경우 특별한 사유가 있다고 인정되면 3개월 이내의 기간을 정하여 그 기일을 연기하거나 기간을 연장할 수 있다. 〈개정

2017. 2. 28.〉
제26조(수송시설의 확인) ① 법 제7조에 따라 수송시설의 확인을 받으려는 자는 별지 제11호서식의 수송시설 확인신청서(전자문서로 된 신청서를 포함한다. 이하 이 조에서 같다)에 다음 각 호의 서류(전자문서를 포함한다. 이하 이 조에서 같다)를 첨부하여 관할관청에 제출하여야 한다.

1. 자동차의 소유권을 증명할 수 있는 서류
2. 차고 및 운송부대시설의 소유권 또는 사용권을 증명할 수 있는 서류
3. 시설등의 명칭 · 위치 및 규모를 표시한 명세서

② 제14조제1항 및 제23조에 따른 시설등의 기준 중 임대사용하는 시설등(개인택시운송사업자가 임대사용하는 시설등은 제외한다)의 임대기간이 만료되는 경우에는 임대기간만료일 1개월 전에 별지 제11호서식의 수송시설 확인신청서에 제1항제2호 및 제3호의 서류를 첨부하여 관할관청에 제출하여야 한다.

③ 제1항 및 제2항의 첨부서류에 대한 정보를 「전자정부법」 제36조제1항에 따른 행정정보의 공동이용을 통하여 확인할 수 있는 경우에는 그 확인으로 첨부서류를 갈음할 수 있다. 〈개정 2011. 4. 11.〉

제27조(운임 · 요금의 기준 및 요율의 결정) ① 국토교통부장관, 대도시권광역교통위원회 또는 시 · 도지사는 법 제8조제1항에 따라 운임 · 요금의 기준 및 요율을 정하려는 경우에는 운송사업자(제17조제1항제1호가목부터 다목까지의 규정에 해당하여 한정면허를 받은 운송사업자는 제외한다), 조합 또는 법 제59조에 따른 연합회(이하 "연합회"라 한다)로 하여금 원가계산이나 그 밖의 운임 및 요금액 산출의 기초가 되는 내용을 적은 서류를 제출하게 할 수 있다. 〈개정 2008. 12. 2., 2009. 6. 16., 2013. 3. 23., 2014. 12. 31., 2019. 10. 1.〉

② 여객자동차운송사업의 운임 · 요금의 기준 및 요율의 결정에 관하여 법 또는 이 규칙에서 규정하지 아니한 사항에 관하여는 국토교통부장관이 따로 정하는 바에 따른다. 〈개정 2013. 3. 23.〉

제28조(운임 · 요금의 신고) ① 법 제8조제1항 및 제2항에 따라 여객자동차운송사업의 운임 · 요금의 신고 또는 변경신고를 하려는 자

는 별지 제12호서식의 여객자동차운송사업 운임·요금 신고 또는 변경신고서에 다음 각 호의 서류를 첨부하여 관할관청에 제출하여야 한다. 〈개정 2015. 9. 21., 2016. 9. 26.〉

1. 운임·요금표 및 그 신·구 대비표(신·구 대비표는 운임·요금을 변경하는 경우에만 첨부한다)

2. 택시요금미터 변경계획에 관한 서류[경형, 소형, 중형, 대형(승용자동차를 사용하는 경우로 한정한다) 및 모범형 택시운송사업의 경우에만 첨부한다]

3. 운임구간을 표시한 서류(구간제 운임의 경우에만 첨부한다)

② 제1항에 따른 운임·요금의 신고 또는 변경신고는 해당 운송사업자의 소속 조합을 통하여 할 수 있다.

③ 관할관청은 운송사업자가 제1항에 따라 신고한 내용이 법 제8조제1항에 따른 운임·요금의 기준 및 요율의 범위에 맞는 경우에는 7일 이내에 그 사실을 운송사업자에게 알려야 하며, 맞지 아니한 경우에는 운송사업자에게 그 보완을 요구하여야 한다.

제29조(운송약관의 신고) ① 법 제9조제1항에 따라 운송약관의 신고 또는 변경신고를 하려는 자는 별지 제13호서식의 여객자동차운송사업 운송약관 신고서에 다음 각 호의 서류를 첨부하여 관할관청에 제출하여야 한다.

1. 운송약관(신고의 경우에만 첨부한다)

2. 운송약관 신·구 대비표(변경신고의 경우에만 첨부한다)

② 제1항에 따른 운송약관의 신고 또는 변경신고는 해당 운송사업자의 소속 조합을 통하여 할 수 있다.

제30조(운송약관의 기재사항) 법 제9조에 따른 운송약관에는 다음 각 호의 사항을 적어야 한다. 〈개정 2014. 7. 29.〉

1. 사업의 종류
2. 운송약관의 적용 범위
3. 운임 및 요금의 수수 또는 환급에 관한 사항
4. 승차권의 발행에 관한 사항
5. 자동차 안의 휴대품 및 휴대화물에 관한 사항
6. 운송책임과 배상에 관한 사항
7. 면책(免責)에 관한 사항
8. 여객의 금지행위에 관한 사항

9. 소화물 운송에 관한 사항(노선 여객자동차운송사업자가 법 제18조에 따라 소화물을 운송하는 경우에 한정한다)

10. 그 밖에 이용자의 보호 등을 위하여 필요한 사항

제31조(사업계획의 변경인가 신청 등) ① 법 제10조제1항 본문 또는 같은 조 제2항 본문에 따라 사업계획 변경인가를 받으려 하거나 사업계획 변경등록을 하려는 자는 별지 제14호서식의 여객자동차운송사업계획 변경인가 또는 변경등록 신청서에 다음 각 호의 서류 또는 도면을 첨부하여 관할관청에 제출하여야 한다.

1. 신·구 사업계획을 대비한 서류 또는 도면

2. 자동차 대수를 늘리는 경우에는 다음 각 목의 시설등의 위치 및 수용능력을 적은 서류

가. 차고

나. 영업소 및 정류소

다. 휴게실 및 대기실

라. 교육훈련시설

마. 그 밖의 운송 부대시설

② 제1항에 따라 사업계획 변경인가를 받은 자에 대한 운송 개시일의 지정 및 수송시설의 확인 등에 관하여는 제25조와 제26조를 준용한다.

제32조(사업계획 변경의 기준·절차 등) ① 노선운송사업자는 제31조에 따라 사업계획 변경인가 또는 사업계획 변경등록의 신청서를 제출할 때에는 다음 각 호의 구분에 따른 기한까지 제출하여야 한다. 다만, 수송수요 등의 변동이 있는 경우로서 교통편의의 증진을 위하여 필요하다고 인정될 때에는 수시로 이를 신청할 수 있다.

1. 상반기: 매년 3월 31일까지

2. 하반기: 매년 9월 30일까지

② 노선여객자동차운송사업의 사업계획 변경은 다음 각 호의 기준에 따른다.

1. 노선 및 운행계통을 신설하려는 경우에는 운행횟수를 4회 이상으로 할 것. 다만, 법 제23조제1항제10호에 따른 사업개선명령의 경우에는 관할관청이 정하는 운행횟수에 따른다.

2. 노선 및 운행계통을 연장하려는 경우에 그 연장거리는 기존 운행계통의 50퍼센트 이하로 할 것

3. 노선 및 운행계통의 운행경로 변경은 도로 여건 등 불가피한 경우를 제외하고는 운행거리 또는 운행시간이 단축되는 경우로 한정하며, 기존 운행경로를 너무 많이 변경하여 이용주민에게 불편을 주지 아니할 것

4. 고속형 시외버스 또는 직행형 시외버스의 운행계통 신설 등 사업계획 변경으로 인하여 기존의 고속형 시외버스 또는 직행형 시외버스 운행계통과 동일하게 되지 아니할 것. 다만, 해당 운행계통에 하나의 시외버스운송사업자가 운행하고 있는 경우와 관할관청이 주민의 교통편의 증진을 위하여 필요하다고 인정하는 경우에는 그러하지 아니하다.

5. 기존 노선 및 운행계통을 일시적으로 변경하는 관할관청의 우회운행노선 지정은 주말·연휴 및 특별수송기간 등에 교통체증 등의 사유가 있는 경우로 한정할 것. 이 경우 관할관청은 우회운행노선의 도로상태·노선상황 및 정류소 등을 고려하여 우회운행할 수 있는 운행경로와 운행조건을 지정하여야 한다.

6. 제33조제1항제3호가목에 따른 운행횟수의 증감을 초과하는 경우로서 둘 이상의 시·도에 걸치는 운행횟수의 증감은 관련 시외버스운송사업자 또는 관할관청이 참여하여 해당 운행계통에 대한 수송수요 등을 조사한 후에 변경할 것

③ 법 제10조제5항에 따른 운송사업자의 사업계획 변경제한은 다음 각 호의 기준에 따른다. 〈개정 2014. 7. 29., 2019. 1. 30., 2024. 12. 26.〉

1. 법 제10조제5항제1호 또는 제2호에 해당하여 행정처분을 받았을 때에는 그 날부터 1년간 해당 운행계통의 사업계획 변경의 인가 또는 신고의 수리(受理) 거부

2. 법 제10조제5항제3호에 해당하여 노선을 폐지하여야 하는 사업계획 변경명령을 받았을 때에는 해당 노선의 사업계획 전부에 대하여, 자동차 대수를 줄여야 하는 사업계획 변경명령을 받았을 때에는 해당 운행계통에 해당하는 사업계획에 대하여 그 명령을 받은 날부터 1년간 사업계획 변경의 인가 또는 신고의 수리 거부

3. 법 제10조제5항제5호에 해당하여 법 제5조의3제4항에 따라 국토교통부장관으로부터 전세버스운송사업의 등록 제한을 통보받은 경우에는 해당 통보를 받은 날부터 법 제5조의3제3항에 따른 등록

제한 기간 동안 전세버스의 증차가 포함된 사업계획 변경등록의 거부

④ 그 밖의 사업계획 변경의 세부절차나 그 밖에 필요한 사항에 관하여는 국토교통부장관 또는 시ㆍ도지사가 따로 정하는 바에 따른다. 〈개정 2019. 1. 30.〉

제33조(사업계획의 변경신고) ① 법 제10조제1항 단서에 따라 관할 관청에 신고해야 하는 경미한 사항의 변경은 다음 각 호와 같다. 〈개정 2014. 12. 31., 2015. 1. 29., 2018. 2. 12., 2019. 12. 26., 2020. 12. 29., 2023. 4. 18.〉

1. 여객자동차운송사업의 영업소의 설치ㆍ이전(관할구역 밖으로 이전하는 것만 해당한다) 및 폐지

2. 시내버스운송사업과 농어촌버스운송사업의 사업계획 중 다음 각 목의 변경. 다만, 운행대수 또는 운행횟수에 대한 사업계획 변경의 인가일 또는 신고일부터 1년 이내의 마목 본문에 따른 증감은 제외한다.

가. 운행시간의 연장

나. 배차간격의 단축

다. 동일한 시ㆍ군ㆍ구(자치구를 말한다. 이하 같다) 안에서의 차고지 이전

라. 동일한 시ㆍ군ㆍ구 안 또는 해당 차고지로부터 5킬로미터 범위에서의 차고지 이전으로 인한 노선변경

마. 운행계통을 기준으로 하여 사업자별(공동배차를 실시하는 경우에는 해당 운행계통에 참여하는 운송사업자를 동일사업자로 본다) 운행대수 또는 운행횟수의 연간 10퍼센트 이내의 증감. 다만, 토요일ㆍ공휴일ㆍ방학기간, 그 밖에 해당 운행계통의 수송수요와 수송력 공급 간에 큰 차이가 있을 때에는 다음의 구분에 따른다.

1) 국토교통부 장관이 정하여 고시하는 시ㆍ도의 구역에서 해당 운행계통의 1일 운행횟수가 60회 이상인 경우에는 해당 기간 중 40퍼센트(영 제37조제1항제1호 각 목 외의 부분에서 규정한 시내버스운송사업의 경우에는 50퍼센트) 이내의 운행횟수 또는 운행대수의 증감

2) 해당 운행계통의 1일 운행횟수가 10회 이상 60회 미만인 경우에는 해당 기간 중 30퍼센트(영 제37조제1항제1호 각 목 외의

부분에서 규정한 시내버스운송사업의 경우에는 40퍼센트) 이내의 운행횟수 또는 운행대수의 증감

3) 해당 운행계통의 1일 운행횟수가 5회 이상 10회 미만인 경우에는 해당 기간 중 20퍼센트(영 제37조제1항제1호 각 목 외의 부분에서 규정한 시내버스운송사업의 경우에는 30퍼센트) 이내의 운행횟수 또는 운행대수의 증감

4) 영 제37조제1항제1호 각 목 외의 부분에서 규정한 시내버스운송사업의 경우로서 11시부터 17시사이에 해당 운행계통의 수송수요와 수송력 공급 간에 큰 차이가 인정되는 경우에는 해당 시간 중 20퍼센트 이내의 운행횟수 또는 운행대수의 감소

바. 노선 또는 운행계통의 변경에 따른 정류소의 사용(다른 시·도에 있는 정류소의 사용을 포함한다)

사. 도로 또는 다리의 개설 및 확장 등으로 인한 운행경로의 변경(운행거리를 연장하는 경우는 제외한다)

아. 운행계통별로 사업계획 인가를 받은 1일 운행횟수를 벗어나지 아니하는 범위에서 수송수요가 많은 시간대 또는 수송수요가 많지 아니한 시간대별로 30퍼센트 이내의 운행횟수의 증감

3. 시외버스운송사업의 사업계획 중 다음 각 목의 변경. 다만, 운행대수 또는 운행횟수에 대한 사업계획 변경의 인가일 또는 신고일부터 1년 이내의 가목 본문에 따른 증감은 제외한다.

가. 해당 운행계통을 운행하는 사업자별로 운행대수 또는 운행횟수의 연간 10퍼센트 이내의 증감. 다만, 평일(토요일과 공휴일을 제외한 날을 말한다) 및 방학기간, 그 밖에 해당 운행계통의 수송수요와 수송력 공급 간에 큰 차이가 있을 때에는 사업자별로 다음의 구분에 따른다.

1) 해당 운행계통의 1일 운행횟수가 20회 이상인 경우에는 해당 기간 중 30퍼센트 이내의 운행횟수 증감

2) 해당 운행계통의 1일 운행횟수가 5회 이상 20회 미만인 경우에는 해당기간 중 20퍼센트 이내의 운행횟수 증감

나. 일반형 시외버스운송사업자의 해당 운행계통별 운행횟수의 50퍼센트 범위에서의 운행계통 분할 또는 단축

다. 일반형 시외버스운송사업자의 해당 운행계통별 운행횟수의 30퍼센트 범위에서 운행형태를 직행형 시외버스로 전환(노선이 둘

이상의 시·도에 걸치는 경우는 제외한다)

4. 택시운송사업의 차고지 및 운송부대시설의 이전

5. 개인택시운송사업의 차고지 소유권 또는 사용권의 변동

6. 제9조에 따른 택시운송사업의 구분 변경

② 법 제10조제2항 단서에 따라 관할관청에 신고하여야 하는 경미한 사항의 변경은 다음 각 호와 같다. 다만, 운행대수 또는 운행횟수에 대한 사업계획 변경의 등록일 또는 신고일부터 1년 이내의 제1호 각 목 외의 부분 본문에 따른 증감은 제외한다. 〈신설 2014. 12. 31.〉

1. 마을버스운송사업의 운행계통을 기준으로 사업자별(공동배차를 실시하는 경우에는 해당 운행계통에 참여하는 운송사업자 모두를 하나의 사업자로 본다) 운행대수 또는 운행횟수의 연간 10퍼센트 이내의 증감. 다만, 토요일·공휴일·방학기간, 그 밖에 해당 운행계통의 수송수요와 수송력 공급 간에 큰 차이가 있을 때에는 다음의 구분에 따른다.

가. 해당 운행계통의 1일 운행횟수가 10회 이상인 경우에는 해당 기간 중 30퍼센트 이내의 운행횟수 또는 운행대수의 증감

나. 해당 운행계통의 1일 운행횟수가 5회 이상 10회 미만인 경우에는 해당 기간 중 20퍼센트 이내의 운행횟수 또는 운행대수의 증감

2. 마을버스운송사업의 운행계통별로 사업계획 등록을 한 1일 운행횟수를 벗어나지 아니하는 범위에서 수송수요가 많은 시간대 또는 수송수요가 많지 아니한 시간대별로 30퍼센트 이내의 운행횟수의 증감

③ 법 제10조제1항 단서(영 제38조제1항제1호 단서에 해당하는 것은 제외한다)와 법 제10조제2항 단서에 따라 조합에 신고하여야 하는 경미한 사항의 변경은 다음 각 호와 같다. 〈개정 2014. 12. 31., 2016. 1. 6.〉

1. 관할구역에서의 주사무소 이전과 영업소, 정류소, 그 밖의 운송부대시설의 명칭·규모 및 위치의 변경(시내버스운송사업, 농어촌버스운송사업 및 마을버스운송사업의 경우 차고지 및 정류소의 위치 변경은 제외하며, 택시운송사업의 경우 휴게실·대기실 및 교육훈련시설의 규모변경은 제외한다)

2. 개인택시운송사업자의 주소지를 관할구역 밖으로 이전하는 경우와 이에 따른 차고 이전

3. 자동차의 대체 및 폐차로 인한 자동차의 변경[면허·등록 또는 증차(增車) 시 자동차의 종류를 특별히 지정한 경우의 해당 자동차의 변경은 제외한다]

4. 관련 운송사업자 간의 합의에 의한 운행계통별 운행시간의 변경

5. 예비자동차 대수의 변경

6. 시외고속버스와 시외우등고속버스간, 시외직행버스와 시외우등직행버스간 및 시외일반버스와 시외우등일반버스간의 전환. 다만, 법 제4조에 따른 노선 여객자동차운송사업 면허 시의 사업계획(법 제10조제1항에 따른 사업계획 변경인가를 받은 경우에는 변경인가를 받은 사업계획)에 따른 운행계통별 전체 운행대수의 30퍼센트 이내의 전환만 해당한다.

④ 법 제10조제1항 단서와 법 제10조제2항 단서에 따른 사업계획 변경신고를 하려는 자는 별지 제15호서식의 여객자동차운송사업계획 변경신고서를 관할관청 또는 조합에 제출하여야 한다. 〈개정 2014. 12. 31.〉

⑤ 제1항제5호에 따라 사업계획이 변경되었을 때에는 제4항에 따른 신고서에 제26조제1항제2호 및 제3호에 따른 서류를 첨부하여야 한다. 〈개정 2014. 12. 31., 2016. 7. 29.〉

⑥ 제3항제4호에 따라 사업계획이 변경되었을 때에는 제4항에 따른 신고서에 다음 각 호의 서류를 첨부하여야 한다. 〈개정 2014. 12. 31., 2016. 7. 29.〉

1. 신·구 사업계획대비표

2. 관련 사업자 간의 합의를 증명할 수 있는 서류

⑦ 여객자동차운송사업의 면허, 사업의 휴업 또는 폐업의 허가를 신청하려는 자 또는 사업관리의 위탁과 수탁의 신고, 사업의 양도·양수 또는 법인의 합병신고를 하려는 자는 그 면허 등에 따라 사업계획 변경이 필요한 경우 면허·허가신청서 또는 신고서에 각각 다음 각 호의 서류 및 도면을 첨부함으로써 사업계획 변경의 인가신청 또는 신고를 갈음할 수 있다. 〈개정 2014. 12. 31.〉

1. 변경하려는 사항을 적은 서류

2. 신·구 사업계획을 대비한 서류 또는 도면

⑧ 법 제10조제3항에서 “국토교통부령으로 정하는 기간”이란 “5일”을 말한다. 〈신설 2023. 12. 21.〉

⑨ 제1항제2호마목 및 제1항제3호가목에 따라 신고를 한 자에 대한 운송 개시일의 지정 및 수송시설의 확인 등에 관하여는 제25조 및 제26조를 준용한다. 〈개정 2014. 12. 31., 2023. 12. 21.〉

제34조(사업관리의 위탁신고) 법 제13조제1항에 따라 여객자동차운송사업 관리위탁의 신고를 하려는 자는 별지 제16호서식의 여객자동차운송사업 관리위탁신고서(전자문서로 된 신고서를 포함한다)에 다음 각 호의 서류(전자문서를 포함한다)를 첨부하여 관할관청에 제출하여야 한다. 이 경우 관할관청은 「전자정부법」 제36조제1항에 따른 행정정보의 공동이용을 통하여 법인 등기사항증명서(신고인이 법인인 경우만 해당한다)를 확인하여야 한다. 〈개정 2011. 4. 11.〉

1. 사업관리의 위탁계약서 사본

2. 수탁자에 관한 제12조제1항제5호부터 제7호까지의 규정에 따른 서류

3. 관리의 위탁 및 수탁에 관한 총회 또는 이사회의 의결서 사본(법인인 경우에만 첨부한다)

4. 노선에 관계되는 관리위탁의 경우 해당 노선을 표시한 노선도

제35조(사업의 양도·양수신고 등) ① 법 제14조제1항에 따라 여객자동차운송사업의 양도·양수의 신고를 하려는 자는 별지 제17호서식의 여객자동차운송사업 양도·양수 신고서(전자문서로 된 신고서를 포함한다)에 다음 각 호의 서류(전자문서를 포함한다)를 첨부하여 관할관청에 제출하여야 한다. 이 경우 관할관청은 「전자정부법」 제36조제1항에 따른 행정정보의 공동이용을 통하여 법인 등기사항증명서(신고인이 법인인 경우만 해당한다) 및 주민등록표 등본 또는 초본(신고인이 개인인 경우만 해당한다)을 확인하여야 한다. 〈개정 2011. 4. 11., 2012. 8. 2.〉

1. 양도·양수 계약서 사본

2. 양수인이 운송사업자가 아닌 경우에는 제12조제1항제5호 및 제6호에 따른 서류

3. 사업의 양도·양수에 관한 총회 또는 이사회의 의결서 사본(법인인 경우에만 첨부한다)

4. 노선을 정한 사업에 관계되는 양도·양수의 경우 그 노선을 표

시한 노선도

② 여객자동차운송사업의 양도·양수는 해당 여객자동차운송사업의 전부를 그 대상으로 한다. 다만, 면허 또는 등록기준 대수 이상을 보유한 운송사업자가 국토교통부장관이 정하는 기준에 따라 등록기준 대수 이상을 보유한 다른 운송사업자에게 면허 또는 등록기준대수를 초과하는 부분을 양도·양수하는 경우에는 그러하지 아니하다. 〈개정 2011. 12. 30., 2013. 3. 23., 2019. 1. 30.〉

③ 제2항 단서에 따른 노선 여객자동차운송사업의 일부 양도·양수에는 해당 노선, 해당 노선에 사용되는 사업용 자동차 및 운송 부대시설이 포함되어야 한다. 〈개정 2009. 4. 23.〉

④ 법 제14조제1항 후단에 따라 별표 3 제1호에 따른 등록기준 대수 이상을 보유한 전세버스운송사업자가 등록기준 대수를 초과하는 자동차를 양도하려는 경우에는 다음 각 호의 기준에 따른다. 〈개정 2019. 1. 30.〉

1. 세종특별자치시 및 충청남도의 경우: 세종특별자치시 또는 충청남도 내에 주 사무소가 있는 다른 전세버스운송사업자에게 양도할 것

2. 제1호 외의 시·도의 경우: 동일한 시·도 내에 주사무소가 있는 다른 전세버스운송사업자에게 양도할 것

⑤ 법 제14조제2항에 따라 개인택시운송사업의 양도·양수의 인가를 받으려는 자는 별지 제18호서식의 개인택시운송사업 양도·양수 인가신청서에 다음 각 호의 서류를 첨부하여 관할관청에 제출해야 한다. 〈개정 2011. 4. 11., 2014. 7. 29., 2020. 4. 3., 2022. 1. 28., 2024. 12. 26.〉

1. 양도자에 관한 다음 각 목의 서류

가. 개인택시운송사업 면허증 원본(개인택시운송사업 면허증을 분실한 경우 분실확인서약서 또는 개인택시운송사업의 면허를 받은 사실을 입증하는 서류로 갈음할 수 있다)

나. 택시운전자격증명(택시운전자격증명을 관할관청에 반납하여 폐기되었을 경우 이를 입증하는 서류로 갈음할 수 있다)

다. 그 밖에 진단서 등 양도의 사유를 증명할 수 있는 서류(제19조제5항제1호·제2호 또는 제4호의 경우에만 첨부한다)

2. 양수자에 관한 다음 각 목의 서류

가. 제19조제1항제1호에 따른 운전경력을 증명하는 서류(제19조제8항에 따른 양수자만 해당한다)
나. 건강진단서
다. 운전정밀검사 종합판정표
라. 양도·양수 계약서 사본
마. 차고의 확보를 증명할 수 있는 서류
바. 택시운전자격증 사본
사. 삭제 〈2024. 12. 26.〉
아. 교통안전교육 이수를 증명할 수 있는 서류(제19조제9항에 따른 양수자만 해당한다)

⑥ 관할관청은 제5항에 따른 개인택시운송사업의 양도·양수 인가신청을 받으면 「전자정부법」 제36조제1항에 따른 행정정보의 공동이용을 통하여 다음 각 호의 구분에 따른 서류를 확인해야 한다. 다만, 신청인이 관할관청의 확인에 동의하지 않는 경우에는 해당 서류(제1호가목의 경우에는 그 사본)를 첨부하게 해야 한다. 〈개정 2022. 1. 28.〉

1. 양도자: 다음 각 목의 서류
가. 자동차운전면허증
나. 운전경력증명서
다. 해외이주 확인서(제19조제5항제3호의 경우만 해당한다)
2. 양수자: 제1호가목 및 나목(나목의 경우에는 무사고 운전경력을 포함한다)의 서류

⑦ 관할관청은 제6항에 따른 확인 결과 양도자 및 양수자가 다음 각 호의 경우로 확인되면 양도·양수인가를 해서는 안된다. 〈개정 2022. 1. 28.〉

가. 「도로교통법」 위반으로 운전면허가 취소되었거나 취소사유가 있는 경우
나. 「도로교통법」 제93조제1항제1호에 해당하여 운전면허효력이 정지되었거나 해당 정지사유가 있는 경우

⑧ 관할관청은 개인택시운송사업의 양도·양수인가를 하였을 때에는 양도자의 택시운전자격증명을 폐기하고 개인택시운송사업조합에 양도·양수 인가처분의 내용을 통보하여야 한다. 〈개정 2014. 7. 29.〉

제36조(법인의 합병신고) 법 제14조제4항에 따라 운송사업자인 법

인의 합병신고를 하려는 자는 별지 제19호서식의 여객자동차운송사업 법인합병신고서(전자문서로 된 신고서를 포함한다)에 다음 각 호의 서류(전자문서를 포함한다)를 첨부하여 관할관청에 제출하여야 한다. 〈개정 2009. 12. 2.〉

1. 합병계약서 사본
2. 합병으로 신설되거나 합병 후 존속하는 법인의 합병 당시의 사업용 고정자산 명세서
3. 합병 당사자에 관한 제12조제1항제5호 및 제6호에 따른 서류
4. 합병에 관한 총회 또는 이사회의 의결서 사본
5. 노선을 정한 사업을 경영하는 법인인 경우에는 그 노선을 표시한 노선도

제37조(사업의 상속신고) 법 제15조제1항에 따라 여객자동차운송사업의 상속신고를 하려는 자는 별지 제20호서식의 여객자동차운송사업 상속신고서에 다음 각 호의 서류를 첨부하여 관할관청에 제출하여야 한다.

1. 피상속인이 사망하였음을 증명할 수 있는 서류
2. 피상속인과의 관계를 증명할 수 있는 서류
3. 신고인과 같은 순위의 다른 상속인이 있는 경우에는 그 상속인의 동의서

제38조(사업의 휴업·폐업 허가신청 등) ① 법 제16조제1항 및 제2항에 따라 여객자동차운송사업의 휴업 또는 폐업 허가를 받거나 신고를 하려는 자는 별지 제21호서식의 여객자동차운송사업 휴업 또는 폐업 허가신청서 또는 신고서를 관할관청에 제출하여야 한다.

② 제1항에 따른 사업의 휴업 또는 폐업 허가신청서 또는 신고서에는 다음 각 호의 서류를 첨부하여야 한다. 〈개정 2021. 9. 24.〉

1. 사업의 휴업 또는 폐업에 관한 총회 또는 이사회의 의결서 사본(법인인 경우에만 첨부한다)
2. 노선을 정한 여객자동차운송사업의 일부를 휴업 또는 폐업하려는 경우에는 그 노선을 표시한 노선도
3. 택시운전자격증명(개인택시운송사업자가 신청하는 휴업허가의 예정기간이 10일을 초과하거나 폐업허가를 신청하는 경우에만 첨부한다)

제39조(자동차에 표시하여야 하는 사항) ① 법 제17조에서 "그 밖에

국토교통부령으로 정하는 사항"이란 다음 각 호의 구분에 따른 사항을 말한다. 〈개정 2009. 12. 2., 2012. 11. 23., 2013. 3. 23., 2015. 9. 21., 2016. 1. 6., 2016. 9. 26., 2021. 4. 8.〉

1. 시외버스의 경우에는 다음 각 목의 사항

가. 시외우등고속버스: "우등고속"

나. 시외고속버스: "고속"

다. 시외우등직행버스: "우등직행"

라. 시외직행버스: "직행"

마. 시외우등일반버스: "우등일반"

바. 시외일반버스: "일반"

2. 전세버스운송사업용 자동차의 경우에는 "전세"

3. 한정면허를 받은 여객자동차 운송사업용 자동차의 경우에는 "한정"

4. 특수여객자동차운송사업용 자동차의 경우에는 "장의"

5. 택시운송사업용 자동차[대형(승합자동차를 사용하는 경우로 한정한다) 및 고급형 택시운송사업용 자동차는 제외한다]의 경우에는 다음 각 목의 사항

가. 자동차의 종류("경형", "소형", "중형", "대형", "모범")

나. 삭제 〈2015. 9. 21.〉

다. 관할관청(특별시 · 광역시 · 특별자치시 및 특별자치도는 제외한다)

라. 법 제49조의10제1항에 따라 여객자동차플랫폼운송가맹사업의 면허를 받은 자(이하 "플랫폼가맹사업자"라 한다)의 상호[법 제49조의11제1항에 따라 여객자동차플랫폼운송가맹점(이하 "운송가맹점"이라 한다)으로 가입한 개인택시운송사업자만 해당한다]

마. 그 밖에 시 · 도지사가 정하는 사항(법 제49조의10제1항 단서에 따라 국토교통부장관에게 면허를 받은 플랫폼가맹사업자의 운송가맹점으로 가입한 택시운송사업자는 해당하지 않는다)

6. 마을버스운송사업용 자동차의 경우에는 "마을버스"

② 제1항에 따른 표시는 외부에서 알아보기 쉽도록 차체 면에 인쇄하는 등 항구적인 방법으로 표시하여야 하며, 구체적인 표시 방법 및 위치 등은 관할관청이 정한다.

제40조(운송개시 등의 신고 등) ① 운송사업자는 다음 각 호의 사항

이 이루어진 때에는 3일 이내에 별지 제22호서식의 여객자동차운송사업 개시 등 신고서(전자문서로 된 신고서를 포함한다. 이하 이 조에서 같다)에 운행개시의 경우에는 「자동차손해배상 보장법」 제5조제1항부터 제3항까지의 규정에 따른 책임보험등, 보험 및 공제 중 대인무한배상보험에 가입한 증명서를 첨부하여 관할관청에 신고하여야 한다. 이 경우 관할관청은 「전자정부법」 제36조제1항에 따른 행정정보의 공동이용을 통하여 자동차등록증(운행개시 신고의 경우만 해당한다)과 법인 등기사항증명서(법인의 설립 · 합병 또는 해산 신고의 경우만 해당한다)를 확인하여야 하며, 자동차등록증의 경우 신고인이 관할관청의 확인에 동의하지 아니하는 경우에는 그 사본을 첨부하도록 하여야 한다. 〈개정 2011. 4. 11.〉

1. 운송개시
2. 사업계획의 변경
3. 사업의 양도 · 양수
4. 법인의 설립 · 합병 또는 해산(파산에 따라 해산하는 경우는 제외한다)
5. 법 제23조제1항제1호에 따른 개선명령의 이행

② 운송사업자는 사업계획 변경의 인가를 받거나 신고를 한 때에는 3일 이내에 그 사실을 해당 조합에 알려야 한다.

③ 운송사업자는 천재지변이나 그 밖의 부득이한 사유로 인하여 사업계획에 따라 업무를 수행하는 것이 곤란하게 된 경우에는 그로부터 3일 이내에 별지 제22호서식의 여객자동차운송사업 개시 등 신고서에 따라 관할관청에 그 사실을 신고하여야 한다.

④ 법인인 운송사업자가 파산에 따라 해산한 경우 파산관재인은 해산한 날부터 3일 이내에 별지 제22호서식의 여객자동차운송사업 개시 등 신고서에 해산 사실이 기록된 법인 등기사항증명서를 첨부하여 관할관청에 그 사실을 신고하여야 한다. 다만, 「전자정부법」 제36조제1항에 따른 행정정보의 공동이용을 통하여 첨부서류에 대한 정보를 확인할 수 있는 경우에는 그 확인으로 첨부서류를 갈음할 수 있다. 〈개정 2011. 4. 11.〉

⑤ 운송사업자가 다음 각 호의 어느 하나에 해당하게 된 경우에는 그로부터 14일 이내에 별지 제22호서식의 여객자동차운송사업 개시 등 신고서에 따라 관할관청에 그 사실을 신고하여야 한다.

1. 성명(법인인 경우에는 그 명칭과 대표자의 성명)이 변경된 경우
2. 법인의 임원, 무한책임사원 또는 정관이 변경된 경우
3. 한정면허를 받은 여객자동차운송사업에서 운송할 여객에 관한 업무의 범위가 변경된 경우

제40조의2(노선 여객자동차운송사업자가 운송할 수 있는 소화물의 범위 등) ① 법 제18조제1항에 따라 노선 여객자동차운송사업자가 소화물을 운송하기 위하여 사용할 수 있는 자동차는 「자동차관리법 시행령」 제8조제1항제10호에 따른 물품적재장치가 설치된 자동차이어야 한다.

② 법 제18조제1항에서 "국토교통부령으로 정하는 소화물"이란 다음 각 호의 물품을 말한다. 〈개정 2018. 2. 12.〉
1. 신선도의 유지가 필요한 농산물·축산물 또는 수산물류
2. 혈액, 제대혈 등 응급환자 등을 위하여 필요한 의약품 및 의료용품
3. 구조 물품 또는 재난 구호 물품
4. 긴급을 요하는 서류
5. 그 밖에 신속히 운송하여야 할 필요가 있는 물품

③ 제2항에도 불구하고 노선 여객자동차운송사업자는 다음 각 호의 물품을 운송할 수 없다.
1. 화약 및 폭발물 등 화재나 폭발의 위험이 있는 물품
2. 무기, 마약 및 밀수품 등 법령에 따라 휴대 또는 취급이 금지되는 물품
3. 살아 있는 동물
4. 수신인 또는 발신인이 분명하지 아니한 물품
5. 내용물이 무엇인지 알 수 없는 물품
6. 그 밖에 반사회적이거나 여객의 안전을 저해할 우려가 있는 물품으로서 국토교통부장관이 정하여 고시하는 물품

④ 소화물 운송을 위탁받은 노선 여객자동차운송사업자는 국토교통부장관이 정하여 고시하는 검색장비를 활용하여 해당 물품이 제3항에 따른 운송 금지 물품에 해당하지 아니함을 확인한 후 운송하여야 한다.

[본조신설 2014. 7. 29.]

제40조의3(소화물의 부피 및 무게 등) ① 법 제18조제1항에 따라

노선 여객자동차운송사업자가 운송할 수 있는 소화물은 가로·세로·높이 세 변을 합하여 160센티미터 이하이거나 총중량이 30킬로그램 미만이어야 한다. 〈개정 2023. 12. 21.〉

② 노선 여객자동차운송사업자는 수신인·발신인 및 물품명 등 운송정보를 관리하는 시스템을 구축·운영하여야 하고, 소화물 운송을 위탁받은 경우에는 수신인·발신인의 성명·전화번호 및 소화물의 종류 등을 기재하는 서류를 작성하여야 한다.

[본조신설 2014. 7. 29.]

제41조(사고 시의 조치 등) ① 운송사업자는 법 제19조제1항에 해당하는 경우에는 따라 다음 각 호의 조치를 하여야 한다.

1. 신속한 응급수송수단의 마련
2. 가족이나 그 밖의 연고자에 대한 신속한 통지
3. 유류품의 보관
4. 목적지까지 여객을 운송하기 위한 대체운송수단의 확보와 여객에 대한 편의의 제공
5. 그 밖에 사상자의 보호 등 필요한 조치

② 운송사업자는 법 제19조제2항에 따른 중대한 교통사고가 발생하였을 때에는 24시간 이내에 사고의 일시·장소 및 피해사항 등 사고의 개략적인 상황을 관할 시·도지사에게 보고한 후 72시간 이내에 별지 제23호서식의 사고보고서를 작성하여 관할 시·도지사에게 제출하여야 한다. 다만, 개인택시운송사업자의 경우에는 개략적인 상황보고를 생략할 수 있다.

제42조 삭제 〈2009. 6. 16.〉

제43조(경영 및 서비스평가) ① 법 제20조제1항에 따른 경영 및 서비스평가의 대상은 영 제3조제2호가목 및 다목의 전세버스 운송사업 및 일반택시운송사업으로 한다. 〈개정 2018. 2. 12.〉

② 제1항에 따른 경영 및 서비스평가(이하 이 조에서 "평가"라 한다)는 시·도지사가 2년마다 하되, 필요하다고 인정되면 1년의 범위에서 그 기간을 조정할 수 있다.

③ 국토교통부장관은 제2항에도 불구하고 여객자동차 운수사업 전반의 균형적 발전을 위하여 필요하다고 인정되면 해당 시·도지사와 협의하여 그 시기를 따로 정하여 평가를 할 수 있다. 〈개정 2013. 3. 23.〉

④ 평가에는 다음 각 호의 사항이 포함되어야 한다. <개정 2012. 11. 23., 2017. 1. 20.>

1. 경영부문: 운전자 관리실태, 보유 자동차의 차령(車齡), 교통사고 예방 노력, 재무건전성 및 경영 관련 법규 준수실태 등

2. 서비스부문: 운전자의 친절도, 교통사고율, 에어백 장착률, 요금 등의 음성안내, 자동차의 안전성 · 청결도 및 여객 서비스 관련 법규 준수실태 등

⑤ 국토교통부장관 또는 시 · 도지사는 평가를 한 후 그 결과를 해당 사업자에게 알려야 한다. <개정 2013. 3. 23.>

⑥ 국토교통부장관 또는 시 · 도지사는 서비스부문의 평가 결과를 관보 · 공보, 인터넷 홈페이지 또는 언론매체를 통하여 공표할 수 있다. <개정 2013. 3. 23.>

⑦ 국토교통부장관 또는 시 · 도지사는 평가 결과 우수사업자에 대하여 그 정도에 따라 포상을 하고, 우수사업자 인증서 또는 표지를 발급하여 자동차 등에 붙이거나 게시하게 할 수 있다. <개정 2013. 3. 23.>

⑧ 국토교통부장관 또는 시 · 도지사는 평가에 관한 사항을 심의하기 위하여 경영 및 서비스평가 관련 위원회를 설치 · 운영할 수 있다. <개정 2013. 3. 23.>

⑨ 시 · 도지사가 하는 평가와 관련된 평가 관련 위원회의 구성 및 운영에 관한 사항과 그 밖에 필요한 세부적인 사항은 해당 시 · 도의 조례로 정한다.

제43조의2(교통안전정보 대상 및 평가 항목 등) ① 법 제20조의2제1항에 따른 교통안전정보의 공시 대상은 전세버스운송사업자로 한다.

② 제1항에 따른 교통안전정보(이하 "교통안전정보"라 한다)는 다음 각 호의 사항을 종합하여 평가한다.

1. 교통안전관리: 교통안전 관련 조직 구성 · 운영, 교통업무 종사자 관리, 차량 점검 및 운행 관리, 교통사고 조사 · 처리 등 교통안전의 관리

2. 교통안전실태: 교통사고, 법규 위반 등 교통안전의 실태

③ 교통안전정보 평가는 서류심사와 현장심사의 방법으로 한다.

④ 교통안전정보는 반기마다 평가하여 공시한다. 다만, 국토교통

부장관이 필요하다고 인정하는 경우 분기마다 평가하여 공시할 수 있다.

⑤ 교통안전정보는 한국교통안전공단의 인터넷 홈페이지 등에 공시한다. 〈개정 2020. 4. 3.〉

⑥ 제1항부터 제5항까지에서 규정한 사항 외에 교통안전정보의 평가 및 공시에 필요한 세부적인 사항은 국토교통부장관이 정하여 고시한다.

[본조신설 2018. 6. 22.]

제44조(운송사업자 및 운수종사자의 준수사항 등) ① 법 제21조제1항 및 법 제26조제2항에 따른 운송수입금 전액 관리제에 관한 준수사항의 행위자별 위반행위의 세부유형 등에 관하여 필요한 사항은 국토교통부장관이 정한다. 〈개정 2013. 3. 23.〉

② 법 제21조제8항에 따라 에어백을 설치할 때에는 자동차의 운전석 및 그 옆좌석의 정면에 설치하여야 한다. 〈신설 2014. 7. 29., 2018. 2. 12.〉

③ 법 제21조제13항 및 법 제26조제1항제9호에 따른 운송사업자 및 운수종사자의 준수사항은 별표 4와 같다. 〈개정 2009. 12. 2., 2012. 11. 23., 2014. 7. 29., 2014. 12. 5., 2016. 1. 6., 2018. 2. 12., 2019. 12. 26., 2020. 4. 3.〉

제44조의2 삭제 〈2021. 4. 8.〉

제44조의3(여객의 좌석안전띠 착용에 관한 교육) ① 운송사업자는 법 제21조제7항에 따른 교육을 직접 실시하거나 제58조제3항에 따른 교육실시기관으로 하여금 실시하도록 할 수 있다. 〈개정 2018. 2. 12.〉

② 운송사업자는 운수종사자(법 제24조에 따른 운전업무 종사자격을 갖추고 여객자동차운송사업의 운전업무에 종사하고 있는 자를 말한다. 이하 같다)에게 다음 각 호의 내용을 교육하여야 한다. 〈개정 2016. 2. 23.〉

1. 여객의 좌석안전띠 착용에 관한 안내방법
2. 여객의 좌석안전띠 착용에 관한 안내시기

③ 운송사업자는 운수종사자에게 매 분기 1회 이상 여객의 좌석안전띠 착용에 대한 교육을 실시하되, 새로 채용한 운수종사자에게는 운전업무를 시작하기 전에 실시하여야 한다.

[본조신설 2012. 11. 23.]
[종전 제44조의3은 제44조의4로 이동 〈2012. 11. 23.〉]

제44조의4(교통안전정보 및 제공방법 등) ① 법 제21조제9항제4호에서 "국토교통부령으로 정하는 정보"란 다음 각 호의 사항을 말한다. 〈개정 2018. 2. 12.〉

1. 운수종사자의 채용일
2. 법 제25조에 따른 운수종사자 교육의 이수 여부(조회일부터 과거 2년 이내의 교육만 해당한다)
3. 「도로교통법」 제44조에 따른 음주운전 경력(조회일부터 과거 1년 이내의 경력만 해당한다)
4. 「도로교통법」 제163조제1항에 해당하는 범칙행위를 하여 같은 법 제164조에 따라 범칙금을 납부하였거나, 같은 법 제165조에 따른 즉결심판 또는 정식재판에서 형이 확정되고 그 집행이 종료된 사실(조회일부터 과거 1년 이내의 사실만 해당한다)
5. 「자동차관리법」 제43조에 따른 자동차검사의 만료일 및 같은 법 제43조의2에 따른 자동차종합검사 만료일

② 전세버스운송사업자는 교통안전정보를 제공하는 경우에는 법 제22조의2에 따른 운수종사자 관리시스템을 이용하여야 한다.

[본조신설 2014. 11. 20.]
[종전 제44조의4는 제44조의5로 이동 〈2014. 11. 20.〉]

제44조의5(운행정보 신고 및 운행기록증의 발부) ① 법 제21조제10항제3호에서 "국토교통부령으로 정하는 정보"란 다음 각 호의 사항을 말한다. 〈개정 2022. 6. 8.〉

1. 자동차등록번호
2. 운송계약의 당사자
3. 계약일시
4. 탑승자 수

② 법 제21조제10항 및 영 제12조의3에 따라 운행정보를 신고하려는 전세버스운송사업자는 별지 제23호의2서식의 운행정보 신고서를 조합에 제출하여야 한다. 〈개정 2017. 2. 28., 2018. 2. 12.〉

1. 삭제 〈2017. 2. 28.〉
2. 삭제 〈2017. 2. 28.〉

③ 제2항에 따른 신고서를 제출받은 조합은 별지 제23호의3서식

의 운행기록증을 발부하여야 하며, 발부 현황 자료를 운행기록증 발부일부터 2년 동안 보관하여야 한다. 〈개정 2017. 2. 28.〉

④ 제3항에 따른 운행기록증을 발부받은 전세버스운송사업자는 운행기록증을 자동차 밖에서 쉽게 볼 수 있도록 운전석 앞 창의 중앙 하단에 부착(전자적 매체·기기 등을 통한 방법으로 게시하는 것을 포함한다)하여야 한다. 〈개정 2017. 2. 28.〉

[본조신설 2016. 1. 6.]

[종전 제44조의5는 제45조로 이동 〈2016. 1. 6.〉]

제44조의6(운수종사자의 휴식시간 보장) ① 시내버스운송사업자, 농어촌버스운송사업자 및 마을버스운송사업자는 운수종사자에게 기점부터 종점(종점에서 휴식시간 없이 회차하는 경우에는 기점)까지 1회 운행 종료 후 10분 이상의 휴식시간을 보장하여야 한다. 다만, 기점부터 종점(종점에서 휴식시간 없이 회차하는 경우에는 기점)까지의 운행시간이 2시간 이상인 경우에는 운행 종료 후 15분 이상의 휴식시간, 4시간 이상인 경우에는 운행 종료 후 30분 이상의 휴식시간을 보장하여야 한다.

② 제1항에도 불구하고 마을버스운송사업자는 출퇴근 등에 따른 교통수요 변동 및 운행지역·노선별 특성을 고려하여 시·도 또는 시·군·구 조례로 정하는 바에 따라 휴식시간을 탄력적으로 정할 수 있다. 이 경우 제1항 단서에 상응하는 휴식시간을 보장하여야 한다.

③ 시외버스운송사업자 및 전세버스운송사업자는 운수종사자에게 다음 각 호의 구분에 따라 휴식시간을 보장하여야 한다.

1. 기점부터 종점(종점에서 휴식시간 없이 회차하는 경우에는 기점)까지 1회 운행 종료 후 또는 운행기록증 상의 목적지 도착 후 15분 이상의 휴식시간을 보장할 것

2. 운수종사자가 휴식시간 없이 2시간 연속 운전한 경우에는 휴게소 등에서 15분 이상의 휴식시간을 보장할 것. 다만, 천재지변, 교통사고, 차량고장 또는 극심한 교통정체 등의 사유로 휴게소 진입이 불가능한 경우 등 연장운행이 필요한 경우에는 1시간까지 연장운행을 하게 할 수 있으며, 운행 후 30분 이상의 휴식시간을 보장할 것

④ 노선 여객자동차운송사업자 및 전세버스운송사업자는 운수종사자의 출근 후 첫 운행 시작 시간이 이전 퇴근 전 마지막 운행 종료

시간으로부터 8시간(광역급행형 및 직행좌석형 시내버스운송사업자의 경우는 10시간) 이상이 되도록 해야 한다.

[본조신설 2018. 2. 12.]

제45조(운수종사자의 현황 통보) ① 운송사업자(개인택시운송사업의 경우는 제외한다)는 법 제22조제1항에 따라 다음 각 호의 사항을 다음 달 10일까지 시ㆍ도지사에게 통보하여야 한다. 이 경우 조합은 소속 운송사업자를 대신하여 소속 운송사업자의 운수종사자 현황을 취합ㆍ통보할 수 있다. 〈개정 2009. 12. 2., 2017. 2. 28., 2018. 2. 12.〉

1. 운수종사자의 현황: 별지 제23호의4서식의 운수종사자 신규채용ㆍ퇴직 현황 통보서(전자문서를 포함한다)

2. 휴식시간 보장내역: 별지 제23호의5서식의 휴식시간 보장내역 통보서(전자문서를 포함한다)

② 법 제22조제2항에 따라 시ㆍ도지사는 제1항에 따라 통보받은 운수종사자 현황을 취합하여 한국교통안전공단에 통보하여야 한다. 이 경우 시ㆍ도지사는 소관 개인택시운송사업의 면허 현황을 별지 제23호의6서식의 개인택시운송사업 면허 현황 통보서(전자문서를 포함한다)에 작성하여 함께 통보하여야 한다. 〈개정 2014. 11. 20., 2017. 2. 28., 2018. 2. 12., 2018. 6. 22.〉

③ 삭제 〈2020. 4. 14.〉

④ 법 제22조제4항에 따라 운수종사자 교육을 실시한 운수종사자 연수기관 등은 별지 제23호의8서식의 운수종사자 교육결과 통보서(전자문서를 포함한다)를 작성하여 다음 달 10일까지 한국교통안전공단에 통보하여야 한다. 〈신설 2014. 7. 29., 2017. 2. 28., 2018. 2. 12., 2018. 6. 22.〉

[본조신설 2009. 6. 16.]

[제44조의5에서 이동 〈2016. 1. 6.〉]

제46조(운수종사자 관리시스템의 구축ㆍ운영) ① 법 제22조의2제1항에서 "운수종사자 현황 등 국토교통부령으로 정하는 정보"란 다음 각 호의 정보를 말한다. 〈개정 2019. 10. 1.〉

1. 제45조에 따른 운수종사자의 현황에 관한 정보

2. 제58조의2에 따른 사상사고 현황 및 교통법규 위반사항 관리 등에 관한 정보

3. 그 밖에 운전적성정밀검사 등 국토교통부장관이 필요하다고 인정하는 정보

② 국토교통부장관은 법 제22조의2제2항에 따라 운수종사자 관리시스템에 따라 처리된 자료를 시·도, 시·군·구(자치구를 말한다), 연합회, 조합 및 여객자동차 운수사업자와 공동으로 이용할 수 있다.

③ 제2항에 따라 자료를 공동 이용하려는 자는 한국교통안전공단에 자료의 공동 이용을 신청하여야 한다. 〈개정 2018. 6. 22.〉

④ 제1항부터 제3항까지의 규정에서 정한 사항 외에 운수종사자 관리시스템의 구축·운영 등에 관한 세부 사항은 국토교통부장관이 정하여 고시한다.

[전문개정 2014. 7. 29.]

[제44조의6에서 이동 〈2016. 1. 6.〉]

제47조(손실보상금 청구액의 조정 등) ① 시·도지사는 영 제15조제2항에 따른 심사결과 운송사업자의 손실보상금 청구액이 부당하다고 인정되면 그 금액을 조정할 수 있다. 이 경우 시·도지사는 합리적인 조정을 위하여 필요하다고 인정될 때에는 해당 명령노선의 교통량을 조사할 수 있다.

② 시·도지사는 청구된 손실보상금이 분기별 예산을 초과할 때에는 분기별 예산의 범위에서 손실의 비율에 따라 지급할 수 있다.

③ 시·도지사는 제2항에 따라 손실의 비율에 따라 조정된 손실보상금을 받은 운송사업자에 대하여는 특별한 사유가 없으면 다음 분기에 지급되지 아니한 손실보상금을 우선 지급하여야 한다.

제48조(손실보상 대상노선의 제외 등) ① 시·도지사는 수송인원의 증가 등 수송 여건이 좋아져 명령노선에서 손실이 발생하지 아니한다고 인정되면 그 명령노선을 즉시 법 제23조제3항에 따른 손실보상의 대상이 되는 버스노선(이하 "손실보상 대상노선"이라 한다)에서 제외하여야 한다.

② 시·도지사는 제1항에 따라 손실보상 대상노선에서 제외된 명령노선을 계속 운행하는 운송사업자가 수송인원의 감소 등 수송 여건이 악화되어 다시 손실을 보게 되었을 때에는 그 명령노선을 다시 손실보상 대상노선으로 할 수 있다.

제48조의2(교통안전체험 등 교육의 대상) 법 제24조제1항 각 호 외의 부분에서 "국토교통부령으로 정하는 여객자동차운송사업"이란 일

반택시운송사업 및 개인택시운송사업을 제외한 여객자동차 운송사업을 말한다.

[본조신설 2014. 11. 20.]

제3장 운수종사자의 자격요건

제49조(사업용 자동차 운전자의 자격요건 등) ① 법 제24조제1항에 따라 여객자동차 운송사업용 자동차의 운전업무에 종사하려는 자는 다음 각 호의 요건을 갖추어야 한다. 〈개정 2009. 12. 2., 2012. 8. 2., 2013. 3. 23., 2014. 11. 20., 2019. 8. 26.〉

1. 사업용 자동차를 운전하기에 적합한 운전면허를 보유하고 있을 것
2. 20세 이상으로서 다음 각 목의 어느 하나에 해당하는 요건을 갖출 것
   가. 해당 사업용 자동차 운전경력이 1년 이상일 것
   나. 국토교통부장관 또는 지방자치단체의 장이 지정하여 고시하는 버스운전자 양성기관에서 교육과정을 이수할 것
   다. 운전을 직무로 하는 군인이나 의무경찰대원으로서 다음의 요건을 모두 갖출 것
      1) 해당 사업용 자동차에 해당하는 차량의 운전경력 등 국토교통부장관이 정하여 고시하는 요건을 갖출 것
      2) 소속 기관의 장의 추천을 받을 것
3. 국토교통부장관이 정하는 운전 적성에 대한 정밀검사 기준 또는 「화물자동차 운수사업법 시행규칙」 제18조의2에 따른 운전 적성에 대한 정밀검사기준에 적합할 것
4. 다음 각 목의 어느 하나에 해당하는 요건을 갖추고 제55조에 따라 운전자격을 취득할 것
   가. 제50조제1항에 따른 운전자격시험에 합격
   나. 제50조제2항에 따른 교통안전체험교육 수료

② 제1항제3호에 따른 정밀검사 기준에 적합한지에 관한 검사(이하 "운전적성정밀검사"라 한다)는 기기형 검사와 필기형 검사로 구분한다. 〈개정 2009. 6. 16.〉

③ 운전적성정밀검사는 신규검사·특별검사 및 자격유지검사로 구분하되, 그 대상은 다음 각 호와 같다. 〈개정 2009. 6. 16., 2014. 12. 31., 2018. 2. 12., 2019. 12. 26.〉

1. 신규검사의 경우에는 다음 각 목의 자

가. 신규로 여객자동차 운송사업용 자동차를 운전하려는 자

나. 여객자동차 운송사업용 자동차 또는 「화물자동차 운수사업법」에 따른 화물자동차 운송사업용 자동차의 운전업무에 종사하다가 퇴직한 자로서 신규검사를 받은 날부터 3년이 지난 후 재취업하려는 자. 다만, 재취업일까지 무사고로 운전한 자는 제외한다.

다. 신규검사의 적합판정을 받은 자로서 운전적성정밀검사를 받은 날부터 3년 이내에 취업하지 아니한 자. 다만, 신규검사를 받은 날부터 취업일까지 무사고로 운전한 사람은 제외한다.

2. 특별검사의 경우에는 다음 각 목의 자

가. 중상 이상의 사상(死傷)사고를 일으킨 자

나. 과거 1년간 「도로교통법 시행규칙」에 따른 운전면허 행정처분기준에 따라 계산한 누산점수가 81점 이상인 자

다. 질병, 과로, 그 밖의 사유로 안전운전을 할 수 없다고 인정되는 자인지 알기 위하여 운송사업자가 신청한 자

3. 자격유지검사의 경우에는 다음 각 목의 사람

가. 65세 이상 70세 미만인 사람(자격유지검사의 적합판정을 받고 3년이 지나지 아니한 사람은 제외한다)

나. 70세 이상인 사람(자격유지검사의 적합판정을 받고 1년이 지나지 아니한 사람은 제외한다)

④ 운전적성정밀검사를 받으려는 사람은 별지 제26호의2서식의 운전적성정밀검사 신청서(전자문서를 포함한다)와 본인의 신분증 사본(주민등록증이나 운전면허증에 한정한다)을 한국교통안전공단에 제출하여야 한다. 〈신설 2014. 7. 29., 2018. 6. 22.〉

⑤ 제3항에도 불구하고 택시운송사업에 종사하는 운수종사자는 「의료법」 제3조제2항제1호가목에 따른 의원, 같은 항 제3호가목 및 마목에 따른 병원 및 종합병원의 적성검사(신체 능력 및 질병에 관한 진단을 말한다)로 자격유지검사를 대체할 수 있다. 〈신설 2018. 2. 12.〉

⑥ 운전적성정밀검사 및 제5항에 따른 적성검사의 항목·방법 및 절차 등에 관하여는 국토교통부장관이 정하는 바에 따른다. 〈개정 2013. 3. 23., 2014. 7. 29., 2018. 2. 12.〉

⑦ 제3항제3호에 따른 자격유지검사는 검사 대상이 된 날부터 3

개월 이내에 받아야 한다. 〈신설 2014. 12. 31., 2018. 2. 12.〉

제50조(운전자격의 취득) ①법 제24조제1항제3호에 따른 운전업무 종사자격 시험(이하 "운전자격시험"이라 한다)은 한국교통안전공단이 다음 각 호의 구분에 따라 실시한다. 〈개정 2014. 7. 29., 2014. 11. 20., 2015. 1. 29., 2018. 6. 22., 2020. 4. 14.〉

1. 일반택시운송사업, 개인택시운송사업 및 수요응답형 여객자동차운송사업(승용자동차를 사용하는 경우만 해당한다)에 대한 운전자격시험(이하 "택시운전 자격시험"이라 한다)

2. 제1호에 따른 운송사업을 제외한 여객자동차 운송사업에 대한 운전자격시험(이하 "버스운전 자격시험"이라 한다)

② 법 제24조제1항제4호에 따른 교통안전체험, 교통사고 대응요령과 여객자동차 운수사업법령 등에 관하여 실시하는 이론 및 실기 교육(이하 "교통안전체험교육"이라 한다)은 한국교통안전공단이 실시한다. 〈신설 2014. 11. 20., 2018. 6. 22.〉

[전문개정 2012. 8. 2.]

제51조(운전자격시험의 시행 및 공고) ① 한국교통안전공단은 매월 1회 이상 운전자격시험을 시행하되, 매년 최초의 시험시행일 30일 전까지 그 해의 시험시행계획을 공고해야 한다. 다만, 한국교통안전공단은 운전자의 수급사정을 고려하여 필요하다고 인정할 때에는 운전자격시험의 횟수를 조정하여 공고한 후 시험을 시행할 수 있다. 〈개정 2012. 8. 2., 2018. 6. 22., 2020. 4. 14.〉

② 한국교통안전공단은 운전자격시험을 시행할 때에는 그 일시, 장소, 방법, 과목, 응시절차, 그 밖에 시험시행에 관한 사항을 모든 응시자가 알 수 있도록 시험시행일 20일 전에 공고해야 한다. 다만, 불가피한 사유로 공고내용을 변경할 때에는 시험시행일 10일 전까지 그 변경사항을 공고해야 한다. 〈개정 2012. 8. 2., 2020. 4. 14.〉

③ 한국교통안전공단은 제1항 또는 제2항에 따른 공고를 하는 경우에는 한국교통안전공단의 인터넷 홈페이지에 게재해야 한다. 이 경우 한국교통안전공단이 필요하다고 인정하는 경우에는 신문이나 간행물 등에 함께 공고할 수 있다. 〈신설 2012. 8. 2., 2020. 4. 14.〉

[제목개정 2012. 8. 2.]

第52조(운전자격시험의 실시방법 및 시험과목 등) 운전자격시험의 실시방법, 시험과목 및 합격자 결정은 다음 각 호의 구분에 따른다.

1. 버스운전 자격시험

가. 실시방법: 필기시험

나. 시험과목: 교통 및 운수관련 법규, 교통사고 유형, 자동차관리 요령, 안전운행 요령 및 운송서비스(운전자의 예절에 관한 사항을 포함한다. 이하 이 조에서 같다)에 관한 사항

다. 합격자 결정: 필기시험 총점의 6할 이상을 얻을 것

2. 택시운전 자격시험

가. 실시방법: 필기시험

나. 시험과목: 교통 및 운수관련 법규, 안전운행 요령, 운송서비스 및 지리(地理)에 관한 사항

다. 합격자 결정: 필기시험 총점의 6할 이상을 얻을 것

[전문개정 2012. 8. 2.]

第53조(운전자격시험의 응시) ① 운전자격시험에 응시하려는 사람은 별지 제27호서식의 (버스운전, 택시운전) 자격시험 응시원서(전자문서를 포함한다)를 한국교통안전공단에 제출해야 한다. 이 경우 한국교통안전공단은 「전자정부법」 제36조제1항에 따른 행정정보의 공동이용을 통하여 다음 각 호의 사항을 확인해야 하며 응시자가 확인에 동의하지 않는 경우에는 해당 서류를 첨부하게 해야 한다. 〈개정 2012. 8. 2., 2018. 6. 22., 2020. 4. 14.〉

1. 운전면허증

2. 운전경력증명서

3. 삭제 〈2023. 12. 21.〉

② 법 제87조에 따라 운전자격이 취소된 날부터 1년이 지나지 아니한 자는 운전자격시험에 응시할 수 없다. 다만, 「도로교통법」 제87조제2항에 따른 정기적성검사를 받지 아니하였다는 이유로 운전면허가 취소되어 운전자격이 취소된 경우에는 그러하지 아니하다. 〈개정 2012. 8. 2.〉

[제목개정 2012. 8. 2.]

第54조(운전자격시험의 특례) ① 한국교통안전공단은 다음 각 호의 어느 하나에 해당하는 자에 대하여는 제52조제2호나목에 따른 필기시험의 과목 중 안전운행 요령 및 운송서비스의 과목(제1호에 해당

하는 자에 대하여는 교통 및 운수관련 법규 과목을 포함한다)에 관한 시험을 면제할 수 있다. 〈개정 2012. 8. 2., 2017. 1. 20., 2020. 4. 14.〉

1. 택시운전자격을 취득한 자가 제55조의2제1항에 따라 운전자격증명을 발급한 일반택시운송사업조합의 관할구역 밖의 지역에서 택시운전업무에 종사하려고 운전자격시험에 다시 응시하는 자

2. 운전자격시험일부터 계산하여 과거 4년간 사업용 자동차를 3년 이상 무사고로 운전한 자

3. 「도로교통법」 제146조에 따른 무사고운전자 또는 유공운전자의 표시장을 받은 자

② 삭제 〈2012. 8. 2.〉

③ 제1항에 따라 필기시험의 일부를 면제받으려는 자(제1항제1호에 해당하는 자는 제외한다)는 제53조제1항에 따른 응시원서에 이를 증명할 수 있는 서류를 첨부하여 한국교통안전공단에 제출해야 한다. 〈개정 2012. 8. 2., 2017. 1. 20., 2020. 4. 14.〉

[제목개정 2012. 8. 2.]

제54조의2(교통안전체험교육의 공고) ① 한국교통안전공단은 월 1회 이상 교통안전체험교육을 실시하되, 해당 연도의 교통안전체험교육 실시계획을 최초 교육 시행일 90일 전까지 공고하여야 한다. 다만, 한국교통안전공단은 신청 수요와 운수종사자의 수급 상황을 고려하여 교통안전체험교육의 실시 횟수를 월 1회 미만으로 줄일 수 있다. 〈개정 2018. 6. 22.〉

② 한국교통안전공단은 교통안전체험교육을 실시하기 20일 전까지 다음 각 호의 사항을 한국교통안전공단의 인터넷 홈페이지에 게시하여야 한다. 〈개정 2018. 6. 22.〉

1. 교통안전체험교육의 일시 · 장소

2. 신청 요건

3. 신청 절차

4. 수료 요건

5. 수료자 발표일과 발표 방법

6. 제1호부터 제5호까지에서 규정한 사항 외에 교통안전체험교육 실시에 필요한 사항

[본조신설 2014. 11. 20.]

第54条의3(교통안전체험교육의 신청) 교통안전체험교육을 신청하려는 사람은 한국교통안전공단이 정하는 신청서에 제49조제2항에 따른 운전적성정밀검사를 받은 사실을 증명할 수 있는 서류를 첨부하여 한국교통안전공단에 제출하여야 한다. 이 경우 신청을 받은 한국교통안전공단은 「전자정부법」 제36조제1항에 따른 행정정보의 공동이용을 통하여 신청인의 자동차운전면허증과 운전경력증명서를 확인하여야 하며, 신청인이 확인에 동의하지 아니하는 경우에는 그 서류를 첨부하도록 하여야 한다. 〈개정 2018. 6. 22.〉

[본조신설 2014. 11. 20.]

第54条의4(교통안전체험교육의 실시방법 등) ① 교통안전체험교육의 교육과정 및 교육과목은 별표 4의2와 같다.

② 교통안전체험교육은 집합교육으로 실시하며, 교육시간은 24시간으로 한다.

③ 한국교통안전공단은 교통안전체험교육을 수료한 사람에게 수료증을 발급하여야 한다. 〈개정 2018. 6. 22.〉

④ 제1항부터 제3항까지에서 규정한 사항 외에 교통안전체험교육의 실시에 관하여 필요한 사항은 한국교통안전공단이 정한다. 〈개정 2018. 6. 22.〉

[본조신설 2014. 11. 20.]

第55条(운전자격의 등록 등) ① 한국교통안전공단은 운전자격시험을 실시한 날부터 15일 이내에 한국교통안전공단의 인터넷 홈페이지에 합격자를 공고해야 한다. 〈개정 2020. 4. 14.〉

② 운전자격시험에 합격한 사람 또는 교통안전체험교육을 수료한 사람은 각각 합격자 발표일 또는 교육 수료일부터 30일 이내에 별지 제28호서식의 운전자격증 발급신청서(전자문서를 포함한다)에 사진 1장을 첨부하여 한국교통안전공단에 운전자격증의 발급을 신청해야 한다. 〈개정 2014. 11. 20., 2020. 4. 14., 2023. 12. 21.〉

③ 제2항에 따른 신청을 받은 한국교통안전공단은 별지 제29호서식의 운전자격 등록대장(전자문서를 포함한다)에 그 사실을 적은 후 별지 제30호서식의 (버스, 택시) 운전자격증 및 국토교통부장관이 정하여 고시하는 바에 따른 모바일 운전자격증을 발급해야 한다. 〈개정 2020. 4. 14., 2023. 12. 21.〉

④ 삭제 〈2016. 2. 23.〉

[전문개정 2012. 8. 2.]

제55조의2(운전자격증명의 발급 등) ① 운송사업자 또는 운수종사자는 법 제24조의2제1항에 따라 운전업무 종사자격을 증명하는 증표(이하 "운전자격증명"이라 한다)의 발급을 신청하려면 별지 제28호서식의 운전자격증명 발급신청서(전자문서로 된 신청서를 포함한다)에 사진 1장을 첨부하여 한국교통안전공단, 일반택시운송사업조합 또는 개인택시운송사업조합(이하 "운전자격증명 발급기관"이라 한다)에 제출하여야 한다. 〈개정 2018. 6. 22., 2023. 12. 21.〉

② 제1항에 따라 신청을 받은 운전자격증명 발급기관은 신청인에게 별지 제31호서식의 운전자격증명을 발급하여야 한다.

③ 법 제24조의2제1항에서 "운송사업자의 질병 등 국토교통부령으로 사유로 다른 사람에게 운전업무를 대신하게 하는 경우"란 제21조제1항 각 호의 어느 하나에 해당하는 경우를 말한다.

[본조신설 2016. 2. 23.]

제56조(운전자격증 등의 정정 및 재발급) ① 운전자격증 또는 운전자격증명(이하 "운전자격증등"이라 한다)의 기록사항에 착오가 있거나 변경된 내용이 있어 정정을 받으려는 사람은 별지 제28호서식의 운전자격증(명) 정정신청서(전자문서를 포함한다)에 운전자격증등을 첨부하여 한국교통안전공단 또는 운전자격증명 발급기관에 그 정정을 신청해야 한다. 〈개정 2020. 4. 14.〉

② 운전자격증등을 잃어버리거나 헐어 못 쓰게 되어 재발급을 받으려는 사람은 지체 없이 별지 제28호서식의 운전자격증(명) 재발급신청서(전자문서를 포함한다)에 다음 각 호의 서류를 첨부하여 한국교통안전공단 또는 운전자격증명 발급기관에 그 재발급을 신청해야 한다. 〈개정 2020. 4. 14., 2023. 12. 21.〉

1. 운전자격증등(헐어 못 쓰게 된 경우만 해당한다)
2. 사진 1장

[전문개정 2012. 8. 2.]

제57조(운전자격증명의 게시 및 관리) ① 운수종사자는 법 제24조의2제1항에 따라 운전자격증명을 게시할 때에는 승객이 쉽게 볼 수 있는 위치에 게시하여야 한다. 〈개정 2016. 2. 23.〉

② 운수종사자가 퇴직하는 경우에는 본인의 운전자격증명을 운송사업자에게 반납하여야 하며, 운송사업자는 지체없이 해당 운전자격

증명 발급기관에 그 운전자격증명을 제출하여야 한다.

③ 관할관청은 운송사업자에게 다음 각 호의 어느 하나에 해당하는 사유가 생긴 경우에는 그 호에 규정된 사람으로부터 운전자격증명을 회수하여 폐기한 후 운전자격증명 발급기관에 그 사실을 지체 없이 통보하여야 한다.

1. 대리운전을 시킨 사람의 대리운전이 끝난 경우에는 그 대리운전자(개인택시운송사업자만 해당한다)
2. 사업의 양도·양수인가를 받은 경우에는 그 양도자
3. 사업을 폐업한 경우에는 그 폐업허가를 받은 사람
4. 운전자격이 취소된 경우에는 그 취소처분을 받은 사람

[전문개정 2012. 8. 2.]

[제목개정 2016. 2. 23.]

제58조(운수종사자의 교육 등) ① 법 제25조에 따라 운수종사자가 받아야 하는 교육의 종류는 다음 각 호와 같다. 〈개정 2014. 12. 31.〉

1. 신규교육
2. 보수교육
3. 수시교육

② 제1항에 따른 교육의 대상 및 내용 등은 별표 4의3과 같다. 〈개정 2014. 12. 31.〉

③ 제1항에 따른 운수종사자의 교육은 법 제25조제3항에 따른 운수종사자 연수기관, 한국교통안전공단, 연합회 또는 조합(이하 "교육실시기관"이라 한다)이 한다. 〈개정 2014. 7. 29., 2014. 12. 31., 2017. 2. 28., 2018. 6. 22.〉

④ 교육실시기관은 교육을 하였을 때에는 별지 제32호서식의 운수종사자 교육카드에 "교육이수"의 확인 도장을 찍어 운수종사자에게 내주어야 한다.

⑤ 운송사업자는 그의 운수종사자에 대한 교육계획의 수립, 교육의 시행 및 일상의 교육훈련업무를 위하여 종업원 중에서 교육훈련 담당자를 선임하여야 한다. 다만, 자동차 면허 대수가 20대 미만인 운송사업자의 경우에는 교육훈련 담당자를 선임하지 아니할 수 있다.

⑥ 교육실시기관은 매년 11월 말까지 조합과 협의하여 다음 해의 교육계획을 수립하여 시·도지사 및 조합에 보고하거나 통보하여야 하며, 그 해의 교육결과를 다음 해 1월 말까지 시·도지사 및 조합

에 보고하거나 통보하여야 한다.

⑦ 삭제 〈2017. 2. 28.〉

⑧ 삭제 〈2017. 2. 28.〉

제58조의2(좌석안전띠 착용 안내방법 등) 운수종사자는 법 제26조제3항에 따라 기점 및 경유지에서 승차하는 여객에게 자동차를 출발하기 전에 좌석안전띠를 착용하도록 음성방송이나 말로 안내하여야 한다.

[본조신설 2014. 7. 29.]

[종전 제58조의2는 제58조의3으로 이동 〈2014. 7. 29.〉]

제58조의3(사상사고 현황 및 교통법규 위반사항의 관리 등) ① 법 제27조제1항에 따라 한국교통안전공단은 운수종사자의 사상사고 현황, 교통법규 위반사항 및 범죄경력을 경찰청장에게 확인하여 매월 그에 관한 기록을 별지 제32호의2서식의 운수종사자 사상사고 현황 및 법규위반 사항 관리대장(전자문서를 포함한다)과 별지 제32호의3서식의 범죄경력 관리대장(전자문서를 포함한다)에 각각 유지·관리하여야 한다. 〈개정 2014. 7. 29., 2018. 6. 22.〉

② 법 제27조제2항에서 "국토교통부령으로 정하는 기준에 해당하는 자"란 여객자동차 운송사업용 자동차의 운전업무에 종사하는 자로서 다음 각 호의 어느 하나에 해당하는 사람을 말한다. 〈개정 2011. 7. 6., 2012. 8. 2., 2013. 3. 23.〉

1. 제49조에 따른 운수종사자의 자격요건을 갖추지 아니한 사람
2. 제50조에 따른 운전자격을 취득하지 아니한 사람
3. 제58조에 따른 운수종사자 교육을 받지 아니한 사람
4. 법 제87조제1항 각 호의 어느 하나에 해당하는 사람

[본조신설 2009. 6. 16.]

[제58조의2에서 이동 〈2014. 7. 29.〉]

제58조의4(영상기록장치의 설치 기준·방법 등) ① 법 제27조의3제8항에 따른 영상기록장치의 설치기준·방법은 다음 각 호와 같다.

1. 영상기록장치는 범죄 예방 및 교통사고 상황 파악에 지장이 없는 해상도를 갖출 것

2. 영상기록장치는 사업용 자동차의 전방과 운수종사자 상황 및 최대한의 승객 상황이 촬영될 수 있도록 설치될 것

② 법 제27조의3제8항에 따른 영상기록장치의 제공 방법 및 보관

방법은 다음 각 호의 기준을 포함하여 영 제17조제3항에 따른 영상기록장치 운영·관리 지침으로 정한다.

1. 영상기록의 보관기간은 3일 이상일 것

2. 보관기간이 지난 영상기록을 삭제할 것. 다만, 보관기간 내에 법 제27조의3제4항 각 호에 따라 영상기록의 제공을 요청 받은 경우에는 해당 영상기록을 제공하기 전까지 영상기록을 계속 보관해야 한다.

[본조신설 2019. 10. 1.]

제59조(운전자격의 취소 등) ① 법 제87조에 따른 운전자격의 취소 및 효력정지의 처분기준은 별표 5와 같다. 〈개정 2012. 8. 2.〉

② 관할관청은 제1항에 따른 처분기준을 적용할 때 위반행위의 동기 및 횟수 등을 고려하여 처분기준의 2분의 1의 범위에서 경감하거나 가중할 수 있다.

③ 관할관청은 제1항에 따른 처분을 하였을 때에는 그 사실을 처분대상자, 한국교통안전공단에 각각 통지하고 처분대상자에게 운전자격증등을 반납하게 해야 한다. 〈개정 2012. 8. 2., 2020. 4. 14.〉

④ 관할관청은 제3항에 따라 운전자격증등을 반납받은 경우 운전자격취소처분을 받은 자가 반납한 운전자격증등은 폐기하고, 운전자격정지처분을 받은 자가 반납한 운전자격증등은 보관한 후 자격정지기간이 지난 후에 돌려주어야 한다. 〈개정 2012. 8. 2.〉

⑤ 제4항에 따라 관할관청이 운전자격증등을 폐기한 경우 한국교통안전공단은 운전자격 등록을 말소하고 운전자격 등록대장(전자문서를 포함한다)에 그 사실을 적어야 한다. 〈개정 2012. 8. 2., 2020. 4. 14.〉

[제목개정 2012. 8. 2.]

제59조의2 삭제 〈2014. 7. 29.〉

제4장 자동차대여사업

제60조(자동차대여사업의 등록신청 등) ① 법 제28조에 따라 자동차대여사업의 등록을 하려는 자는 신청인(법인인 경우에는 대표자를 말한다)의 성명 및 주민등록번호가 작성된 별지 제33호서식의 자동차대여사업 등록신청서(전자문서로 된 신청서를 포함한다)에 다음

각 호의 서류(전자문서를 포함한다)를 첨부하여 관할관청에 제출하여야 한다. 〈개정 2016. 7. 29., 2021. 9. 24.〉

1. 사업계획서

2. 삭제 〈2016. 7. 29.〉

3. 보유한 사업용 자동차의 명세서(자동차번호, 차종, 연식, 등록일, 길이, 너비가 포함되어야 한다)나 자동차매매계약서

4. 차고를 설치하려는 토지의 소유권 또는 사용권을 증명할 수 있는 서류

5. 주차 대수, 사용 기간 등이 기재되어 있는 주차장 사용확인서, 주차비 납입증명서 또는 주차장 사용계약서(예약소를 설치하는 경우에만 해당한다)

② 제1항제1호에 따른 사업계획서에는 다음 각 호의 사항이 포함되어야 한다. 〈개정 2014. 11. 20., 2016. 7. 4., 2016. 7. 29.〉

1. 주사무소 및 영업소의 명칭 및 위치

2. 주사무소 및 영업소별 사업용 자동차의 종류 및 대수

3. 주사무소 및 영업소별 차고의 위치, 면적, 수용능력 및 그 부대시설의 명세

4. 예약소의 명칭ㆍ도면 및 위치, 그 주차장의 위치ㆍ규모(예약소를 설치하는 경우에만 해당한다)

5. 영업구역

③ 제1항에 따른 신청을 받은 관할관청은 「전자정부법」 제36조제1항에 따른 행정정보의 공동이용을 통하여 법인 등기사항증명서(신청인이 법인인 경우만 해당한다)와 주민등록표 등본 또는 초본(신청인이 개인인 경우만 해당한다)을 확인하여야 한다. 다만, 신청인이 주민등록표 등본 또는 초본의 확인에 동의하지 아니하는 경우에는 주민등록표 등본 또는 초본을 첨부하도록 하여야 한다. 〈개정 2016. 7. 29.〉

제61조(자동차대여사업의 등록기준) 법 제29조에 따른 자동차대여사업의 등록기준은 별표 6과 같다.

제62조(자동차대여사업의 등록 등) ① 자동차대여사업의 관할관청은 제60조제1항에 따른 등록신청을 받으면 그 등록요건을 충족하는지를 확인하여야 한다. 이 경우 대여사업용 자동차의 기준대수를 확인할 때 신청인이 자동차를 취득하여 등록할 수 있음을 증명하는 자

동차매매계약서를 제출하면 그에 상당하는 대여사업용 자동차를 갖춘 것으로 본다. 〈개정 2010. 11. 15.〉

② 관할관청은 제1항에 따른 등록기준을 확인할 때 필요하다고 인정하면 해당 영업소나 그 밖의 시설 등의 소재지를 관할하는 시·도지사에게 확인을 요청할 수 있다. 이 경우 시·도지사는 해당 영업소나 그 밖의 시설 등이 등록기준에 맞는지를 확인하여 요청을 받은 날부터 20일 이내에 주사무소의 관할관청에 통보하여야 한다.

③ 관할관청은 제1항 및 제2항에 따른 확인의 결과 해당 영업소나 그 밖의 시설 등이 등록기준에 맞을 때에는 별지 제1호서식의 자동차대여사업 등록증을 신청인에게 발급(전자문서에 의한 발급을 포함한다)하고, 그 사실을 영업소나 그 밖의 시설 등의 소재지를 관할하는 관할관청에 통보(전자문서에 의한 통보를 포함한다)하여야 한다.

④ 관할관청은 제1항 후단에 따라 자동차매매계약서에 따른 자동차기준 대수를 확인하였으면 자동차대여사업 등록증을 발급한 날부터 30일 이내의 기간을 정하여 확인된 내용대로 자동차등록을 하도록 하여야 한다. 다만, 천재지변이나 그 밖의 부득이한 사유가 있다고 관할관청이 인정할 때에는 30일의 범위에서 자동차의 등록기간을 연장할 수 있다.

⑤ 제4항에 따라 자동차등록을 한 자는 그 기간 내에 자동차등록증 사본을 관할관청에 제출하고 자동차대여사업을 시작하여야 한다. 다만, 「전자정부법」 제36조제1항에 따른 행정정보의 공동이용을 통하여 제출서류에 대한 정보를 확인할 수 있는 경우에는 그 확인으로 제출서류를 갈음할 수 있다. 〈개정 2011. 4. 11.〉

제63조(자동차대여사업의 영업구역 등) ① 자동차대여사업의 영업구역은 전국으로 한다. 다만, 별표 6 제1호나목에 따라 등록한 경우에는 주사무소가 설치된 특별시·광역시·특별자치시·특별자치도 또는 시·군 지역을 해당 영업구역으로 한다.

② 제1항에도 불구하고 대여사업용 자동차를 상시 주차시켜 영업할 수 있는 장소는 주사무소 또는 영업소가 설치된 곳으로 한다.

[전문개정 2016. 7. 4.]

제64조(주사무소 및 영업소의 설치 등) ① 자동차대여사업의 주사무소 또는 영업소는 특별시·광역시·특별자치시·특별자치도 또는 시

·군 지역에 설치할 수 있다. 〈개정 2010. 11. 15., 2012. 11. 23., 2014. 11. 20., 2016. 7. 4.〉

② 주사무소 또는 영업소를 설치한 지역의 호텔, 공항(「항공사업법」에 따른 정기항공노선이 개설된 공항만 해당한다. 이하 같다), 항만(「항만법」 제2조제2호에 따른 무역항만 해당한다. 이하 같다), 철도역, 고속버스 여객자동차터미널, 산업단지(군청 또는 읍사무소의 소재지에 있는 「산업입지 및 개발에 관한 법률」에 따른 산업단지만 해당한다. 이하 같다) 등 대여사업용 자동차의 수요가 많이 예상되는 장소(이하 "호텔등"이라 한다)에서 자동차대여사업자가 해당 호텔등의 소유자와 사용기간 및 주차대수를 정하여 주차장 사용계약을 체결하고 해당 호텔등에 예약소를 설치한 경우 그 주차장은 대여사업용 자동차를 상시 주차시켜 영업할 수 있는 영업소의 일부로 본다. 〈개정 2009. 12. 14., 2017. 3. 30.〉

③ 자동차대여사업자는 대여사업용 자동차를 편도로 이용함으로써 주사무소 또는 영업소를 달리하여 반환된 대여사업용 자동차를 반환된 주사무소 또는 영업소에서 대여(해당 자동차가 등록된 주사무소 또는 영업소까지 편도로 이용하도록 대여하는 경우는 제외한다)하거나 15일을 초과하여 상시 주차시켜서는 안 된다. 〈개정 2023. 8. 28.〉

④ 자동차대여사업자는 1개월 이내의 일시적인 초과수요를 위하여 필요하면 차고의 수용능력의 범위에서 다른 지역의 주사무소 또는 영업소에 등록된 대여사업용 자동차를 상시 주차시켜 영업할 수 있다.

⑤ 자동차대여사업자는 제4항에 따라 다른 지역의 주사무소 또는 영업소에 등록된 대여사업용 자동차를 상시 주차시켜 영업하려면 별지 제34호서식의 자동차대여사업의 일시 상주 자동차 신고서(전자문서로 된 신고서를 포함한다)를 관할관청에 제출하여야 한다. 〈개정 2016. 7. 4.〉

제65조(자동차대여사업계획의 변경등록) ① 자동차대여사업의 등록을 한 자는 법 제35조에 따라 준용되는 법 제10조제2항·제4항에 따라 사업계획의 변경등록을 하려면 별지 제35호서식의 자동차대여사업 변경등록신청서(전자문서로 된 신청서를 포함한다. 이하 이 조에서 같다)에 다음 각 호의 서류(전자문서를 포함한다)를 첨부하여 관할관청에 제출하여야 한다. 다만, 「전자정부법」 제36조제1항에 따

른 정보의 공동이용을 통하여 첨부서류에 대한 정보를 확인할 수 있는 경우에는 그 확인으로 첨부서류를 갈음할 수 있다. 〈개정 2011. 4. 11., 2021. 9. 24.〉

1. 신·구 사업계획대비표
2. 자동차 대수를 늘리는 경우에는 다음 각 목의 서류
   가. 늘어나는 대여사업용 자동차의 명세서(자동차번호, 차종, 연식, 등록일, 길이, 너비가 포함되어야 한다)나 자동차매매계약서
   나. 차고를 설치하려는 토지의 소유권 또는 사용권을 증명할 수 있는 서류와 수용능력을 적은 서류

② 자동차대여사업자는 제61조에 따른 등록기준의 시설 중 임대하여 사용하는 시설의 임대기간 또는 제64조제2항에 따라 사용계약을 체결한 주차장의 사용계약기간이 끝나 재계약하여 사용하려는 경우에는 임대기간 또는 사용계약기간이 끝나기 1개월 전에 별지 제35호서식의 자동차대여사업 변경등록신청서에 시설의 임대기간 또는 사용계약기간이 적힌 재계약서류를 첨부하여 관할관청에 제출하여야 한다.

③ 제62조제1항 후단에 따라 자동차매매계약서를 제출하여 자동차대여사업의 등록을 한 자는 자동차대여사업의 등록 후 같은 조 제4항에 따라 자동차등록을 하기 전에 자동차매매계약의 해지 등 부득이한 사유로 인하여 자동차대여사업 등록 시의 대여사업용 자동차의 종류 또는 대수가 변경된 경우(등록기준 대수 이상인 경우만 해당한다)에는 별지 제35호서식의 자동차대여사업 변경등록신청서에 다음 각 호의 서류를 첨부하여 관할관청에 제출하여야 한다.

1. 신·구 사업계획대비표
2. 변경사유서
3. 변경하려는 자동차의 매매계약서

④ 삭제 〈2016. 7. 4.〉

⑤ 사업계획의 변경등록에 관하여는 제62조를 준용한다.

제66조(자동차대여사업의 사업계획 변경신고) ① 법 제35조에 따라 준용되는 법 제10조제2항 단서에 따라 조합에 신고하여야 하는 경미한 사항은 다음 각 호와 같다. 〈개정 2021. 9. 24.〉

1. 영업소의 명칭변경
2. 예약소의 설치 또는 변경

3. 낡은 차의 대체 등 대여사업용 자동차의 변경. 다만, 다음 각 목의 경우는 제외한다.

가. 제67조에 따른 자동차의 종류를 변경하는 경우

나. 낡은 차의 대체 등 대여사업용 자동차의 변경에 따라 별표 6에 따른 보유 차고의 면적이 증가하는 경우(가목의 경우는 제외한다)

② 자동차대여사업자는 제1항에 따른 사업계획 변경신고를 하려면 별지 제15호서식의 자동차대여사업계획 변경신고서에 다음 각 호의 서류를 첨부하여야 한다. 다만, 제2호 및 제3호의 서류는 예약소를 설치 또는 변경하는 경우에만 첨부하여야 한다. 〈개정 2016. 7. 29.〉

1. 신·구 사업계획대비표

2. 예약소의 도면

3. 주차 대수, 사용 기간 등이 기재되어 있는 주차장 사용확인서, 주차비 납입증명서 또는 주차장 사용계약서

제67조(대여사업용 자동차의 종류) 자동차대여사업에 사용할 수 있는 자동차의 종류는 「자동차관리법 시행규칙」 별표 1에 따른 자동차 중 다음 각 호의 것으로 한다. 〈개정 2012. 11. 23., 2021. 9. 24.〉

1. 승용자동차

1의2. 경형승합자동차

2. 소형승합자동차

3. 중형승합자동차(승차정원 15인승 이하의 것만 해당한다)

4. 경형특수자동차(「자동차관리법 시행규칙」 제30조의2에 따른 캠핑용자동차만 해당한다)

5. 소형특수자동차(「자동차관리법 시행규칙」 제30조의2에 따른 캠핑용자동차만 해당한다)

제68조(대여약관의 기록사항) 법 제31조에 따른 대여약관에 적어야 하는 사항은 다음 각 호와 같다. 〈개정 2021. 8. 27.〉

1. 대여사업용 자동차의 종류

2. 요금 및 보증금의 수수 또는 환급에 관한 사항

3. 대여사업용 자동차의 취급에 관한 사항

4. 대여책임이 시작되는 시기 및 끝나는 시기

5. 대여사업자와 임차인 간의 책임 및 면책에 관한 사항

6. 보험가입 및 손해배상에 관한 사항

7. 그 밖에 대여사업자 및 임차인의 준수사항 등 자동차대여에 관하여 필요한 사항

제69조(대여약관의 신고) ① 법 제31조제1항에 따라 대여약관의 신고 또는 변경신고를 하려는 자는 별지 제13호서식의 자동차대여사업 대여약관 신고서에 다음 각 호의 서류를 첨부하여 관할관청에 제출하여야 한다.

1. 대여약관(신고의 경우에만 첨부한다)

2. 대여약관 신·구 대비표(변경신고의 경우에만 첨부한다)

② 제1항에 따른 대여약관의 신고 또는 변경신고는 해당 자동차대여사업자의 소속 조합을 통하여 할 수 있다.

제70조(자동차대여사업 관리의 위탁허가 신청) 법 제32조에 따라 자동차대여사업 관리의 위탁허가를 받으려는 자는 별지 제16호서식의 자동차대여사업 관리위탁 허가신청서(전자문서로 된 신청서를 포함한다)에 다음 각 호의 서류(전자문서를 포함한다)를 첨부하여 관할관청에 제출하여야 한다. 이 경우 관할관청은 「전자정부법」 제36조제1항에 따른 행정정보의 공동이용을 통하여 수탁자의 법인 등기사항증명서(수탁자가 기존 법인인 경우만 해당한다)를 확인하여야 한다. 〈개정 2011. 4. 11.〉

1. 사업관리의 위탁계약서 사본

2. 수탁자에 관한 제12조제1항제5호가목·제6호 및 제7호에 따른 서류

3. 관리의 위탁 및 수탁에 관한 총회 또는 이사회의 의결서 사본(법인인 경우에만 첨부한다)

제70조의2(자동차대여사업자의 결함 사실 통보) 자동차대여사업자는 법 제34조의2제4항 전단에 따른 결함 사실을 통보하려면 「자동차관리법 시행규칙」 제41조제2항에 따른 시정조치계획을 통지받은 날부터 30일 이내에 해당 차량의 임차인에게 다음 각 호의 사항을 우편 또는 전자메일로 발송하거나 휴대전화를 이용한 문자메세지로 전송해야 한다. 〈개정 2021. 2. 5.〉

1. 「자동차관리법 시행규칙」 제41조제2항에 따른 시정조치계획의 내용

2. 자동차대여사업자의 연락처와 주사무소 및 영업소의 명칭 및 위치

3. 법 제34조의2제4항 후단에 따른 임차인의 협조사항

4. 그 밖에 국토교통부장관이 결함의 시정을 위하여 통보할 필요가 있다고 인정하여 고시하는 사항

[본조신설 2020. 10. 8.]

제71조(준용규정) ① 법 제35조에서 준용하는 법 제14조(같은 조 제2항은 제외한다)에 따른 자동차대여사업의 양도·양수 신고에 관하여는 제35조제1항(제4호는 제외한다)을 준용한다.

② 법 제35조에서 준용하는 법 제14조(같은 조 제2항은 제외한다)에 따른 자동차대여사업의 법인합병신고에 관하여는 제36조(제5호는 제외한다)를 준용한다.

③ 법 제35조에서 준용하는 법 제15조제1항에 따른 자동차대여사업의 상속신고에 관하여는 제37조를 준용한다.

④ 법 제35조에서 준용하는 법 제16조제2항에 따른 자동차대여사업의 휴업 또는 폐업신고에 관하여는 제38조제1항 및 같은 조 제2항(제2호 및 제3호는 제외한다)을 준용한다.

제5장 여객자동차터미널사업

제72조(여객자동차터미널의 종류) 여객자동차터미널은 다음 각 호와 같이 구분한다.

1. 공영터미널: 여객자동차운송사업에 사용하는 승합자동차를 정류시키기 위한 공영차고지로 사용하기 위하여 지방자치단체가 설치한 터미널

2. 공용터미널: 공영터미널 외의 여객자동차터미널

제73조(여객자동차터미널사업의 면허신청) ① 법 제36조제1항에 따라 여객자동차터미널사업(이하 “터미널사업”이라 한다)의 면허를 받으려는 자는 별지 제36호서식의 여객자동차터미널사업 면허신청서(전자문서로 된 신청서를 포함한다)를 시·도지사에게 제출하여야 한다.

② 제1항에 따른 신청서에는 다음 각 호의 서류(전자문서를 포함한다. 이하 이 조에서 같다)와 도면을 첨부하여야 한다. 〈개정 2016. 12. 30.〉

1. 다음 각 목의 사항을 적은 사업계획서. 다만, 공영터미널의 경우에는 라목부터 바목까지의 사항을 제외할 수 있다.

가. 여객자동차터미널의 명칭 · 위치 · 면적 및 시설규모

나. 여객자동차터미널의 건설에 필요한 자금총액 및 그 구체적인 내용과 자금의 조달방법

다. 여객자동차터미널 공사의 착수 · 준공 및 사용개시 예정시기

라. 여객자동차터미널 사용개시 예정시기에 그 여객자동차터미널을 사용할 자동차의 1일 출발과 도착 대수와 횟수

마. 여객자동차터미널 정보시스템의 구축계획

바. 유치하려는 노선 여객자동차운송사업의 종류와 연계교통망의 구축계획

2. 여객자동차터미널 부근도로(「도로교통법」 제2조제1호에 따른 도로를 말한다. 이하 같다)의 너비 및 종단기울기를 적은 서류와 다음 각 목의 사항을 표시한 평면도

가. 여객자동차터미널의 부지

나. 여객자동차터미널 부근도로와 그 도로 에 있는 「도로교통법」 제32조 각 호의 어느 하나에 해당하는 교차로 · 횡단보도 · 건널목 등의 정차 및 주차의 금지장소

다. 여객자동차터미널 설비의 배치계획

3. 법 제47조제2항 각 호의 사업 등 부대사업을 경영하려는 경우에는 그 사업개요를 적은 서류

③ 신청인이 법인인 경우에는 제2항에 따른 서류 외에 다음 각 호의 서류를 첨부해야 한다. 이 경우 터미널사업면허의 신청절차에 관하여는 제12조제1항 각 호 외의 부분 후단을 준용한다. 〈개정 2021. 8. 27.〉

1. 면허신청 직전 사업연도의 재무상태표 및 손익계산서

2. 임원의 성명 및 주민등록번호를 적은 서류

3. 면허신청에 관한 총회 또는 이사회의 의결서 사본

④ 신청인이 설립 중인 법인인 경우에는 제2항에 따른 서류 외에 다음 각 호의 서류를 첨부하여야 한다.

1. 정관(공증인의 인증이 있어야 한다)

2. 발기인 또는 설립사원의 성명 및 주민등록번호를 적은 서류

3. 설립하려는 법인이 주식회사 또는 유한회사인 경우에는 주식의

인수 또는 출자의 상황을 적은 서류

⑤ 신청인이 개인인 경우에는 제2항에 따른 서류 외에 신청인의 성명 및 주민등록번호를 적은 서류를 첨부하여야 한다.

제74조(공사시행인가의 신청) ① 법 제38조제1항 전단에 따라 여객자동차터미널 공사시행의 인가(법 제43조제2항에서 준용하는 경우를 포함한다)를 받으려는 자는 별지 제37호서식의 여객자동차터미널 공사시행인가 신청서에 다음 각 호의 서류를 첨부하여 특별자치시장·특별자치도지사·시장·군수·구청장(자치구의 구청장을 말한다. 이하 같다)에게 제출해야 한다. 〈개정 2020. 12. 29.〉

1. 공사계획서

2. 자동차의 출구 또는 입구에 접하는 도로(이하 "전면도로"라 한다)의 너비와 종단기울기를 적은 서류. 다만, 여객자동차터미널 설비의 위치 또는 규모를 변경하는 공사로서 자동차의 출구 또는 입구의 위치를 변경하지 아니하는 경우에는 첨부하지 아니할 수 있다.

3. 여객자동차터미널 공사비의 견적서

② 제1항제1호에 따른 공사계획서에는 다음 각 호의 사항이 포함되어야 한다. 다만, 공영터미널의 경우에는 제7호부터 제12호까지의 사항을 제외할 수 있다.

1. 유도차로, 조차장소(자동차를 돌리는 등 자동차를 다루는 장소를 말한다. 이하 같다), 정류장소, 그 밖에 자동차가 통행하거나 정류 또는 주차하는 장소(이하 "자동차용 장소"라 한다)에 관한 구조내력계산서 및 구조내력상 주요 부분의 설계도

2. 자동차의 출구 및 입구의 구조에 관한 다음 각 목의 사항

가. 자동차의 출구 및 입구의 위치

나. 굴곡부의 구조

다. 전면도로에 접하는 자동차 출구 부근의 구조

3. 전면도로에 접하는 자동차의 출구 부근에 설치하는 신호기 등 안전설비

4. 유도차로에 관한 다음 각 목의 사항

가. 너비

나. 유도차로의 바로 위에 구조물이 있을 때에는 그 부분의 지면으로부터의 유효높이

다. 굴곡부의 구조(평면도로 표시할 것)

라. 경사부분의 기울기

5. 조차장소에 관한 다음 각 목의 사항

가. 모양과 너비

나. 조차장소의 바로 위에 구조물이 있을 때에는 그 부분의 지면으로부터의 유효높이

다. 경사부분의 기울기

6. 정류장소에 관한 다음 각 목의 사항

가. 길이와 너비

나. 정류장소의 바로 위에 구조물이 있을 때에는 그 부분의 지면으로부터의 유효높이

다. 경사부분의 기울기

7. 승강장에 관한 다음 각 목의 사항

가. 모양과 너비

나. 높이

8. 승강장과 그 주위의 차단설비의 구조(설계도로 표시할 것)

9. 여객통로, 대기실 및 매표시설의 모양과 너비

10. 자동차용 장소와 여객통로 안 및 그 부근에 설치하는 경보설비와 그 기능

11. 유도차로, 조차장소, 정류장소, 승강장, 여객통로 및 대기실바닥의 포장의 종류와 구조

12. 승강장, 여객통로, 대기실, 그 밖에 여객이 이용하는 장소(이하 이 조에서 "여객용 장소"라 한다)에 설치하는 비나 바람을 막을 수 있는 설비의 구조(설계도로 표시하여야 한다)

13. 배수설비(건축물에 설치하는 것은 제외한다), 피난설비, 환기설비 및 조명설비(유도차로, 조차장소, 여객용 장소에 설치하는 것만 해당한다)의 구조(설계도로 표시하여야 한다)

14. 제3호부터 제10호까지 및 제12호의 설비의 배치도

③ 제2항에 따른 공사계획서에 첨부하는 설계도(평면도와 단면도를 포함한다)의 축척은 200분의 1 이상으로 한다.

제75조(여객자동차터미널 공사계획 변경인가의 신청) 법 제38조제1항 후단에 따라 여객자동차터미널 공사계획의 변경인가(법 제43조제2항에서 준용하는 경우를 포함한다)를 받으려는 자는 별지 제38호서식의 여객자동차터미널 공사계획 변경인가 신청서에 다음 각 호의

서류를 첨부하여 특별자치시장·특별자치도지사·시장·군수·구청장에게 제출해야 한다. 〈개정 2020. 12. 29.〉

1. 변경에 관한 신·구 대비도면

2. 전면도로에 접하는 자동차의 출구 또는 입구를 변경하는 경우에는 제74조제1항제2호의 서류(변경 전 및 변경 후의 서류)

3. 변경되는 부분의 공사비명세서

제76조(여객자동차터미널 공사시행인가 기간연장의 신청) 법 제38조제3항에 따라 공사시행인가 신청기간의 연장(법 제43조제2항에서 준용하는 경우를 포함한다)을 받으려는 자는 별지 제39호서식의 여객자동차터미널 공사시행인가 신청기간 연장신청서(전자문서로 된 신청서를 포함한다)를 특별자치시장·특별자치도지사·시장·군수·구청장에게 제출해야 한다. 〈개정 2020. 12. 29.〉

제77조(시설확인의 신청) 법 제38조제4항에 따른 시설확인(법 제43조제2항에서 준용하는 경우를 포함한다)을 받으려는 자는 별지 제40호서식의 여객자동차터미널 시설확인 신청서(전자문서로 된 신청서를 포함한다)를 특별자치시장·특별자치도지사·시장·군수·구청장에게 제출해야 한다. 〈개정 2020. 12. 29.〉

제78조(여객자동차터미널 사용개시일의 연장신청) 법 제39조 단서에 따라 여객자동차터미널 사용개시일의 연장신청(법 제43조제2항에서 준용하는 경우를 포함한다)을 하려는 자는 별지 제41호서식의 여객자동차터미널 사용개시일 연기(기간 연장)신청서(전자문서로 된 신청서를 포함한다)를 특별자치시장·특별자치도지사·시장·군수·구청장에게 제출해야 한다. 〈개정 2020. 12. 29.〉

제79조(사용약관의 신고) ① 법 제40조제1항에 따라 사용약관의 신고 또는 변경신고를 하려는 자는 별지 제42호서식의 여객자동차터미널 사용약관 신고(변경신고)서(전자문서로 된 신고서를 포함한다)에 다음 각 호의 서류(전자문서를 포함한다)를 첨부하여 시·도지사에게 제출하여야 한다.

1. 사용약관

2. 사용약관의 신·구 대비표(변경신고의 경우에만 첨부한다)

② 법 제40조제2항에 따른 사용약관에는 다음 각 호의 사항이 포함되어야 한다.

1. 해당 여객자동차터미널을 사용하는 운송사업자(이하 “터미널사

용자"라 한다)의 정당한 권익 보호에 관한 사항

2. 여객자동차터미널의 관리 등 터미널사업자의 책임에 관한 사항

3. 승차권의 판매와 개찰(改札)에 관한 사항

4. 승차권 판매금액(반환수수료를 포함한다)의 처리에 관한 사항

5. 승강장의 공정한 배치와 사용에 관한 사항

6. 다음 각 목의 경우를 제외하고는 터미널사용자의 여객자동차터미널 사용을 거부하지 못한다는 내용

가. 여객자동차터미널 사용의 청약내용이 사용약관과 다를 경우

나. 여객자동차터미널이 해당 여객자동차터미널 사용의 청약내용에 대응하는 설비를 가지지 못한 경우

다. 터미널사용자가 터미널사업자에게 특별한 처우와 부담을 요구할 경우

7. 그 밖에 여객자동차터미널의 건전한 운영을 위하여 필요한 사항

제80조(시설사용료의 인가신청 등) ① 법 제41조제1항에 따라 여객자동차터미널 시설사용료의 인가 또는 변경인가를 받으려는 자는 별지 제43호서식의 여객자동차터미널 시설사용료 인가(변경인가)신청서(전자문서로 된 신청서를 포함한다)에 다음 각 호의 서류(전자문서를 포함한다)를 첨부하여 시·도지사에게 제출하여야 한다. 〈개정 2018. 2. 12.〉

1. 시설사용료의 산출계산서. 다만, 해당 터미널사용자와 협의하였을 때에는 제출하지 아니할 수 있다.

2. 시설사용료의 신·구 대비표(변경인가신청의 경우에만 첨부한다)

3. 터미널사업자와 터미널사용자 간의 시설사용료에 관한 협의서 사본

② 시·도지사는 법 제41조제1항에 따른 시설사용료의 인가를 할 때에는 해당 터미널사용자의 의견을 들어야 하며, 다음 각 호의 사항을 고려하여야 한다.

1. 해당 여객자동차터미널의 시설과 토지 중 여객자동차터미널의 기능에 기여하는 부분이 시설사용료 원가의 계산기준에 포함되어 있는지 여부

2. 시설사용료가 터미널사용자가 해당 여객자동차터미널을 사용하는 것을 어렵게 할 정도로 너무 비싼 것이 아닌지 여부

③ 시·도지사는 시설사용료의 인가를 위하여 필요하다고 인정하

면 원가계산기준 등을 따로 정할 수 있다.

제81조(여객자동차터미널 기능의 유지 등) ① 터미널사업자는 법 제42조제2항에 따라 「여객자동차터미널 구조 및 설비기준에 관한 규칙」에서 정하는 구조 및 설비기준에 맞도록 터미널의 기능을 항상 유지하여야 하며, 모든 설비를 적절하게 조작·관리하여야 한다.

② 터미널사업자는 다음 각 호의 사항을 일반인이 보기 쉬운 터미널의 장소에 게시하여야 한다.

1. 질서유지와 위험방지를 위한 여객자동차터미널 이용수칙
2. 운행시각표, 운임표 및 여행목적지별 승강안내표 등 이용객을 위한 안내표지
3. 승차권의 교환 및 운임의 환급에 관한 사항
4. 그 밖에 이용자에게 알릴 필요가 있는 사항

제82조(여객자동차터미널을 사용하는 자동차의 운행관리) ① 터미널사업자는 여객자동차터미널 안에서의 위험방지와 해당 여객자동차터미널을 사용하는 자동차의 원활한 운행을 위하여 적절한 운행방법을 정하고 자동차운전자에게 이를 준수하게 하여야 한다.

② 터미널사업자는 자동차운전자가 제1항의 운행방법을 준수하게 하기 위하여 필요하면 운행관리원을 배치하여 자동차를 유도하게 하는 등 적절한 조치를 하여야 한다.

③ 터미널사업자는 해당 여객자동차터미널을 사용하는 여객자동차운송사업용 자동차의 안전이나 원활한 운행을 방해할 우려가 있을 때에는 해당 여객자동차터미널을 사용하는 여객자동차운송사업용 자동차 외에는 여객자동차터미널의 사용을 제한할 수 있다.

제83조(여객자동차터미널에서의 정류방법 등) ① 터미널사업자는 여객자동차터미널의 정류장소가 아닌 곳에서 여객을 타고 내리게 하여서는 아니 된다.

② 터미널사업자는 유도차로 또는 조차장소에 자동차를 주차하게 하여서는 아니 된다. 다만, 위험 또는 교통혼잡을 발생하게 할 우려가 없고 자동차의 원활한 운행에 지장이 없을 때에는 그러하지 아니하다.

제84조(여객의 혼잡방지 등) ① 터미널사업자는 해당 여객자동차터미널을 이용하는 여객이나 그 밖의 일반인의 혼란을 방지하기 위하여 방송 또는 게시 등의 방법으로 적절한 안내를 하거나 승강장 또

는 여객통로를 승차용과 하차용으로 구별하는 등 적절한 조치를 하여야 한다.

② 터미널사업자는 해당 여객자동차터미널을 이용하는 여객이나 그 밖의 일반인이 여객용 장소 외의 장소에 출입하지 못하게 울타리를 설치하는 등 적절한 조치를 하여야 한다. 〈개정 2016. 12. 30.〉

第85조(여객자동차터미널 시설공사 중의 조치) 터미널사업자는 여객자동차터미널 시설공사를 할 때에는 혼잡을 방지하기 위한 표지의 설치 및 그 밖에 필요한 조치를 하여야 한다.

第86조(위험의 방지) 터미널사업자는 재해·화재나 그 밖의 불가피한 사유로 인하여 여객자동차터미널을 사용하기 어렵거나 여객의 안전을 해칠 우려가 있을 때에는 지체 없이 그 여객자동차터미널의 사용을 일시 정지하거나 그 밖에 필요한 조치를 하여야 한다.

第87조(위치·규모 및 구조·설비 등의 변경인가신청) 법 제43조제1항 본문에 따라 여객자동차터미널의 위치·규모 및 구조·설비 등의 변경인가를 받으려는 자는 별지 제44호서식의 여객자동차터미널의 위치·규모 등 변경인가신청서에 다음 각 호의 서류 및 도면을 첨부하여 터미널의 위치의 변경은 시·도지사에게, 터미널의 규모·설비 등의 변경은 특별자치시장·특별자치도지사·시장·군수·구청장에게 제출해야 한다. 〈개정 2020. 12. 29.〉

1. 설비의 배치 개요를 표시한 축척 500분의 1 이상의 평면도

2. 여객자동차터미널의 경계를 변경하는 경우에는 신·구 경계를 표시한 축척 500분의 1 이상의 평면도

3. 전면도로에 접하는 자동차의 출구 또는 입구를 변경하는 경우에는 인접도로 및 그 도로에 있는 「도로교통법」 제32조 각 호의 어느 하나에 해당하는 교차로·횡단보도·건널목 등의 정차 및 주차의 금지장소를 표시한 축척 500분의 1 이상의 평면도

4. 위치를 변경하는 경우에는 신·구의 위치를 표시한 축척 1만분의 1 이상의 지도 및 그 변경된 위치의 부근도로의 너비와 종단 기울기를 적은 서류

5. 변경공사에 필요한 자금의 총액 및 그 구체적인 내용과 자금의 조달방법을 적은 서류

第88조(위치·규모 및 구조·설비의 경미한 사항의 변경) ① 법 제

43조제1항 단서에서 "국토교통부령으로 정하는 경미한 사항"이란 다음 각 호의 사항을 말한다. 〈개정 2013. 3. 23.〉

1. 자동차의 출구 및 입구의 굴곡부 확장
2. 유도차로의 너비 확장
3. 유도차로, 조차장소 및 정류장소의 지면으로부터의 유효높이 증가
4. 정류장소의 지면의 기울기 변경(1.5퍼센트 범위에서의 변경만 해당한다)
5. 승강장에 접하는 자동차용 장소의 지면으로부터 승강장 높이의 증가(승객이 타고 내리기에 불편하지 아니한 범위에서의 증가만 해당한다)
6. 대기실 면적의 확장
7. 여객용 장소의 포장의 종류 및 구조의 변경
8. 삭제 〈2018. 2. 12.〉

제89조(승차권판매의 위탁) 법 제46조제1항 단서에 따라 운송사업자가 승차권을 직접 판매하거나 터미널사업자 외의 자에게 승차권판매를 위탁할 수 있는 경우는 다음 각 호와 같다.

1. 터미널사업자가 여객의 승차권 구입 편의를 위하여 여객자동차터미널 외의 장소에 승차권판매소를 갖추지 아니한 경우
2. 터미널사업자가 승차권을 판매할 때에는 운송질서의 확립에 어려움이 있다고 시·도지사가 인정하는 경우
3. 터미널사업자가 승차권판매금액의 정산을 상습적으로 지연시키는 등 터미널사용자에게 큰 손해를 끼칠 우려가 있다고 시·도지사가 인정하는 경우
4. 터미널사용자와 터미널사업자 간에 협의가 이루어진 경우

제90조(터미널사업의 양도·양수 신고) 법 제48조에서 준용하는 법 제14조(같은 조 제2항은 제외한다)에 따라 터미널사업의 양도·양수 신고를 하려는 자는 별지 제45호서식의 여객자동차터미널사업의 양도 및 양수 신고서에 다음 각 호의 서류를 첨부하여 관할관청에 제출하여야 한다.

1. 양도·양수 계약서 사본
2. 양수인이 터미널사업자가 아닌 경우에는 제73조제3항부터 제5항까지의 규정에 따른 서류

3. 사업의 양도·양수에 관한 총회 또는 이사회의 의결서 사본(법인인 경우에만 첨부한다)

제91조(터미널사업의 법인합병 신고) 법 제48조에서 준용하는 법 제14조(같은 조 제2항은 제외한다)에 따라 터미널사업자인 법인의 합병 신고를 하려는 자는 별지 제46호서식의 여객자동차터미널사업 법인합병 신고서에 다음 각 호의 서류를 첨부하여 관할관청에 제출하여야 한다.

1. 합병계약서 사본
2. 합병으로 인하여 신설되거나 합병 후 존속하는 법인의 합병 당시의 사업용 고정자산 명세서
3. 합병 당사자에 관한 제73조제3항 및 제4항에 따른 서류
4. 합병에 관한 총회 또는 이사회의 의결서 사본

제92조(터미널사업의 상속신고) 법 제48조에서 준용하는 법 제15조제1항에 따라 터미널사업의 상속신고를 하려는 자는 별지 제47호서식의 여객자동차터미널사업 상속신고서에 다음 각 호의 서류를 첨부하여 관할관청에 제출하여야 한다.

1. 피상속인이 사망하였음을 증명할 수 있는 서류
2. 피상속인과의 관계를 증명할 수 있는 서류
3. 신고인과 같은 순위의 다른 상속인이 있는 경우에는 그 상속인의 동의서

제93조(터미널사업의 휴업·폐업허가신청) 법 제48조에서 준용하는 법 제16조(같은 조 제2항은 제외한다)에 따라 터미널사업의 휴업 또는 폐업 허가를 받으려는 자는 별지 제48호서식의 여객자동차터미널사업 휴업 또는 폐업 허가신청서에 사업의 휴업 또는 폐업에 관한 총회 또는 이사회의 의결서 사본(법인인 경우만 해당한다)을 첨부하여 관할관청에 제출하여야 한다.

제5장의2 여객자동차운송플랫폼사업 〈개정 2021. 4. 8.〉

제93조의2(여객자동차플랫폼운송사업의 허가신청 등) ① 법 제49조의3제1항에 따른 여객자동차플랫폼운송사업(이하 "플랫폼운송사업"이라 한다)의 허가를 받으려는 자는 별지 제48호의2서식의 여객자동차플랫폼운송사업 허가신청서(전자문서로 된 신청서를 포함한다)에 다음 각 호의 서류(전자문서를 포함한다)를 첨부하여 국토교통부

장관에게 제출해야 한다. 이 경우 국토교통부장관은 「전자정부법」 제36조제1항에 따른 행정정보의 공동이용을 통하여 법인 등기사항증명서(신청인이 법인인 경우만 해당한다), 토지 등기사항증명서 및 주민등록표 초본(신청인이 개인인 경우만 해당한다)을 확인해야 하며, 신청인이 주민등록표 초본의 확인에 동의하지 않는 경우에는 주민등록표 초본을 첨부하도록 해야 한다. 〈개정 2021. 9. 24.〉

1. 사업계획서
2. 사업용 고정자산의 총액 및 그 구체적인 내용을 적은 서류
3. 기존 법인의 경우에는 다음 각 목의 서류
   가. 임원의 성명과 주민등록번호를 적은 서류
   나. 허가신청에 관한 총회 또는 이사회의 의결서 사본
4. 법인을 설립하려는 경우에는 다음 각 목의 서류
   가. 정관(공증인의 인증이 있어야 한다)
   나. 법인을 설립하려는 자의 성명과 주민등록번호를 적은 서류
   다. 설립하려는 법인이 주식회사 또는 유한회사인 경우에는 주식의 인수 또는 출자의 상황을 적은 서류
5. 별표 6의2에 따른 허가기준을 갖추고 있음을 증명할 수 있는 다음 각 목의 서류
   가. 플랫폼운송사업에 사용할 자동차를 확보한 사실을 증명할 수 있는 서류
   나. 차고지를 설치하려는 토지에 대한 소유권 또는 사용권(자동차대여사업자의 대여사업용 자동차를 임차한 경우 자동차대여사업자의 차고지에 대한 사용권을 포함한다)을 증명할 수 있는 서류
   다. 플랫폼운송 부대시설 등의 명칭·위치 및 규모를 표시한 서류
   라. 플랫폼운송사업에 사용할 운송플랫폼(법 제2조제7호에 따른 운송플랫폼을 말한다. 이하 같다)을 확보한 사실을 증명할 수 있는 서류
   마. 자동차 보험에 가입한 사실을 증명할 수 있는 서류

② 제1항제1호에 따른 사업계획서에는 다음 각 호의 사항이 포함되어야 한다.

1. 주사무소의 명칭과 위치
2. 자동차에 관한 다음 각 목의 사항
   가. 자동차의 종류·대수·형식·연식

나. 자동차의 확보 방법
다. 자동차의 관리 방법
3. 차고지 및 운송 부대시설의 위치와 그 수용능력
4. 주된 운행지역 및 운행지역별 자동차 운영대수
5. 사업투자 소요금액 및 재원조달 방법
6. 운송플랫폼에 관한 다음 각 목의 사항
가. 운송플랫폼 내용
나. 운송플랫폼 운용 계획
7. 관리인력, 상담원 등 인력에 관한 사항 및 그 관리계획
8. 플랫폼운송사업의 운전업무에 종사하는 자(이하 "플랫폼운수종사자"라 한다)의 확보 및 교육 등 관리 방안
9. 운임 또는 요금의 설계 내용
10. 영업 관리에 관한 계획
11. 법 제49조의3제3항제2호에 따른 차별화된 서비스 제공을 위한 다음 각 목의 계획
가. 영 제2조제3호에 따른 여객운송 부가서비스(이하 "부가서비스"라 한다)의 유형 및 운영 계획
나. 자동차의 색상·마크 및 운전자 복장 등 브랜드 특화계획
다. 소비자 편익 증진 및 보호를 위한 다음의 계획
1) 이용약관의 공정성 관리계획
2) 소비자 만족도 조사 및 서비스 개선 계획
라. 그 밖에 여객자동차 운송사업과의 차별화된 서비스 제공 계획
③ 제1항에 따른 플랫폼운송사업의 허가신청을 받은 국토교통부장관은 그 신청서류가 별표 6의2에 따른 허가기준에 적합하다고 인정하면 자동차의 대수, 차고지, 운송 부대시설, 보험가입 여부 등을 확인할 일시를 정하여 신청인에게 알려야 한다.
[본조신설 2021. 4. 8.]
[종전 제93조의2는 제93조의10으로 이동 〈2021. 4. 8.〉]
제93조의3(플랫폼운송사업의 허가기준 등) 법 제49조의3제3항제3호에 따른 최저 허가기준 대수, 차고지 등 운송시설, 보험가입 등에 관한 허가기준은 별표 6의2와 같다.
[본조신설 2021. 4. 8.]
[종전 제93조의3은 제93조의11로 이동 〈2021. 4. 8.〉]

제93조의4(사업계획의 변경인가 등) ① 법 제49조의3제6항 본문에 따라 사업계획의 변경인가를 받으려는 자는 별지 제48호의3서식의 여객자동차플랫폼운송사업계획 변경인가 신청서에 다음 각 호의 서류를 첨부하여 국토교통부장관에게 제출해야 한다.

1. 신·구 사업계획을 대비한 서류 또는 도면
2. 변경사항을 증명할 수 있는 서류
3. 자동차 대수를 늘리는 경우에는 차고지 및 운송 부대시설 등의 위치 및 수용능력을 적은 서류

② 제1항에 따라 사업계획 변경인가를 신청한 자에 대한 운송 부대시설 등의 확인에 관하여는 제93조의2제3항을 준용한다.

③ 법 제49조의3제6항 단서에서 "국토교통부령으로 정하는 경미한 사항을 변경하는 경우"란 다음 각 호에 해당하는 경우를 말한다.

1. 대표자를 변경하는 경우
2. 주사무소, 차고지 또는 운송 부대시설의 소재지를 변경하는 경우
3. 인력 관리계획을 변경하는 경우

④ 법 제49조의3제6항 단서에 따른 사업계획 변경신고를 하려는 자는 별지 제48호의4서식의 여객자동차플랫폼운송사업계획 변경신고서에 다음 각 호의 서류를 첨부하여 국토교통부장관에게 제출해야 한다.

1. 신·구 사업계획을 대비한 서류
2. 변경사항을 증명할 수 있는 서류

[본조신설 2021. 4. 8.]

[종전 제93조의4는 제93조의12로 이동 〈2021. 4. 8.〉]

제93조의5(플랫폼운송사업의 허가 갱신) ① 법 제49조의3제9항에 따라 플랫폼운송사업의 허가를 갱신하려는 자는 허가기간 만료일 3개월 전까지 별지 제48호의5서식의 여객자동차플랫폼운송사업 허가 갱신 신청서에 다음 각 호의 서류를 첨부하여 국토교통부장관에게 제출해야 한다. 이 경우 국토교통부장관은 「전자정부법」 제36조제1항에 따른 행정정보의 공동이용을 통하여 법인 등기사항증명서(신청인이 법인인 경우만 해당한다), 토지 등기사항증명서 및 주민등록표 초본(신청인이 개인인 경우만 해당한다)을 확인해야 하며, 신청인이 주민등록표 초본의 확인에 동의하지 않는 경우에는 주민등록표 초본을 첨부하도록 해야 한다. 〈개정 2021. 9. 24.〉

1. 허가증 사본
2. 허가 갱신에 관한 총회 또는 이사회의 의결서 사본
3. 운영보고서

② 제1항제3호에 따른 운영보고서에는 다음 각 호의 사항이 포함되어야 한다.

1. 운영기간 동안의 운행현황, 영업손익 등 플랫폼운송사업 운영실적
2. 법규 위반 관련 처분내용

③ 국토교통부장관은 제1항에 따른 신청을 받은 경우 법 제49조의4에 따른 플랫폼운송사업심의위원회(이하 "사업심의위원회"라 한다)의 심의를 거쳐야 하며, 제1항에 따른 신청을 한 자가 법 제85조 및 영 제43조제1항에 따른 사업정지처분을 5회 이상(법 제85조제1항제12호 및 영 별표 3 제2호가목 위반내용란의 제12호바목에 따라 사업정지처분을 받은 경우에는 2회 이상) 받은 경우에는 허가를 갱신하지 않을 수 있다.

[본조신설 2021. 4. 8.]

[종전 제93조의5는 제93조의13으로 이동 〈2021. 4. 8.〉]

제93조의6(기여금 · 연체료 수납 등의 위탁 등) ① 법 제49조의5제4항에서 "국토교통부령으로 정하는 기관"이란 한국교통안전공단을 말한다.

② 영 제20조의9제2항에 따른 기여금 납부기한 연기신청서는 별지 제48호의6서식에 따른다.

[본조신설 2021. 4. 8.]

[종전 제93조의6은 제93조의14로 이동 〈2021. 4. 8.〉]

제93조의7(플랫폼운송사업의 운임 · 요금의 신고 등) ① 법 제49조의6제1항에 따라 플랫폼운송사업의 운임 · 요금의 신고 또는 변경신고를 하려는 자는 별지 제48호의7서식의 여객자동차플랫폼운송사업 운임 · 요금 신고서(변경신고서)에 다음 각 호의 서류를 첨부하여 국토교통부장관에게 제출해야 한다.

1. 운임 · 요금표
2. 신 · 구 운임 · 요금 대비표(운임 · 요금을 변경하는 경우에만 첨부한다)
3. 서비스 변경계획에 관한 서류(서비스를 변경하는 경우에만 첨

부한다)

4. 원가 등 운임·요금 산출의 기초가 되는 사항에 관한 서류

② 법 제49조의6제2항에서 "국토교통부령으로 정하는 기간"이란 10일을 말한다.

[본조신설 2021. 4. 8.]

[종전 제93조의7은 제93조의15로 이동 〈2021. 4. 8.〉]

제93조의8(플랫폼운수종사자의 준수사항) 법 제49조의8제1항제7호에 따른 플랫폼운수종사자의 준수사항은 별표 6의4와 같다.

[본조신설 2021. 4. 8.]

[종전 제93조의8은 제93조의16으로 이동 〈2021. 4. 8.〉]

제93조의9(플랫폼운송사업에 대한 준용규정) ① 법 제49조의9에서 준용하는 법 제9조에 따른 플랫폼운송약관의 신고 및 기재사항에 관하여는 제29조제1항 및 제30조(제9호는 제외한다)를 준용한다.

② 법 제49조의9에서 준용하는 법 제14조(제1항 전단, 제4항부터 제6항까지, 제9항 및 제10항만 해당하며, 국토교통부장관에게 신고하는 경우에 한정한다)에 따른 플랫폼운송사업의 양도·양수 및 법인의 합병 신고에 관하여는 제35조제1항(제4호는 제외한다) 및 제36조(제5호는 제외한다)를 준용한다.

③ 법 제49조의9에서 준용하는 법 제16조(제2항부터 제4항까지는 제외한다)에 따른 플랫폼운송사업의 휴업·폐업 허가에 관하여는 제38조제1항 및 제2항(제2호 및 제3호는 제외한다)을 준용한다.

④ 법 제49조의9에서 준용하는 법 제19조에 따른 사고시 조치사항 등에 관하여는 제41조를 준용한다.

⑤ 법 제49조의9에서 준용하는 법 제21조제13항에 따른 플랫폼운송사업자의 준수사항은 별표 4 제1호가목1)부터 3)까지 및 같은 목 4)가), 같은 목 6)·14)·20)·21), 같은 호 나목2)나)·다)·아) 및 같은 호 다목과 같다. 다만, 운송플랫폼이 회사명, 자동차번호, 운전자 성명, 불편사항 연락처 및 차고지 등에 대한 사항을 승객에게 사전에 고지하는 기능을 갖춘 경우에는 별표 4 제1호가목4)가)에 따른 표지판을 게시하지 않을 수 있으며, 운송플랫폼을 통해서만 결재가 가능한 운송서비스를 제공하는 경우에는 별표 4 제1호나목2)나)에 따른 신용카드 결제가 가능한 관련 기기를 설치하지 않을 수 있다.

⑥ 법 제49조의9에서 준용하는 법 제27조제1항에 따른 플랫폼운수종사자 사상사고 현황 및 법규위반 사항 관리 등에 관하여는 제58조의3제1항을 준용한다.

[본조신설 2021. 4. 8.]

[종전 제93조의9는 제93조의17로 이동 〈2021. 4. 8.〉]

제93조의10(플랫폼가맹사업의 면허신청 등) ① 법 제49조의10제1항에 따라 플랫폼가맹사업의 면허를 받으려는 자는 별지 제48호의8서식에 따른 여객자동차플랫폼운송가맹사업 면허신청서(전자문서로 된 신청서를 포함한다)에 다음 각 호의 서류(전자문서를 포함한다)를 첨부하여 국토교통부장관 또는 시·도지사에게 제출해야 한다. 이 경우 국토교통부장관 또는 시·도지사는 「전자정부법」 제36조제1항에 따른 행정정보의 공동이용을 통하여 법인 등기사항증명서(신청인이 법인인 경우만 해당한다) 또는 주민등록표 초본(신청인이 개인인 경우만 해당한다)을 확인해야 하며, 신청인이 주민등록표 초본의 확인에 동의하지 않는 경우에는 주민등록표 초본을 첨부하도록 해야 한다. 〈개정 2024. 12. 26.〉

1. 사업계획서

2. 사업용 고정자산의 총액 및 그 구체적인 내용을 적은 서류

3. 기존 법인의 경우에는 다음 각 목의 서류

 가. 임원의 성명과 주민등록번호를 적은 서류

 나. 면허신청에 관한 총회 또는 이사회의 의결서 사본

4. 법인을 설립하려는 경우에는 다음 각 목의 서류

 가. 정관(공증인의 인증이 있어야 한다)

 나. 법인을 설립하려는 자의 성명과 주민등록번호를 적은 서류

 다. 설립하려는 법인이 주식회사 또는 유한회사인 경우에는 주식의 인수 또는 출자의 상황을 적은 서류

5. 「가맹사업거래의 공정화에 관한 법률」 제6조의2에 따라 공정거래위원회에 등록한 정보공개서 사본

6. 여객자동차플랫폼운송가맹계약서(이하 "운송가맹계약서"라 한다) 사본

7. 플랫폼가맹사업에 사용할 운송플랫폼을 확보한 사실을 증명할 수 있는 서류

② 제1항제1호에 따른 사업계획서에는 다음 각 호의 사항이 포함

되어야 한다.

1. 주사무소와 영업소의 명칭과 소재지
2. 사업구역
3. 운송가맹점에 대한 다음 각 목의 사항
   가. 운송가맹점의 상호(일반택시운송사업자만 해당한다)
   나. 사업구역별 자동차(운송가맹점이 소유한 자동차를 말한다)의 총 대수
4. 사업투자 소요금액 및 재원조달 방법
5. 관리 인력, 상담원 등 인력에 관한 사항 및 그 관리계획
6. 운송플랫폼에 관한 다음 각 목의 사항
   가. 운송플랫폼의 내용
   나. 운송플랫폼 운용 계획
7. 운송가맹점 관리에 관한 다음 각 목의 계획
   가. 운송가맹점의 영업 및 자동차 관리 계획
   나. 운송가맹점 또는 운송가맹점 소속 운전자 교육 계획
   다. 운송가맹점의 법령 준수에 대한 관리 계획
8. 운임 또는 요금 설계 내용
9. 부가서비스를 운영하려는 경우에는 운영하려는 부가서비스의 유형 및 운영 계획
10. 소비자 편익증진 및 보호에 관한 다음 각 목의 계획
   가. 이용약관의 공정성에 대한 관리
   나. 소비자 만족도 조사 및 개선에 관한 계획

③ 제1항에 따라 플랫폼가맹사업의 면허를 신청한 자에 대한 설비 등의 확인에 관하여는 제93조의2제3항을 준용한다.

[전문개정 2021. 4. 8.]
[제목개정 2024. 12. 26.]
[제93조의2에서 이동 〈2021. 4. 8.〉]

제93조의11(플랫폼가맹사업의 면허기준) 법 제49조의10제1항에 따른 플랫폼가맹사업의 면허기준은 별표 6의3과 같다.

[전문개정 2021. 4. 8.]
[제93조의3에서 이동 〈2021. 4. 8.〉]

제93조의12(플랫폼가맹사업 사업계획의 변경인가 등) ① 법 제49조의10제2항 본문에 따라 사업계획 변경인가를 받으려는 자는 별지

제48호의9서식에 따른 여객자동차플랫폼운송가맹사업계획 변경인가 신청서에 다음 각 호의 서류를 첨부하여 국토교통부장관 또는 시·도지사에게 제출해야 한다.

1. 신·구 사업계획을 대비한 서류

2. 변경사항을 증명할 수 있는 서류

② 법 제49조의10제2항 단서에서 "국토교통부령으로 정하는 경미한 사항을 변경하는 경우"란 다음 각 호에 해당하는 경우를 말한다.

1. 대표자를 변경하는 경우(법인인 경우에만 해당한다)

2. 영업소를 설치·이전·폐지하거나 명칭을 변경하는 경우

3. 운송가맹점의 현황(운송가맹점이 보유한 택시 대수 등)을 변경하는 경우

③ 법 제49조의10제2항 단서에 따라 사업계획 변경신고를 하려는 자는 별지 제48호의10서식의 여객자동차플랫폼운송가맹사업계획 변경신고서에 다음 각 호의 서류를 첨부하여 국토교통부장관 또는 시·도지사에게 제출해야 한다.

1. 신·구 사업계획을 대비한 서류

2. 변경사항을 증명할 수 있는 서류

④ 법 제49조의10제3항에서 "국토교통부령으로 정하는 기간"이란 10일을 말한다.

[전문개정 2021. 4. 8.]

[제93조의4에서 이동 〈2021. 4. 8.〉]

제93조의13(운송가맹점의 상호변경 신고) 법 제49조의11제3항에 따른 상호변경의 신고를 하려는 자는 여객자동차플랫폼운송가맹계약(이하 "운송가맹계약" 이라 한다)을 체결한 날부터 30일 이내에 시·도지사에게 다음 각 호의 서류를 첨부하여 신고해야 한다.

1. 운송가맹계약서 사본 1부

2. 상호 표시를 변경하였음을 증명할 수 있는 서류(사진을 포함한다)

[전문개정 2021. 4. 8.]

[제93조의5에서 이동 〈2021. 4. 8.〉]

제93조의14(플랫폼가맹사업의 운임·요금의 신고) ① 법 제49조의13제1항에 따른 운임·요금의 신고 또는 변경신고를 하려는 자는 별지 제48호의11서식의 운송가맹점 운임·요금 신고서(변경신고서)에 다음 각 호의 서류를 첨부하여 국토교통부장관 또는 시·도지사

에게 제출해야 한다.

1. 운임 · 요금표

2. 신 · 구 운임 · 요금 대비표(운임 · 요금을 변경하는 경우에만 첨부한다)

3. 서비스 변경계획에 관한 서류(서비스를 변경하는 경우에만 첨부한다)

4. 원가 등 운임 · 요금 산출의 기초가 되는 사항에 관한 서류

② 법 제49조의13제2항에서 "국토교통부령으로 정하는 기간"이란 10일을 말한다.

[전문개정 2021. 4. 8.]

[제93조의6에서 이동 〈2021. 4. 8.〉]

제93조의15(플랫폼가맹사업에 대한 준용규정) ① 법 제49조의16에서 준용하는 법 제9조에 따른 플랫폼가맹약관 신고와 플랫폼가맹약관의 기재사항에 관하여는 제29조제1항 및 제30조(제9호는 제외한다)를 준용한다.

② 법 제49조의16에서 준용하는 법 제14조(제2항은 제외한다)에 따른 플랫폼가맹사업의 양도 · 양수 신고에 관하여는 제35조제1항(제4호는 제외한다)을 준용한다.

③ 법 제49조의16에서 준용하는 법 제14조(제2항은 제외한다)에 따른 운송가맹사업 법인의 합병신고에 관하여는 제36조(제5호는 제외한다)를 준용한다.

④ 법 제49조의16에서 준용하는 법 제15조에 따른 플랫폼가맹사업의 상속신고에 관하여는 제37조를 준용한다.

⑤ 법 제49조의16에서 준용하는 법 제16조(제1항은 제외한다)에 따른 플랫폼가맹사업의 휴업 또는 폐업신고에 관하여는 제38조제1항 및 제2항(제2호 및 제3호는 제외한다)을 준용한다.

[전문개정 2021. 4. 8.]

[제93조의7에서 이동 〈2021. 4. 8.〉]

제93조의16(여객자동차플랫폼운송중개사업의 등록) ① 법 제49조의18제1항에 따라 여객자동차플랫폼운송중개사업(이하 "플랫폼중개사업"이라 한다)을 등록하려는 자는 별지 제48호의12서식의 여객자동차플랫폼운송중개사업 등록신청서(전자문서로 된 신청서를 포함한다)에 다음 각 호의 서류를 첨부하여 국토교통부장관에게 제출해야

한다. 이 경우 국토교통부장관은 「전자정부법」 제36조제1항에 따른 행정정보의 공동이용을 통하여 법인 등기사항증명서(신청인이 법인인 경우만 해당한다) 또는 주민등록표 초본(신청인이 개인인 경우만 해당한다)을 확인해야 하며, 신청인이 주민등록표 초본의 확인에 동의하지 않는 경우에는 주민등록표 초본을 첨부하도록 해야 한다.

1. 사업계획서
2. 기존 법인의 경우에는 다음 각 목의 서류
   가. 임원의 성명과 주민등록번호를 적은 서류
   나. 면허신청에 관한 총회 또는 이사회의 의결서 사본
3. 법인을 설립하려는 경우에는 다음 각 목의 서류
   가. 정관(공증인의 인증이 있어야 한다)
   나. 법인을 설립하려는 자의 성명과 주민등록번호를 적은 서류
   다. 설립하려는 법인이 주식회사 또는 유한회사인 경우에는 주식의 인수 또는 출자의 상황을 적은 서류
4. 플랫폼중개사업에 사용할 운송플랫폼에 관한 서류

② 제1항제1호에 따른 사업계획서에는 다음 각 호의 사항이 포함되어야 한다.

1. 주사무소의 명칭과 위치
2. 법 제49조의19에 따른 플랫폼운송중개요금(이하 "플랫폼운송중개요금"이라 한다)의 설계에 관한 사항
3. 부가서비스를 운영하려는 경우에는 운영하려는 부가서비스의 유형 및 운영 계획
4. 운송플랫폼 운용 계획 및 운송플랫폼을 통한 중개 계약에 관한 사항
5. 운송플랫폼을 통한 여객의 공정한 배정에 관한 사항

[전문개정 2021. 4. 8.]

[제93조의8에서 이동 〈2021. 4. 8.〉]

제93조의17(플랫폼중개사업의 변경신고 등) ① 법 제49조의18제2항에 따른 변경신고 또는 말소신고를 하려는 자는 별지 제48호의13서식의 여객자동차플랫폼운송중개사업 변경(말소) 신고서에 다음 각 호의 서류를 첨부하여 국토교통부장관에게 제출해야 한다.

1. 신·구 사업계획을 대비한 서류(변경신고를 하는 경우에만 해당한다)

2. 변경사항을 증명할 수 있는 서류(변경신고를 하는 경우에만 해당한다)

② 법 제49조의18제3항에서 "국토교통부령으로 정하는 기간"이란 10일을 말한다.

[전문개정 2021. 4. 8.]

[제93조의9에서 이동 〈2021. 4. 8.〉]

제93조의18(플랫폼운송중개요금의 신고) 법 제49조의19제2항에 따른 플랫폼운송중개요금을 신고하려는 자는 별지 제48호의14서식의 플랫폼운송중개요금 신고서에 요금표를 첨부하여 국토교통부장관에게 제출해야 한다.

[본조신설 2021. 4. 8.]

제6장 여객자동차운수사업의 진흥

제94조(재정지원) 법 제50조제1항제9호에서 "국토교통부령으로 정하는 사항"이란 다음 각 호의 사항을 말한다. 〈개정 2009. 12. 2., 2013. 3. 23.〉

1. 여객자동차운송사업의 합병 · 분할합병 등을 통한 구조조정

2. 자동차호출시스템, 첨단교통정보시스템, 지하철 · 버스 등 교통수단 상호 간의 연계를 위한 통합카드시스템, 운임 · 요금결제시스템 등 서비스의 개선을 위한 시설 또는 장비의 확충 · 개선

3. 학생 · 청소년 운임할인 등 공적 부담으로 인한 결손액의 보전

4. 삭제 〈2012. 8. 2.〉

5. 버스전용차로의 설치 등 버스교통체계의 개선

제94조의2 삭제 〈2021. 9. 24.〉

제94조의3 삭제 〈2021. 9. 24.〉

제7장 여객자동차 운수사업자단체

제95조(조합의 설립) ① 조합은 법 제2조 및 영 제3조에 따른 여객자동차운송사업, 자동차대여사업, 여객자동차터미널사업의 종류별로 같은 업종에 속하는 여객자동차 운수사업자를 구성원으로 하여 설립한다.

② 여객자동차 운수사업자는 제1항에도 불구하고 조합의 효율적인 운영을 위하여 필요하다고 인정하면 둘 이상의 업종별 여객자동

차 운수사업자를 단일조합의 구성원으로 하여 조합을 설립할 수 있다. 이 경우 조합원이 될 자격이 있는 자의 발기 및 창립총회 의결의 요건은 각 업종별로 갖추어야 한다.

③ 고속형 시외버스운송사업자는 제1항에도 불구하고 해당 사업자를 구성원으로 하여 따로 조합을 설립할 수 있다.

④ 제1항과 제2항에 따른 조합은 시·도 또는 전국을 단위로 하여 설립한다. 다만, 관계 시·도지사가 협의하였을 때에는 같은 업종인 경우에만 둘 이상 시·도의 운수사업자를 구성원으로 하는 단위조합을 설립할 수 있다.

⑤ 제4항 단서에 따른 조합의 조합원이 될 자격이 있는 자의 발기 및 창립총회 의결의 요건은 각 시·도별로 갖추어야 한다.

⑥ 제4항 단서에 따른 조합의 관할관청 등에 관하여는 관련 시·도지사가 협의하여 정하는 바에 따른다.

제96조(연합회의 설립) ① 연합회는 제95조에 따라 설립된 업종별 시·도 단위조합을 구성원으로 하여 설립한다. 다만, 연합회의 효율적인 운영을 위하여 필요하다고 인정할 때에는 둘 이상 업종의 시·도 단위조합 또는 전국 단위조합을 구성원으로 하여 연합회를 설립할 수 있다.

② 제1항 단서에 따른 연합회의 설립에서 연합회의 구성원이 될 자격이 있는 자의 발기 및 창립총회 의결의 요건은 각 업종별로 갖추어야 한다.

제97조(분쟁조정신청서 등) ① 영 제29조제2항에 따른 공제분쟁조정의 신청은 별지 제49호서식의 공제분쟁조정 신청서에 따른다.

② 제1항의 공제분쟁조정 신청서에는 다음 각 호의 서류를 첨부하여야 한다.

1. 당사자 간의 교섭경위서(분쟁발생 시부터 신청 시까지의 교섭내용과 그 증명자료)

2. 그 밖에 분쟁조정 신청사건의 심사·조정에 참고가 될 수 있는 객관적인 자료

제8장 보칙

제98조(여객자동차운송사업 조정위원회의 구성·운영) ① 법 제78조제1항에 따라 시·도지사가 조정신청한 사항(제10조제5항에 따라

사업구역의 조정에 관하여 신청한 사항은 제외한다)의 조정에 관하여 국토교통부장관이 자문하는 사항을 심의하기 위하여 국토교통부장관 소속하에 여객자동차운송사업 조정위원회(이하 "조정위원회"라 한다)를 둘 수 있다. 다만, 운행계통의 분할·단축·통합 및 운행시간 등의 경미한 사업계획 변경은 조정위원회의 심의를 생략할 수 있다. 〈개정 2013. 3. 23., 2017. 1. 20.〉

② 조정위원회의 구성·운영 등에 필요한 사항은 국토교통부장관이 따로 정하는 바에 따른다. 〈개정 2013. 3. 23.〉

제99조(조정의 기준 등) ① 조정위원회는 제98조제1항에 따른 사항을 심의할 때에는 다음 각 호의 기준에 따라야 한다.

1. 지역주민의 교통편의를 증진시킬 수 있을 것
2. 시·도 간 운송사업자의 균형적인 발전을 도모할 수 있을 것
3. 노선의 연고권(緣故權)을 확보하기 위한 것이 아닐 것
4. 운송사업자 간에 과도한 경쟁을 유발하지 아니할 것

② 조정위원회는 제1항에 따른 기준에도 불구하고 지역주민의 교통편의와 관련 운송사업자의 경영상태 등 현실의 여건과 교통정책을 고려하여 필요하다고 인정하면 시·도지사가 조정신청한 사항의 일부를 수정하여 심의할 수 있다.

제100조(조정사항의 처리 등) ① 국토교통부장관 또는 대도시권광역교통위원회는 법 제78조제1항에 따라 시·도지사로부터 제5조제5항에 따른 기일 내에 조정신청을 받았을 때에는 최종 신청한 시·도의 접수일부터 40일 이내에 이를 조정해야 한다. 다만, 경미한 사업계획의 변경 중 운행시간에 관한 조정은 10일 이내에 조정해야 한다. 〈개정 2013. 3. 23., 2019. 10. 1.〉

② 시·도지사가 법 제78조제2항에 따라 조정된 사항을 통보받았을 때에는 1개월 이내에 집행해야 하며, 그 결과를 지체 없이 관계 시·도지사에게 통보하고, 국토교통부장관 또는 대도시권광역교통위원회에 보고해야 한다. 〈개정 2013. 3. 23., 2019. 10. 1.〉

제101조(검사원증) 법 제79조제3항에 따른 증표는 별지 제50호서식에 따른다.

제102조(수수료) ① 법 제80조에 따라 면허·등록·허가·인가 등을 신청하거나 신고를 하는 자(이하 이 조에서 "신청인 또는 신고인"이라 한다)가 내야 할 수수료는 별표 7과 같다.

② 신청인 또는 신고인은 수수료를 내는 경우 국토교통부장관에게 제출하는 신청서 또는 신고서에는 수입인지를 붙이고, 시·도지사에게 제출하는 신청서 또는 신고서에는 시·도의 수입증지를 붙이며, 시장·군수 또는 구청장에게 제출하는 신청서 또는 신고서에는 시·군 또는 구의 수입증지를 붙여야 한다. 〈개정 2013. 3. 23., 2020. 12. 29.〉

③ 국토교통부장관 또는 지방자치단체의 장은 제2항에도 불구하고 정보통신망을 이용하여 전자화폐·전자결제 등의 방법으로 수수료를 내게 할 수 있다. 〈개정 2013. 3. 23.〉

제102조의2(수수료의 결정절차) ① 법 제80조 단서에 따라 수탁기관의 장이 수수료를 결정하려는 경우에는 이해관계인의 의견을 수렴할 수 있도록 해당 기관의 인터넷 홈페이지에 20일 간 그 내용을 게시하여야 한다. 다만, 긴급하다고 인정되는 경우에는 해당 기관의 인터넷 홈페이지에 그 사유를 소명하고 10일 간 게시할 수 있다.

② 수수료의 요율 또는 금액은 제1항에 따른 기간이 지난 후 제1항에 따라 수렴된 의견을 고려하여 실비(實費)의 범위에서 정하여야 하며, 수수료의 요율 또는 금액을 결정하였을 때에는 그 결정된 내용과 실비 산정내역을 해당 기관의 인터넷 홈페이지를 통하여 공개하여야 한다.

[본조신설 2012. 11. 23.]

제103조(자가용자동차의 유상운송 등의 허가요건) 법 제81조제1항제2호에 따라 자가용자동차를 유상(有償)으로 운송용으로 제공하거나 임대할 수 있는 경우(제4호 및 제4호의2의 경우에는 유상운송으로 한정한다)는 다음 각 호의 어느 하나에 해당하는 경우로 한다. 〈개정 2012. 11. 23., 2013. 11. 7., 2015. 7. 20., 2019. 10. 1., 2020. 12. 29., 2021. 1. 15., 2024. 12. 26.〉

1. 천재지변이나 그 밖에 이에 준하는 비상사태로 인하여 수송력 공급의 증가가 긴급히 필요한 경우
2. 사업용자동차 및 철도 등 대중교통수단의 운행이 불가능하여 이를 일시적으로 대체하기 위한 수송력 공급이 긴급히 필요한 경우
3. 휴일이 연속되는 경우 등 수송수요가 수송력 공급을 크게 초과하여 일시적으로 수송력 공급의 증가가 필요한 경우
4. 학생의 등·하교나 그 밖의 교육목적을 위하여 다음 각 목의

요건을 갖춘 자동차를 운행하는 경우

가. 「초·중등교육법」 제2조에 따른 초등학교·중학교·고등학교와 「고등교육법」 제2조에 따른 대학교에서 직접 소유하여 운영하는 26인승 이상의 승합자동차일 것

나. 「초·중등교육법」 제2조에 따른 초등학교·중학교·고등학교와 「고등교육법」 제2조에 따른 대학의 통학버스일 것

다. 제103조의2에 따른 차령을 초과하지 않을 것

4의2. 어린이(13세 미만의 사람을 말한다)의 통학이나 시설이용을 위하여 다음 각 목의 요건을 갖춘 자동차를 운행하는 경우

가. 「유아교육법」 제2조제2호에 따른 유치원(이하 이 조에서 "유치원"이라 한다), 「영유아보육법」 제10조에 따른 어린이집(이하 이 조에서 "어린이집"이라 한다), 「학원의 설립·운영 및 과외교습에 관한 법률」 제2조의2제1호에 따른 학교교과교습학원(이하 이 조에서 "학원"이라 한다) 또는 「체육시설의 설치·이용에 관한 법률」 제3조에 따른 체육시설(이하 이 조에서 "체육시설"이라 한다)에서 직접 소유(공동소유를 포함한다)하여 운영하는 9인승 이상의 승용자동차 또는 승합자동차일 것. 다만, 9인승 이상의 승용자동차 또는 승합자동차로 출고되었으나 장애아동의 승·하차 편의를 위하여 「자동차관리법」 제34조에 따라 차량구조 변경이 승인된 차량의 경우에는 9인승 이하의 자동차를 포함한다.

나. 유치원, 어린이집, 학원 또는 체육시설의 통학이나 시설이용에 이용되는 자동차일 것. 다만, 「유통산업발전법」 제2조제3호에 따른 대규모점포에 부설된 체육시설의 이용자를 위하여 운행하는 자동차는 제외한다.

다. 제103조의2에 따른 차령을 초과하지 않을 것

5. 국가 또는 지방자치단체 소유의 자동차로서 「교통약자의 이동편의 증진법」 제2조제1호에 따른 교통약자의 교통편의를 위하여 운행하는 경우

제103조의2(유상운송용 자가용자동차의 차령) ① 제103조제4호 및 제4호의2에 따라 유상운송 허가를 받은 자가용자동차(이하 "유상운송용 자가용자동차"라 한다)의 차령은 11년으로 한다. 〈개정 2023. 12. 21.〉

② 제1항에 따른 유상운송용 자가용자동차의 차령 기산일은 다음

각 호의 구분에 따른다.

1. 제작연도에 등록된 자동차: 최초의 신규등록일

2. 제작연도에 등록되지 아니한 자동차: 제작연도의 말일

③ 제1항에도 불구하고 제1항에 따른 차령 기간(차령이 연장된 경우에는 연장된 기간을 말한다)이 만료되기 전에 「자동차관리법」 제43조제1항제2호에 따른 정기검사를 받아 검사기준에 적합한 경우에는 「자동차관리법 시행규칙」 제74조에 따른 검사유효기간의 만료일까지 차령이 연장된 것으로 본다.

④ 제1항에 따른 차령과 제3항에 따라 연장된 기간의 합은 13년을 초과할 수 없다. 〈개정 2023. 12. 21.〉

[본조신설 2015. 7. 20.]

제104조(자가용자동차 유상운송 허가의 신청 등) ① 법 제81조제1항제2호에 따라 자가용자동차의 유상운송 허가를 받으려는 자는 별지 제51호서식의 자가용 유상운송 허가신청서(전자문서로 된 신청서를 포함한다)를 특별자치시장·특별자치도지사·시장·군수 또는 구청장에게 제출해야 한다. 이 경우 특별자치도지사·시장·군수 또는 구청장은 「전자정부법」 제36조제1항에 따른 행정정보의 공동이용을 통하여 신청인의 자동차등록증을 확인해야 하며, 신청인이 자동차등록증의 확인에 동의하지 않는 경우에는 그 사본을 첨부하도록 해야 한다. 〈개정 2015. 7. 20., 2020. 12. 29.〉

② 법 제81조제2항에 따른 자가용자동차의 유상운송 허가기간은 3년 이내로 한다. 다만, 유상운송 허가기간이 끝난 후 유상운송을 계속하려는 경우에는 유상운송 허가기간이 만료되기 60일 전부터 10일 전까지의 기간에 관할관청에 허가의 갱신을 신청하여야 한다. 〈개정 2023. 12. 21.〉

③ 특별자치시장·특별자치도지사·시장·군수 또는 구청장이 법 제81조제1항제2호에 따라 자가용자동차의 유상운송 허가를 할 때에는 허가사항의 성실한 이행을 확보하고 운행질서의 확립을 위하여 다음 각 호의 조건을 붙여야 한다. 〈개정 2013. 11. 7., 2015. 7. 20., 2020. 12. 29.〉

1. 제103조제4호 및 제4호의2에 해당하는 자동차의 경우에는 자동차의 양 옆면에 시설명을 표시할 것

2. 모든 손해액의 배상책임을 보장하는 종합보험에 가입할 것

3. 운임은 자동차의 운행에 필요한 경비만 받아야 하며, 운임을 결정하거나 변경할 때에는 관할관청에 통보할 것

4. 자동차의 안전점검과 정비를 철저히 하고, 승차정원의 준수 등 교통법규를 성실히 준수하여 안전운행과 교통사고 예방에 최선을 다할 것

5. 허가요건에 맞지 아니하거나 허가요건을 이행하지 아니할 때에는 허가취소를 감수할 것

제105조(자가용자동차의 임대허가신청) ① 법 제81조제1항제2호에 따라 자가용자동차의 임대허가를 받으려는 자는 별지 제52호서식의 자가용자동차 유상임대 허가신청서(전자문서로 된 신청서를 포함한다)에 임대차계약서 사본을 첨부하여 특별자치시장·특별자치도지사·시장·군수 또는 구청장에게 제출해야 한다. 〈개정 2020. 12. 29.〉

② 자가용자동차의 임대인은 임대한 자동차의 반환을 받았을 때에는 지체 없이 별지 제53호서식의 임대자가용자동차 반환신고서(전자문서로 된 신고서를 포함한다)를 특별자치시장·특별자치도지사·시장·군수 또는 구청장에게 제출해야 한다. 〈개정 2020. 12. 29.〉

제106조(자가용자동차의 노선운행 허가신청 등) ① 법 제82조제1항제2호에 따라 자가용자동차의 노선운행 허가를 받으려는 자는 별지 제54호서식의 자가용자동차 노선운행 허가신청서에 다음 각 호의 서류를 첨부하여 특별자치시장·특별자치도지사·시장·군수 또는 구청장에게 제출해야 한다. 〈개정 2020. 12. 29.〉

1. 예정 노선도(기점과 종점의 지명과 지번, 거리, 주된 운행경로 등을 적어야 한다)

2. 각 운행노선별로 배차할 자동차의 종류·대수 및 운행횟수 등을 적은 서류

② 법 제82조제1항제2호에 따른 자가용자동차의 노선운행 허가기간은 2년 이내로 한다. 다만, 노선운행 허가기간이 끝난 후 노선운행을 계속하려는 경우에는 노선운행 허가기간 만료일 30일 전까지 특별자치시장·특별자치도지사·시장·군수 또는 구청장에게 허가의 갱신을 신청해야 한다. 〈개정 2020. 12. 29.〉

③ 특별자치시장·특별자치도지사·시장·군수 또는 구청장은 법 제82제1항제2호에 따라 자가용자동차의 노선운행 허가를 할 때에는 허가사항의 성실한 이행을 확보하고 운행질서의 확립을 위하여 다음

각 호의 조건을 붙여야 한다. 〈개정 2020. 12. 29.〉

1. 운행허가지역은 시·군의 단일 행정구역으로 할 것. 다만, 지역 여건상 특히 필요하다고 인정되면 관계 시장·군수의 의견을 들어 해당 행정구역 밖의 지역까지로 할 수 있다.

2. 자동차는 고객유치시설에서 직접 소유하여 운영할 것

3. 자동차의 양 옆면에 폭 30센티미터 이상의 청색띠를 칠하고 허가를 받은 자의 시설 명의를 표시할 것

4. 모든 손해액의 배상책임을 보장하는 종합보험에 가입할 것

5. 자동차의 안전점검 및 정비와 운전업무 종사자에 대한 교육을 철저히 하고, 승차정원의 준수 등 교통법규를 성실히 준수하여 안전운행과 교통사고 예방에 최선을 다할 것

6. 이용자는 해당 시설의 고객으로 한정할 것

7. 특별자치도지사·시장·군수 또는 구청장이 안전운행 및 운송질서 확립 등에 필요한 지시를 하는 경우 이를 성실히 이행할 것

8. 허가요건에 맞지 아니하거나 허가조건을 이행하지 아니할 때에는 허가 취소를 감수할 것

제107조(차령 연장) ① 영 별표 2 제2호에 따라 자동차의 차령을 연장하려는 여객자동차 운수사업자는 「자동차관리법」 제43조제1항제2호 및 제4호에 따른 정기검사(일반택시운송사업자, 개인택시운송사업자 및 자동차대여사업자만 해당한다. 이하 이 항에서 같다) 또는 임시검사를 받은 후 검사기준을 충족한다고 판정된 자동차에만 별지 제55호서식의 사업용자동차 차령조정 신청서(전자문서로 된 신청서를 포함한다)에 「자동차관리법」 제44조 및 제45조에 따른 자동차검사대행자 또는 지정정비사업자가 발행하는 별지 제56호서식의 사업용자동차 정기검사 또는 임시검사 합격통지서를 첨부하여 관할관청에 제출하여야 한다. 이 경우, 자동차검사대행자가 실시하는 정기검사 또는 임시검사를 받은 여객자동차 운수사업자는 자동차검사대행자를 통하여 해당 서식을 관할관청에 제출할 수 있다. 〈개정 2009. 12. 2., 2012. 6. 29., 2015. 12. 9., 2017. 2. 28.〉

② 제1항에 따라 차령의 연장을 신청하려는 여객자동차운수사업자는 해당 자동차의 차령이 만료되기 전에 관할관청에 신청하여야 한다. 다만, 다음 각 호의 어느 하나에 해당하는 경우에는 다음 각 호의 구분에 따른 날까지 관할관청에 신청하여야 한다. 〈신설

2012. 6. 29., 2017. 1. 20.〉

1. 차령만료일이 토요일 또는 일요일인 경우: 그 다음 월요일

2. 차령만료일이 공휴일인 경우: 그 다음날

3. 차량 파손에 따른 정비 등 불가피한 사유로 차령만료일까지 차령의 연장을 신청하는 것이 곤란하다고 관할관청이 차령만료일 이전에 인정한 경우: 관할관청이 별도로 정한 날

③ 「자동차관리법」 제44조 및 제45조에 따른 자동차검사대행자 또는 지정정비사업자는 여객자동차 운수사업자의 신청을 받으면 제1항에 따른 사업용자동차 정기검사 또는 임시검사 합격통지서를 발급하여야 한다. 〈개정 2009. 12. 2., 2012. 6. 29.〉

④ 국토교통부장관은 「자동차관리법」 제44조에 따른 자동차검사대행자로 하여금 여객자동차 운수사업자에게 차령 만료일·차령 연장 신청방법 등에 관한 사항을 해당 자동차의 차령이 만료되기 3개월 이전 및 1개월 이전에 우편 또는 전자메일 등의 방법으로 통지하게 할 수 있다. 〈신설 2014. 7. 29.〉

제108조(적발 보고서의 서식 등) ① 영 제42조제3항에 따른 위반행위의 적발 보고는 별지 제57호서식의 위반행위 적발 보고서에 따른다.

② 영 제44조제2항에 따른 처분장은 별지 제58호서식의 사업(운행)정지처분 자동차표시증에 따른다.

제108조의2(규제의 재검토) 국토교통부장관은 다음 각 호의 사항에 대하여 2017년 1월 1일을 기준으로 3년마다(매 3년이 되는 해의 1월 1일 전까지를 말한다) 그 타당성을 검토하여 개선 등의 조치를 해야 한다. 〈개정 2023. 7. 10.〉

1. 제7조에 따른 자동차의 종류

2. 제8조에 따른 시내버스운송사업 등의 노선구역 등

3. 제11조에 따른 영업소의 설치

4. 제12조에 따른 사업면허신청

5. 제17조에 따른 한정면허

6. 제18조에 따른 개인택시운송사업의 면허신청

7. 삭제 〈2023. 7. 10.〉

8. 제21조제1항제1호 및 제3호에 따른 개인택시운송사업의 대리운전 허용기준

9. 제21조제1항제2호에 따른 개인택시운송사업의 대리운전이 가능한 조합 상근직 임원의 기준

10. 제22조에 따른 여객자동차운송사업 등록신청

11. 제28조에 따른 운임 · 요금의 신고

12. 제30조에 따른 운송약관의 기재사항

13. 제38조에 따른 사업의 휴업 · 폐업 허가신청 등

14. 제41조에 따른 사고 시의 조치 등

15. 제43조에 따른 경영 및 서비스 평가

16. 제50조, 제52조부터 제54조까지, 제55조 및 제56조에 따른 운전자격제도의 운영

17. 제58조에 따른 운수종사자의 교육 등

18. 제59조에 따른 운전자격의 취소 등

19. 제60조에 따른 자동차대여사업의 등록신청 등

20. 제63조에 따른 자동차대여사업의 영업구역 등

21. 제65조에 따른 자동차대여사업계획의 변경등록

22. 제67조에 따른 대여사업용 자동차의 종류

23. 제73조에 따른 여객자동차터미널사업의 면허신청

24. 제79조에 따른 사용약관의 신고

25. 제80조에 따른 시설사용료의 인가신청 등

26. 제81조에 따른 여객자동차터미널 기능의 유지 등

27. 제84조에 따른 여객의 혼잡방지 등

28. 제93조의11에 따른 플랫폼가맹사업의 면허기준

29. 삭제 〈2023. 7. 10.〉

30. 제95조에 따른 조합의 설립

31. 제96조에 따른 연합회의 설립

32. 제103조에 따른 자가용자동차 유상운송 등의 허가요건

33. 제107조에 따른 차령 연장

[전문개정 2016. 12. 30.]

제109조(과징금운용 계획의 수립 · 시행) 시 · 도지사 또는 시장 · 군수 · 구청장은 법 제88조제5항에 따라 매년 10월 31일까지 다음 해의 과징금운용 계획을 수립하여 시행해야 한다. 〈개정 2020. 12. 29.〉

제110조(과징금의 납부통지 등) ① 영 제47조제1항에 따른 과징금의 납부통지는 별지 제59호서식에 따른다.

② 관할관청은 별지 제60호서식의 과징금 처분대장을 갖추고, 과징금의 부과 · 징수에 관한 사항을 기록 · 관리하여야 한다.

제111조(과징금의 수납기관) 영 제47조제2항 전단에 따른 수납기관은 「은행법」에 따른 금융기관과 우체국으로 한다.

제111조의2(자동차 등록증 등의 반납 면제) 법 제89조제2항제2호에서 "국토교통부령으로 정하는 여객자동차운송사업자"는 택시운송사업자를 말한다.

[본조신설 2021. 9. 24.]

제112조(과태료의 부과기준) 영 별표 6 제2호머목1)에서 "국토교통부령으로 정하는 준수사항"이란 별표 4 제2호나목에 따른 준수사항(음주로 안전한 운전을 할 수 없을 때 그 사정을 운송사업자에게 알려야 하는 준수사항만 해당한다)을 말한다. 〈개정 2022. 1. 28.〉

[본조신설 2020. 4. 14.]

부칙 〈제66호, 2008. 11. 6.〉

제1조(시행일) 이 규칙은 공포한 날부터 시행한다.

제2조(여객자동차터미널의 시설 사용료에 관한 경과조치) 건설교통부령 제147호 여객자동차운수사업법시행규칙개정령 시행일인 1998년 8월 20일 당시 종전의 규정에 따라 터미널사업자와 터미널사용자 간에 협의한 터미널사용요금에서 승차권위탁판매수수료를 공제한 금액은 이 규칙 시행 후 법 제41조제1항에 따라 터미널 시설 사용료의 인가를 받기 전까지는 이를 같은 항에 따른 인가를 받은 터미널 시설 사용료로 본다.

제3조(택시운전자격시험 실시기관의 변경에 따른 경과조치) 건설교통부령 제259호 여객자동차운수사업법시행규칙중개정령 시행일인 2000년 8월 23일 당시 종전의 제43조부터 제49조까지의 규정에 따라 일반택시운송사업조합으로부터 택시운전자격을 받은 자는 제50조부터 제56조까지의 개정규정에 따라 전국택시운송사업조합연합회로부터 택시운전자격을 받은 것으로 본다.

제4조(자동차대여사업의 등록에 관한 권한위임의 기준변경에 대한 경과조치) 건설교통부령 제316호 여객자동차운수사업법시행규칙중개정령 시행일인 2000년 5월 24일 당시 종전의 규정에 따른 대여사업용 자동차의 등록대수가 개정규정에 미치지 못하여 그 주사무소의

소재지를 관할하는 시·도지사에게 자동차대여사업을 등록한 것으로 보는 자는 제61조의 개정규정에 따라 자동차대여사업을 등록한 것으로 본다.

제5조(다른 법령의 개정) ① 도시계획시설의 결정·구조 및 설치기준에 관한 규칙 일부를 다음과 같이 개정한다.

제31조제3호가목 중 "「여객자동차운수사업법 시행규칙」 제65조제1호"를 "「여객자동차 운수사업법 시행규칙」 제72조"로 한다.

② 자동차관리법 시행규칙 일부를 다음과 같이 개정한다.

제95조제1항제3호나목 중 "「여객자동차운수사업법 시행규칙」제103조"를 "「여객자동차 운수사업법 시행규칙」 제107조"로 한다.

③ 자동차안전기준에 관한 규칙 일부를 다음과 같이 개정한다.

제114조제1항 중 "「여객자동차운수사업법 시행규칙」제15조"를 "「여객자동차 운수사업법 시행규칙」 제17조"로 한다.

제6조(다른 법령과의 관계) 이 규칙 시행 당시 다른 법령에서 종전의 「여객자동차운수사업법 시행규칙」을 인용한 경우에 이 규칙 가운데 그에 해당하는 규정이 있으면 종전의 규정을 갈음하여 이 규칙의 해당 규정을 인용한 것으로 본다.

부칙 〈제73호, 2008. 12. 2.〉

이 규칙은 공포한 날부터 시행한다.

부칙 〈제102호, 2009. 2. 24.〉

제1조(시행일) 이 규칙은 2009년 2월 25일부터 시행한다.

제2조(격벽시설의 설치에 관한 적용례) 별표 4 제1호나목1)차)의 개정규정은 2006년 4월 1일 이후 최초로 제작 또는 수입된 자동차부터 적용한다.

제3조(다른 법령의 개정) 자동차안전기준에 관한 규칙 일부를 다음과 같이 개정한다.

제24조제3항 단서 및 제4항을 각각 삭제한다.

부칙 〈제123호, 2009. 4. 23.〉

제1조(시행일) 이 규칙은 공포한 날부터 시행한다.

제2조(경과조치) ① 이 규칙 시행 전의 위반행위에 대한 행정처분기

준은 별표 5의 개정규정 중 1차 위반행위의 행정처분기준에 따른다.

② 별표 5의 개정규정에 따라 위반행위의 횟수에 따른 행정처분기준을 적용하는 경우 이 규칙 시행 후에 최초로 한 위반행위를 1차의 위반행위로 본다.

부칙 〈제135호, 2009. 6. 16.〉

제1조(시행일) 이 규칙은 공포일부터 시행한다.

제2조(어린이통학버스의 신고에 관한 적용례) 별표 4 제1호나목3)라)의 개정규정은 이 규칙 시행 후 최초로 운송계약을 체결하는 자부터 적용한다.

제3조(경과조치) 법 제59조에 따른 연합회는 종전의 제42조제4항에 따른 전산정보처리조직으로 유지·관리 및 보관 중인 전산자료를 교통안전공단으로 이관하여야 한다.

부칙 〈제170호, 2009. 10. 9.〉

이 규칙은 공포한 날부터 시행한다.

부칙 〈제184호, 2009. 12. 2.〉

제1조(시행일) 이 규칙은 공포한 날부터 시행한다. 다만, 별표 4의 제1호가목13) 및 같은 호 나목2)바)의 개정규정은 공포 후 1년이 경과한 날부터 시행한다.

제2조(운행정보 수집·저장 장치 및 기록 보존의 시범운영) 택시운송사업용 자동차의 운행정보를 수집·저장하고 정보의 조작을 막을 수 있는 장치의 설치 및 운행정보의 기록 보존을 효과적으로 시행하기 위하여 국토해양부장관이 정하는 지역에서는 이 규칙을 공포한 날부터 1년 이내의 기간동안 시범운영을 할 수 있다.

제3조(택시운송사업의 구분 변경에 따른 경과조치) 이 규칙 시행 당시 종전의 규정에 따라 중형으로 분류된 1,500씨씨 이상 1,600씨씨 미만의 택시운송사업용 승용자동차는 제9조제2호의 개정규정에 불구하고 이 규칙을 공포한 날부터 2년 동안 이 규칙에 따른 중형의 택시운송사업용 승용자동차로 본다.

부칙 〈제187호, 2009. 12. 14.〉 (항만법 시행규칙)

제1조(시행일) 이 규칙은 공포한 날부터 시행한다.
제2조 부터 제4조까지 생략
제5조(다른 법령의 개정) ① 부터 ⑤ 까지 생략
⑥ 여객자동차 운수사업법 시행규칙을 다음과 같이 개정한다.
제64조제2항 중 "「항만법 시행령」에 따른 제1종 지정항만"을 "「항만법」 제2조제2호에 따른 무역항"으로 한다.
⑦ 및 ⑧ 생략
제6조 생략

부칙 〈제202호, 2009. 12. 31.〉
이 규칙은 공포한 날부터 시행한다.

부칙 〈제310호, 2010. 11. 15.〉
제1조(시행일) 이 규칙은 공포한 날부터 시행한다.
제2조(자동차대여사업자의 보유 차고 면적기준에 대한 적용례) 별표 6의 비고란 제2호의 개정규정은 이 규칙 시행 후 최초로 신규등록 또는 변경등록하는 자동차대여사업자부터 적용한다.
제3조(직행형인 시외버스운송사업자의 사업계획 변경에 관한 경과조치) 이 규칙 시행 당시 종전의 규정에 따라 직행형인 시외버스운송사업의 면허를 받은 자는 이 규칙 시행 후 1년 이내에 제8조제5항 제2호의 개정규정에 적합하도록 법 제10조에 따라 사업계획을 변경하여야 한다.

부칙 〈제350호, 2011. 4. 11.〉 (행정정보의 공동이용 및 문서감축을 위한 개발이익 환수에 관한 법률 시행규칙 등 일부개정령)
이 규칙은 공포한 날부터 시행한다.

부칙 〈제362호, 2011. 7. 6.〉
이 규칙은 공포한 날부터 시행한다.

부칙 〈제425호, 2011. 12. 30.〉
제1조(시행일) 이 규칙은 공포한 날부터 시행한다.
제2조(한정면허 기간에 관한 적용례) 제17조제3항의 개정규정은 이

규칙 시행 후 최초로 한정면허를 신청하거나 그 갱신을 신청하는 것부터 적용한다.

부칙 〈제491호, 2012. 6. 29.〉

제1조(시행일) 이 규칙은 공포한 날부터 시행한다.

제2조(차령연장 신청에 관한 적용례) 제107조제2항의 개정규정은 이 규칙 시행 후 최초로 차령만료일이 도래하는 것부터 적용한다.

제3조(처리기간에 관한 경과조치) 이 규칙 시행 당시 제6조제4항에 따른 면허증 또는 등록증의 재발급절차가 진행 중인 경우 그 처리기간에 관하여는 별지 제5호서식의 개정규정에도 불구하고 종전의 규정에 따른다.

부칙 〈제507호, 2012. 8. 2.〉

제1조(시행일) 이 규칙은 2012년 8월 2일부터 시행한다.

제2조(손실보상금의 계산에 관한 적용례) 제46조제1항의 개정규정은 이 규칙 시행 후 최초로 법 제23조제1항제10호 또는 제2항에 따른 개선명령 또는 운행명령을 하는 것부터 적용한다.

제3조(운전자격시험의 공고방법에 관한 적용례) 제51조제3항의 개정규정은 이 규칙 시행 후 최초로 실시하는 운전자격시험부터 적용한다.

제4조(택시운전 자격시험의 실시방법에 관한 적용례) 제52조제2호가목의 개정규정은 이 규칙 시행 후 최초로 실시하는 택시운전 자격시험부터 적용한다.

제5조(운전자격시험 합격자 공고방법에 관한 적용례) 제55조제1항의 개정규정은 이 규칙 시행 후 최초로 실시하는 운전자격시험부터 적용한다.

제6조(천연가스를 연료로 사용하는 자동차의 점검주기에 관한 경과조치) 별표 4 제1호다목1)의 개정규정은 운송사업자가 이 규칙의 시행일에 최초 점검을 한 것으로 보아 해당 개정규정을 적용한다.

부칙 〈제535호, 2012. 11. 23.〉

제1조(시행일) 이 규칙은 2012년 11월 24일부터 시행한다.

제2조(경영 및 서비스평가에 관한 적용례) 제43조제4항의 개정규정

은 이 규칙 시행 후 실시하는 경영 및 서비스평가부터 적용한다.
제3조(수수료 결정절차에 관한 적용례) 제102조의2의 개정규정은 이 규칙 시행 후 결정되는 수수료부터 적용한다.

부칙 〈제1호, 2013. 3. 23.〉 (국토교통부와 그 소속기관 직제 시행규칙)
제1조(시행일) 이 규칙은 공포한 날부터 시행한다. 〈단서 생략〉
제2조 부터 제5조까지 생략
제6조(다른 법령의 개정) ①부터 〈70〉까지 생략
〈71〉 여객자동차 운수사업법 시행규칙 일부를 다음과 같이 개정한다.
제2조제1호, 제3조제1항 본문, 제5조제5항 각 호 외의 부분 본문, 같은 조 제6항, 제5조의2, 제8조제1항 단서, 같은 조 제5항제1호나목 본문, 제10조제3항 각 호 외의 부분, 같은 조 제5항, 제17조제1항제1호라목, 제21조제1항제2호 단서, 제22조의2제3호, 제27조제1항 · 제2항, 제35조제2항 단서, 제43조제3항, 같은 조 제5항부터 제8항까지, 제44조제1항, 제46조제1항, 제49조제1항제3호, 같은 조 제4항, 제58조제2항, 제59조의2제1항제3호, 같은 조 제2항, 제93조의2제1항 각 호 외의 부분, 제93조의3제1항 · 제2항, 제93조의4 각 호 외의 부분, 제93조의5제1항 각 호 외의 부분, 같은 조 제2항 각 호 외의 부분, 제93조의7제1항부터 제3항까지, 제93조의8제1항 각 호 외의 부분, 제98조제1항 본문, 같은 조 제2항, 제100조제1항 본문, 같은 조 제2항, 제102조제2항 · 제3항, 별표 4 제1호나목1)차), 같은 목 2)사), 같은 호 다목5), 별지 제1호서식, 별지 제5호서식 앞쪽, 별지 제6호서식 앞쪽, 별지 제8호서식 뒤쪽, 별지 제12호서식 앞쪽, 별지 제13호서식 앞쪽, 별지 제14호서식 앞쪽, 별지 제15호서식 앞쪽, 별지 제16호서식 앞쪽, 별지 제17호서식 앞쪽, 별지 제19호서식 앞쪽, 별지 제20호서식 앞쪽, 별지 제21호서식 앞쪽, 별지 제22호서식 앞쪽, 별지 제48호의2서식 앞쪽, 별지 제48호의3서식 앞쪽, 별지 제48호의4서식 앞쪽, 별지 제48호의5서식 앞쪽 및 별지 제50호서식 뒤쪽 중 "국토해양부장관"을 각각 "국토교통부장관"으로 한다.
제22조의2 각 호 외의 부분, 제39조제1항 각 호 외의 부분, 제

58조의2제2항 각 호 외의 부분, 제88조제1항 각 호 외의 부분, 제94조 각 호 외의 부분 및 제94조의2 각 호 외의 부분 중 "국토해양부령"을 각각 "국토교통부령"으로 한다.

별지 제5호서식 뒤쪽 처리기관(담당 부서)란, 별지 제6호서식 뒤쪽 처리기관(담당 부서)란, 별지 제12호서식 뒤쪽 처리기관란, 별지 제13호서식 뒤쪽 처리기관(담당 부서)란, 별지 제14호서식 뒤쪽 처리기관(담당 부서)란, 별지 제16호서식 뒤쪽 처리기관(담당 부서)란, 별지 제17호서식 뒤쪽 처리기관(담당 부서)란, 별지 제19호서식 뒤쪽 처리기관(담당 부서)란, 별지 제20호서식 뒤쪽 처리기관(담당 부서)란, 별지 제21호서식 뒤쪽 처리기관(담당 부서)란, 별지 제48호의3서식 뒤쪽 처리기관(담당 부서)란, 별지 제48호의4서식 뒤쪽 처리기관란, 별지 제48호의5서식 뒤쪽 처리기관(담당 부서)란 및 제50호서식 앞쪽 중 "국토해양부"를 각각 "국토교통부"로 한다.

〈72〉부터 〈126〉까지 생략

부칙 〈제35호, 2013. 11. 7.〉

제1조(시행일) 이 규칙은 공포한 날부터 시행한다.

제2조(자가용자동차의 유상운송 등의 허가요건에 관한 경과조치) 이 규칙 시행 당시 어린이집, 학원 또는 체육시설에서 통학이나 시설이용 목적을 위하여 운행하고 있는 승용자동차 또는 승합자동차의 차령이 9년 이내인 경우에는 제103조제4호의2다목의 개정규정에도 불구하고 차령이 9년을 초과하기 전까지 유상운송 허가를 받을 수 있다.

부칙 〈제54호, 2013. 12. 30.〉 (행정규제기본법 개정에 따른 규제 재검토기한 설정을 위한 개발이익환수에 관한 법률 시행규칙 등 일부개정령)

이 규칙은 2014년 1월 1일부터 시행한다.

부칙 〈제57호, 2014. 1. 6.〉

이 규칙은 공포한 날부터 시행한다.

부칙 〈제118호, 2014. 7. 29.〉

제1조(시행일) 이 규칙은 2014년 7월 29일부터 시행한다.
제2조(자동차대여사업의 등록기준에 관한 적용례) 별표 6의 개정규정은 이 규칙 시행 후 자동차대여사업의 등록 또는 사업계획 변경등록을 하는 경우부터 적용한다.

부칙 〈제143호, 2014. 11. 20.〉
제1조(시행일) 이 규칙은 2014년 11월 22일부터 시행한다.
제2조(자동차대여사업의 등록기준에 관한 경과조치) 이 규칙 시행 전에 자동차대여사업의 등록 또는 사업계획 변경등록을 한 경우에는 별표 6의 개정규정에도 불구하고 종전의 규정에 따른다.

부칙 〈제152호, 2014. 12. 5.〉
이 규칙은 공포한 날부터 시행한다.

부칙 〈제169호, 2014. 12. 31.〉 (규제 재검토기한 설정 등을 위한 건축물의 분양에 관한 법률 시행규칙 등 일부개정령)
이 규칙은 2015년 1월 1일부터 시행한다.

부칙 〈제170호, 2014. 12. 31.〉
제1조(시행일) 이 규칙은 공포한 날부터 시행한다. 다만, 제17조제1항, 같은 조 제2항, 제27조제1항 및 별표 1의 개정규정은 2015년 1월 29일부터 시행하고, 제49조제3항제3호 및 같은 조 제6항의 개정규정은 2016년 1월 1일부터 시행한다.
제2조(자격유지검사에 관한 경과조치) 이 규칙 시행 당시 제49조제3항제3호의 개정규정에 따른 자격유지검사 대상이 된 사람은 제49조제6항의 개정규정에도 불구하고 2017년 1월 1일까지 자격유지검사를 받아야 한다.

부칙 〈제179호, 2015. 1. 29.〉
이 규칙은 2015년 1월 29일부터 시행한다.

부칙 〈제222호, 2015. 7. 20.〉
제1조(시행일) 이 규칙은 공포한 날부터 시행한다.

제2조(유상운송용 자가용자동차의 차령 연장에 관한 적용례) 제103조의2제3항의 개정규정은 이 규칙 시행 전 정기검사를 받은 자동차에 대해서도 적용한다.

제3조(유치원 · 어린이집 · 학원 또는 체육시설 통학용 자동차의 차령에 관한 특례) ① 법 제81조제1항제2호 및 이 규칙 제103조제4호의2의 개정규정에 따라 이 규칙 시행일부터 2018년 12월 31일까지 자가용자동차의 유상운송 허가를 하는 경우에는 제103조제4호의2다목의 개정규정에 따른 차령요건을 적용하지 아니할 수 있다.

② 제1항에 따라 제103조제4호의2다목의 개정규정에 따른 차령요건을 갖추지 아니하고 허가를 받은 자가 2019년 1월 1일 이후에도 자가용자동차의 유상운송을 하려는 경우에는 제104조제2항에도 불구하고 2018년 12월 31일까지 제103조제4호의2다목의 개정규정에 따른 차령요건을 갖추어 자가용자동차의 유상운송에 관한 갱신허가를 받아야 한다.

제4조(유치원 통학용 자동차의 유상운송 허가에 관한 경과조치) 이 규칙 시행 당시 종전의 제103조제4호에 따른 허가를 받은 「유아교육법」 제2조제2호에 따른 유치원의 통학용 자동차는 제103조제4호의2의 개정규정에 따른 허가를 받은 것으로 본다.

부칙 〈제226호, 2015. 8. 24.〉

이 규칙은 공포한 날부터 시행한다.

부칙 〈제231호, 2015. 9. 21.〉

이 규칙은 공포한 날부터 시행한다.

부칙 〈제248호, 2015. 11. 11.〉

이 규칙은 공포한 날부터 시행한다.

부칙 〈제254호, 2015. 12. 9.〉

이 규칙은 공포한 날부터 시행한다.

부칙 〈제274호, 2016. 1. 6.〉

이 규칙은 공포한 날부터 시행한다. 다만, 제44조제3항, 제44조의5

및 별표 5 제2호가목6)의 개정규정은 2016년 1월 7일부터 시행한다.

부칙 〈제290호, 2016. 2. 23.〉

제1조(시행일) 이 규칙은 공포한 날부터 시행한다. 다만, 제9조제4호 및 별표 1 제3호의 개정규정의 경우 특별시 및 광역시 외의 사업구역에 대하여는 2019년 1월 1일부터 시행한다.

제2조(행정처분기준에 관한 경과조치) 이 규칙 시행 전의 위반행위에 대한 행정처분기준에 관하여는 별표 5 제2호나목11)다)의 개정규정에도 불구하고 종전의 규정에 따른다.

부칙 〈제300호, 2016. 4. 1.〉

이 규칙은 공포한 날부터 시행한다.

부칙 〈제304호, 2016. 4. 21.〉

이 규칙은 공포한 날부터 시행한다.

부칙 〈제335호, 2016. 7. 4.〉 (선제적 규제정비 및 신산업 규제혁신을 위한 여객자동차 운수사업법 시행규칙 등 일부개정령)

제1조(시행일) 이 규칙은 공포한 날부터 시행한다.

제2조 생략

제3조(「여객자동차 운수사업법 시행규칙」 개정에 관한 경과조치) 이 규칙 시행 전에 제출된 사업계획서에 관하여는 제60조제2항제5호의 개정규정에도 불구하고 종전의 규정에 따른다.

제4조 생략

부칙 〈제349호, 2016. 7. 29.〉

이 규칙은 공포한 날부터 시행한다.

부칙 〈제364호, 2016. 9. 26.〉

이 규칙은 공포한 날부터 시행한다.

부칙 〈제382호, 2016. 12. 30.〉 (규제 재검토기한 설정 등을 위한 감정평가 및 감정평가사에 관한 법률 시행규칙 등 일부개

정령)
제1조(시행일) 이 규칙은 공포한 날부터 시행한다. <단서 생략>
제2조 부터 제4조까지 생략

부칙 <제400호, 2017. 1. 20.>
제1조(시행일) 이 규칙은 공포한 날부터 시행한다. 다만, 제10조제3항부터 제5항까지 및 제98조제1항의 개정규정은 2017년 1월 20일부터 시행한다.
제2조(사업구역 조정신청에 관한 적용례) 제10조제3항제2호, 같은 조 제4항·제5항 및 제98조제1항의 개정규정은 이 규칙 시행 이후 사업구역에 관한 조정신청을 하는 경우부터 적용한다.
제3조(운전자격시험 필기시험 일부 면제 신청에 관한 적용례) 제54조제3항의 개정규정은 이 규칙 시행 전에 운전자격시험 응시원서를 제출한 자에 대해서도 적용한다.

부칙 <제406호, 2017. 2. 28.>
제1조(시행일) 이 규칙은 공포한 날부터 시행한다. 다만, 제58조제3항·제7항·제8항 및 제107조제1항 후단의 개정규정은 공포 후 6개월이 경과한 날부터 시행하고, 별표 4 제1호가목15) 및 21)의 개정규정은 공포 후 3개월이 경과한 날부터 시행한다.
제2조(운송개시의 기일 연기 등에 관한 적용례) 제25조제3항의 개정규정은 이 규칙 시행 전에 운송개시의 기일 연기 또는 기간 연장 신청을 한 자에 대해서도 적용한다.
제3조(운행기록증 발부 현황 자료 보관에 관한 적용례) 제44조의5제3항의 개정규정은 이 규칙 시행 이후 발부하는 운행기록증부터 적용한다.
제4조(법령위반 운수종사자 교육 시기에 관한 적용례) 별표 4의3 제1호의 비고 제4호의 개정규정은 이 규칙 시행 이후 과태료, 과징금 또는 사업정지처분을 받은 자부터 적용한다.
제5조(행정처분기준에 관한 적용례) 별표 5 제2호가목7)의 개정규정은 이 규칙 시행 이후 발생한 위반행위에 대하여 행정처분을 하는 경우부터 적용한다.
제6조(운수종사자 교육시간에 대한 경과조치) 이 규칙 시행 전의 위

반행위로 과태료, 과징금 또는 사업정지처분을 받은 자 및 이 규칙 시행 전에 특별검사 대상이 된 자에 관하여는 별표 4의3 제1호나목의 개정규정에도 불구하고 종전의 규정에 따른다.
제7조(행정처분기준에 관한 경과조치) 이 규칙 시행 전의 위반행위에 대한 행정처분에 관하여는 별표 5 제2호가목4)의 개정규정에도 불구하고 종전의 규정에 따른다.

부칙 〈제411호, 2017. 3. 30.〉 (항공사업법 시행규칙)
제1조(시행일) 이 규칙은 2017년 3월 30일부터 시행한다.
제2조 부터 제5조까지 생략
제6조(다른 법령의 개정) ① 생략
② 여객자동차 운수사업법 시행규칙 일부를 다음과 같이 개정한다.
제10조제3항제1호 및 제64조제2항 중 "「항공법」"을 각각 "「항공사업법」"으로 한다.
③ 생략
제7조 생략

부칙 〈제427호, 2017. 6. 2.〉
이 규칙은 공포한 날부터 시행한다. 다만, 제94조의3의 개정규정은 2017년 6월 3일부터 시행한다.

부칙 〈제487호, 2018. 2. 12.〉
제1조(시행일) 이 규칙은 공포한 날부터 시행한다. 다만, 제44조의6, 제45조 및 별지 제23호의5서식부터 제23호의8서식까지의 개정규정은 2018년 4월 25일부터, 제33조 및 제49조의 개정규정은 공포 후 1년이 경과한 날부터 시행한다.
제2조(휴식시간에 관한 유효기간) 별표4 제1호라목 및 제2호파목은 2018년 4월 24일까지 효력을 가진다.
제3조(자격유지검사에 관한 특례) 부칙 제1조 단서에 따른 시행일 당시 제49조제3항의 개정규정에 따른 자격유지검사 대상이 된 운수종사자는 제49조제7항에도 불구하고 시행 후 1년 이내에 자격유지검사를 받아야 한다.

제4조(사업면허 신청 등에 관한 경과조치) 이 규칙 시행 전에 여객운송사업 면허·등록을 신청한 자는 제12조 및 제22조의 개정규정에도 불구하고 종전의 규정에 따른다.
제5조(사업계획의 변경에 관한 경과조치) 이 규칙 시행 전에 택시운송사업의 구분 변경 인가를 신청한 자는 제33조의 개정규정에 따른 신고를 한 것으로 본다.
제6조(여객자동차터미널 시설사용료 인가 등에 관한 경과조치) 이 규칙 시행 전에 여객자동차터미널 시설사용료 인가나 변경인가를 신청한 자는 제80조의 개정에도 불구하고 종전의 규정에 따른다.

부칙 〈제526호, 2018. 6. 22.〉
이 규칙은 공포한 날부터 시행한다. 다만, 제43조의2의 개정규정은 2019년 1월 1일부터 시행한다.

부칙 〈제590호, 2019. 1. 30.〉
제1조(시행일) 이 규칙은 공포한 날부터 시행한다.
제2조(특수여객자동차운송사업의 등록기준 대수 조정에 관한 적용례) 별표 3의 개정규정은 이 규칙 시행 후 특수여객자동차운송사업의 등록을 신청하는 경우부터 적용한다.

부칙 〈제609호, 2019. 3. 20.〉 (철도의 건설 및 철도시설 유지관리에 관한 법률 시행규칙)
제1조(시행일) 이 규칙은 공포한 날부터 시행한다.
제2조(다른 법령의 개정) ①부터 ③까지 생략
④ 여객자동차 운수사업법 시행규칙 일부를 다음과 같이 개정한다.
제13조제1호 중 "「철도건설법」"을 "「철도의 건설 및 철도시설 유지관리에 관한 법률」"로 한다.
⑤부터 ⑨까지 생략

부칙 〈제649호, 2019. 8. 26.〉
이 규칙은 공포한 날부터 시행한다.

부칙 〈제653호, 2019. 10. 1.〉

이 규칙은 공포한 날부터 시행한다.

부칙 〈제677호, 2019. 12. 26.〉

이 규칙은 공포한 날부터 시행한다. 다만, 별표 4의3 제2호마목의 개정규정은 2020년 5월 27일부터 시행한다.

부칙 〈제711호, 2020. 4. 3.〉

제1조(시행일) 이 규칙은 2021년 1월 1일부터 시행한다. 다만, 별표 6의2의 개정규정은 공포한 날부터 시행한다.

제2조(교통안전교육에 관한 경과조치) 이 규칙 시행 전에 한국교통안전공단이 실시하는 교통안전체험, 교통사고 대응요령과 여객자동차 운수사업법령 등에 관한 이론 및 실기교육을 이수한 경우에는 제19조제9항제2호의 개정규정에 따른 교통안전교육을 이수한 것으로 본다.

부칙 〈제716호, 2020. 4. 14.〉

이 규칙은 2021년 1월 1일부터 시행한다. 다만, 제112조의 개정규정은 2020년 5월 14일부터 시행한다.

부칙 〈제762호, 2020. 10. 8.〉

이 규칙은 2020년 10월 8일부터 시행한다.

부칙 〈제800호, 2020. 12. 29.〉

이 규칙은 공포한 날부터 시행한다. 다만, 제74조제1항, 제75조부터 제78조까지, 제87조, 제102조 및 제109조의 개정규정은 2021년 1월 1일부터 시행한다.

부칙 〈제810호, 2021. 1. 15.〉

이 규칙은 공포한 날부터 시행한다.

부칙 〈제820호, 2021. 2. 5.〉 (자동차관리법 시행규칙)

제1조(시행일) 이 규칙은 2021년 2월 5일부터 시행한다. 〈단서 생략〉

제2조 생략

제3조(다른 법령의 개정) ① 여객자동차 운수사업법 시행규칙 일부를 다음과 같이 개정한다.

제70조의2 각 호 외의 부분 및 같은 조 제1호 중 “「자동차관리법 시행규칙」 제41조제1항”을 각각 “「자동차관리법 시행규칙」 제41조제2항”으로 한다.

② 생략

부칙 〈제839호, 2021. 4. 8.〉

이 규칙은 공포한 날부터 시행한다.

부칙 〈제882호, 2021. 8. 27.〉 (어려운 법령용어 정비를 위한 80개 국토교통부령 일부개정령)

이 규칙은 공포한 날부터 시행한다. 〈단서 생략〉

부칙 〈제891호, 2021. 9. 24.〉

제1조(시행일) 이 규칙은 2021년 9월 24일부터 시행한다. 다만, 제17조제1항제4호, 같은 조 제2항 및 별표 6 비고 제6호의 개정규정은 2022년 3월 24일부터 시행한다.

제2조(택시운송사업의 한정면허에 관한 적용례) 제17조제1항제4호 및 제2항의 개정규정은 이 규칙 시행 이후 한정면허를 하기 위하여 같은 조 제2항 각 호의 사항을 공고하는 등 공개적인 방법으로 그 대상자를 선정하고자 하는 경우부터 적용한다.

제3조(자동차대여사업의 등록기준에 관한 적용례) 제60조제1항제3호, 제65조제1항제2호가목, 제66조제1항제3호 및 별표 6의 개정규정은 이 규칙 시행 이후 자동차대여사업의 등록 또는 사업계획 변경등록을 신청하는 경우부터 적용한다.

부칙 〈제1102호, 2022. 1. 28.〉

제1조(시행일) 이 규칙은 2022년 1월 28일부터 시행한다.

제2조(개인택시운송사업의 양도·양수 제한 사유에 관한 적용례) 제35조제7항나목의 개정규정은 이 규칙 시행 이후 「도로교통법」 제93조제1항제1호에 해당하여 운전면허효력 정지처분을 받은 경우부터 적용한다.

부칙 〈제1118호, 2022. 3. 30.〉 (국민 편의를 높이는 서식 정비를 위한 17개 법령의 일부개정에 관한 국토교통부령)

이 규칙은 공포한 날부터 시행한다.

부칙 〈제1128호, 2022. 6. 8.〉

제1조(시행일) 이 규칙은 공포한 날부터 시행한다. 다만, 제44조의5, 별표 4, 별지 제23호의2서식 및 별지 제23호의3서식의 개정규정은 2022년 9월 1일부터 시행한다.

제2조(운행정보 신고에 관한 경과조치) 이 규칙 시행 전에 운행정보를 신고한 경우에는 제44조의5, 별지 제23호의2서식 및 제23호의3서식의 개정규정에도 불구하고 종전의 규정에 따른다.

제3조(유상운송 허가 등의 처리기간에 관한 경과조치) 이 규칙 시행 전에 유상운송 또는 유상임대 허가를 신청한 경우 그 처리기간에 대해서는 별지 제51호서식 및 제52호서식의 개정규정에도 불구하고 종전의 규정에 따른다.

부칙 〈제1204호, 2023. 4. 18.〉

제1조(시행일) 이 규칙은 공포 후 6개월이 경과한 날부터 시행한다.

제2조(사업계획 변경신고 대상 변경에 관한 경과조치 등) ① 이 규칙 시행 전에 종전의 제33조제1항제6호에 따라 택시운송사업의 구분 변경을 위한 사업계획 변경 인가를 신청한 경우로서 인가 절차가 진행 중인 경우에는 제33조제1항제6호의 개정규정에 따라 택시운송사업의 구분 변경을 위한 사업계획 변경 신고서를 이 규칙 시행일에 제출한 것으로 본다.

② 관할관청은 제1항에 따라 택시운송사업의 구분 변경을 위한 사업계획 변경 신고서를 제출한 것으로 보는 경우 이 규칙 시행일부터 5일 내에 신고수리 여부를 통지해야 한다.

부칙 〈제1232호, 2023. 7. 10.〉 (규제 재검토기한 정비를 위한 「교통안전법 시행규칙」 등 15개 법령의 일부개정에 관한 국토교통부령)

이 규칙은 공포한 날부터 시행한다.

부칙 〈제1246호, 2023. 8. 28.〉

제1조(시행일) 이 규칙은 공포한 날부터 시행한다.

제2조(대여자동차의 편도이용에 관한 적용례) 제64조제3항의 개정규정은 이 법 시행 당시 주사무소 또는 영업소를 달리하여 반환되어 있는 자동차(15일을 초과하여 반환된 주사무소 또는 영업소에 상시 주차되어 있는 경우는 제외한다)에 대해서도 적용한다.

부칙 〈제1291호, 2023. 12. 21.〉

제1조(시행일) 이 규칙은 공포한 날부터 시행한다.

제2조(소화물의 부피 및 무게에 관한 적용례) 제40조의3제1항의 개정규정은 이 규칙 시행 이후 소화물을 운송하는 경우부터 적용한다.

제3조(사업계획의 변경신고에 관한 경과조치) 이 규칙 시행 전에 접수된 사업계획의 변경신고에 대해서는 제33조제8항 및 별지 제15호서식의 개정규정에도 불구하고 종전의 규정에 따른다.

제4조(유상운송용 자가용자동차의 차령 연장에 관한 특례) 이 규칙 시행 당시 종전의 제103조의2에 따른 차령이 10년 6개월 이상인 자동차로서 차령 기간이 31일 이내로 남은 유상운송용 자가용자동차는 이 규칙 시행 이후 「자동차관리법」 제43조제1항제2호에 따른 정기검사(이하 "정기검사"라 한다)를 같은 법에 따른 검사기간 내에 받은 경우에는 이 규칙 제103조의2제3항에 따른 차령연장을 위한 정기검사를 받은 것으로 본다. 이 경우 정기검사를 받아 차령이 연장되기 전까지는 해당 자동차를 종전의 규정에 따라 연장된 차령 기간을 넘겨서 유상운송용으로 제공할 수 없다.

제5조(특정 유상운송용 자가용자동차의 차령에 관한 특례) ① 다음 각 호의 요건을 모두 충족하는 자동차로서 이 규칙 시행 전에 받은 정기검사 중 가장 최근에 받은 검사의 유효기간이 만료되지 않은 유상운송용 자가용자동차는 해당 검사유효기간의 만료일까지 제103조의2의 개정규정에 따른 차령이 추가로 부여된 것으로 본다.

1. 종전의 제103조의2에 따른 차령이 10년 6개월 이상인 자동차
2. 2023년 7월 3일 이후부터 이 규칙 시행 전까지의 기간에 종전의 제103조의2에 따른 차령이 만료된 자동차

② 이 규칙 시행 당시 제1항 각 호에 따른 자동차 중 가장 최근 받은 정기검사의 검사유효기간이 만료된 자동차는 이 규칙 시행 이

후 받는 정기검사의 검사유효기간만큼 제103조의2의 개정규정에 따른 차령이 새로 부여된 것으로 본다.

③ 제1항 및 제2항에 따라 정기검사를 받아 차령이 추가로 부여되기 전까지는 해당 자동차를 종전의 규정에 따라 연장된 차령 기간을 넘겨서 유상운송용으로 제공할 수 없으며, 제1항 및 제2항에 따라 차령이 추가로 부여되는 경우에도 제103조의2제4항의 개정규정에 따른 최대 차령을 넘겨 해당 자동차를 유상운송용으로 제공할 수 없다.

부칙 〈제1341호, 2024. 5. 31.〉 (한시적 규제유예 등 민생경제 활력 제고를 위한 4개 법령의 일부개정에 관한 국토교통부령)

이 규칙은 공포한 날부터 시행한다.

부칙 〈제1430호, 2024. 12. 26.〉

제1조(시행일) 이 규칙은 공포한 날부터 시행한다.

제2조(운수종사자 보수교육에 관한 적용례) 별표 4의3 제1호나목2)의 개정규정은 이 규칙 시행 이후 보수교육을 실시하는 경우부터 적용한다.

제3조(서식에 관한 경과조치) 이 규칙 시행 당시 종전의 규정에 따라 발급된 운전자격증, 운수종사자 교육카드 및 검사공무원증은 별지 제30호서식, 별지 제32호서식 및 별지 제50호서식의 개정규정에도 불구하고 계속하여 사용할 수 있다.

별표 / 서식

[별표 1] 여객자동차운송사업에 사용되는 자동차의 종류(제7조 관련)
[별표 2] 여객자동차운송사업의 면허기준(제14조제1항 관련)
[별표 3] 여객자동차운송사업의 등록기준(제23조 관련)
[별표 4] 운송사업자 및 운수종사자의 준수사항(제44조 관련)
[별표 4의2] 운전자격의 교육과정 및 교육과목(제54조의4제1항 관련)
[별표 4의3] 운수종사자 교육의 대상 및 내용 등(제58조제2항 관련)
[별표 5] 운전자격의 취소 등의 처분기준(제59조제1항 관련)
[별표 6] 자동차대여사업의 등록기준(제61조 관련)
[별표 6의2] 플랫폼운송사업의 허가기준(제93조의3 관련)

[별표 6의3] 플랫폼가맹사업의 면허기준(제93조의10 관련)
[별표 6의4] 플랫폼운수종사자의 준수사항(제93조의8 관련)
[별표 7] 수수료(제102조제1항 관련)
[별지 제1호서식] 여객자동차운송사업 면허증(등록증), 자동차대여사업 등록증, 여객자동차터미널사업 면허증, 여객자동차플랫폼운송사업 허가증, 여객자동차플랫폼운송가맹사업 면허증, 여객자동차플랫폼운송중개사업 등록증
[별지 제2호서식] 여객자동차운송사업 면허대장
[별지 제3호서식] 여객자동차운송사업 등록대장
[별지 제4호서식] 자동차대여사업 등록대장
[별지 제4호의2서식] 여객자동차플랫폼운송사업 허가대장
[별지 제4호의3서식] 여객자동차플랫폼운송가맹사업 면허대장
[별지 제4호의4서식] 여객자동차플랫폼운송중개사업 등록대장
[별지 제5호서식] (여객자동차운송사업 면허증(등록증), 자동차대여사업 등록증, 여객자동차터미널사업 면허증, 여객자동차플랫폼운송사업 허가증, 여객자동차플랫폼운송가맹사업 면허증, 여객자동차플랫폼운송중개사업 등록증)재발급 신청서
[별지 제6호서식] 여객자동차운송사업 면허신청서
[별지 제7호서식] 개인택시운송사업 면허신청서
[별지 제8호서식] 개인택시운송사업 대리운전신고서
[별지 제9호서식] 여객자동차운송사업 등록신청서
[별지 제10호서식] 여객자동차운송사업[□운송개시기일 연기□운송개시기간 연장]신청서
[별지 제11호서식] 수송시설 확인신청서
[별지 제12호서식] 여객자동차운송사업 운임 · 요금 (신고서, 변경신고서)
[별지 제13호서식] (여객자동차운송사업 운송약관, 자동차대여사업 대여약관, 여객자동차플랫폼운송사업 플랫폼운송약관, 여객자동차플랫폼운송가맹사업 플랫폼가맹약관)신고서
[별지 제14호서식] 여객자동차운송사업계획 변경 (인가, 등록) 신청서
[별지 제15호서식] (여객자동차운송사업계획 변경, 자동차대여사업계획 변경) 신고서
[별지 제16호서식] (여객자동차운송사업, 자동차대여사업) 관리위탁

(신고서, 허가신청서)
[별지 제17호서식] (여객자동차운송사업, 자동차대여사업, 여객자동차플랫폼운송사업, 여객자동차플랫폼운송가맹사업) 양도·양수 신고서
[별지 제18호서식] 개인택시운송사업 양도·양수 인가신청서
[별지 제19호서식] (여객자동차운송사업, 자동차대여사업, 여객자동차플랫폼운송사업, 여객자동차플랫폼운송가맹사업)법인합병신고서
[별지 제20호서식] (여객자동차운송사업, 자동차대여사업, 여객자동차플랫폼운송가맹사업) 상속신고서
[별지 제21호서식] [여객자동차운송사업, 자동차대여사업, 여객자동차플랫폼운송사업, 여객자동차플랫폼운송가맹사업(휴업, 폐업)]허가신청서, 신고서
[별지 제22호서식] 여객자동차운송사업 개시 등 신고서
[별지 제23호서식] 사고보고서
[별지 제23호의2서식] 운행정보 신고서
[별지 제23호의3서식] 운행기록증
[별지 제23호의4서식] 운수종사자 신규채용·퇴직 현황 통보서
[별지 제23호의5서식] 운수종사자 휴식시간 보장 내역 통보서
[별지 제23호의6서식] 개인택시운송사업 면허 현황 통보서
[별지 제23호의7서식] 삭제 〈2020. 4. 14.〉
[별지 제23호의8서식] 운수종사자 교육 결과 통보서
[별지 제24호서식] 손실보상금 청구서
[별지 제25호서식] 운행사실 기록부
[별지 제26호서식] 손실액 산출명세서
[별지 제26호의2서식] 운전적성정밀검사 신청서
[별지 제27호서식] (버스운전, 택시운전) 자격시험 응시원서
[별지 제28호서식] [버스, 택시(운전자격증, 운전자격증명)]발급, 정정 및 재발급 신청서
[별지 제29호서식] (버스운전자격, 택시운전자격)등록대장
[별지 제30호서식] (버스, 택시) 운전자격증(휴대용)
[별지 제31호서식] (버스, 택시) 운전자격증명
[별지 제32호서식] 운수종사자 교육카드
[별지 제32호의2서식] 운수종사자 사상사고 현황 및 법규위반 사항

관리대장
[별지 제32호의3서식] 운수종사자 범죄경력 관리대장
[별지 제33호서식] 자동차대여사업 등록신청서
[별지 제34호서식] 자동차대여사업의 일시 상주 자동차 신고서
[별지 제35호서식] 자동차대여사업 변경등록신청서
[별지 제36호서식] 여객자동차터미널사업 면허신청서
[별지 제37호서식] 여객자동차터미널 공사시행인가 신청서
[별지 제38호서식] 여객자동차터미널 공사계획 변경인가 신청서
[별지 제39호서식] 여객자동차터미널 공사시행인가 신청기간 연장신청서
[별지 제40호서식] 여객자동차터미널 시설확인 신청서
[별지 제41호서식] 여객자동차터미널 사용개시일 연기(기간 연장)신청서
[별지 제42호서식] 여객자동차터미널 사용약관 신고(변경신고)서
[별지 제43호서식] 여객자동차터미널 시설사용료 인가(변경인가)신청서
[별지 제44호서식] 여객자동차터미널의 위치·규모 등 변경인가신청서
[별지 제45호서식] 여객자동차터미널사업의 양도 및 양수 신고서
[별지 제46호서식] 여객자동차터미널사업 법인합병 신고서
[별지 제47호서식] 여객자동차터미널사업 상속신고서
[별지 제48호서식] 여객자동차터미널사업[□휴업□폐업] 허가신청서
[별지 제48호의2서식] 여객자동차플랫폼운송사업 허가신청서
[별지 제48호의3서식] 여객자동차플랫폼운송사업 변경인가 신청서
[별지 제48호의4서식] 여객자동차플랫폼운송사업 변경신고서
[별지 제48호의5서식] 여객자동차플랫폼운송사업 허가갱신 신청서
[별지 제48호의6서식] 기여금 납부기한 연기신청서
[별지 제48호의7서식] 여객자동차플랫폼운송사업 운임·요금(신고서, 변경신고서)
[별지 제48호의8서식] 여객자동차플랫폼운송가맹사업 면허신청서
[별지 제48호의9서식] 여객자동차플랫폼운송가맹사업계획 변경인가 신청서
[별지 제48호의10서식] 여객자동차플랫폼운송가맹사업계획 변경신

고서
[별지 제48호의11서식] 운송가맹점 운임 · 요금(신고서, 변경신고서)
[별지 제48호의12서식] 여객자동차플랫폼운송중개사업 등록신청서
[별지 제48호의13서식] 여객자동차플랫폼운송중개사업 등록(변경, 말소)신고서
[별지 제48호의14서식] 여객자동차플랫폼운송중개요금 신고서
[별지 제49호서식] 공제분쟁조정 신청서(서식 테두리변경)
[별지 제50호서식] 검사공무원증
[별지 제51호서식] 자가용자동차 유상운송 허가신청서
[별지 제52호서식] 자가용자동차 유상임대 허가신청서
[별지 제53호서식] 임대자가용자동차 반환신고서
[별지 제54호서식] 자가용자동차 노선운행 허가신청서
[별지 제55호서식] 사업용자동차 차령조정 신청서
[별지 제56호서식] 사업용자동차(정기검사, 임시검사)합격통지서
[별지 제57호서식] 위반행위 적발 보고(통보)서
[별지 제58호서식] [□사업정지□운행정지]처분 자동차표시증
[별지 제59호서식] 과징금 납부통지서
[별지 제60호서식] 과징금 처분대장

대한민국 법령 시리즈 330

여객자동차 운수사업법

(약칭 : 여객자동차법)

법 령 / 시 행 령 / 시 행 규 칙

2025년 3월 24일 인쇄 정가 30,000원
2025년 4월 4일 발행

편 저 편집부
디 자 인 송영미
발 행 인 조준형
발 행 처 해광출판사
http://www.hgbookpub.com
E-mail : munbookcokr@naver.com
주 소 부산광역시 중구 해관로 41-1 (중앙동2가)
전화번호 (051) 253-0001 팩스 (051) 245-1187
등 록 제 2012-000005호

해광출판사에서는 여러분의 소중한 원고와 함께 할 기회를 기다리고 있습니다. 책으로 엮을 원고나 아이디어가 있으신 분들은 이메일 munbookcokr@naver.com 로 책에 대한 간단한 개요와 원고 전체 또는 일부를 연락처와 함께 보내주십시오.

ISBN 979-11-6881-797-5

※ 법령 출처 : 법제처 국가법령정보센터
※ 본 도서는 〈공공데이터 제공 및 이용 활성화에 관한 법률〉을 근거로 출판되었습니다.

해광출판사 대한민국 법령 시리즈

001. 선원법
002. 어선법
003. 선박직원법
004. 해사안전기본법
005. 해양환경관리법
006. 선박의 입항 및 출항등에 관한 법률
007. 학교안전사고예방 및 보상에 관한 법률
008. 종합부동산세법
009. 방위사업법
010. 행정규제기본법
011. 식품산업진흥법
012. 위험물안전관리법
013. 화재의 예방 및 안전관리에 관한 법률
014. 도시가스사업법
015. 실내공기질관리법
016. 지방세법
017. 소득세법
018. 법인세법
019. 도선법
020. 선박안전법
021. 선박법
022. 수산업법
023. 고압가스안전관리법
024. 국민연금법
025. 공동주택관리법
026. 화학물질관리법
027. 어선원 및 어선 재해보상보험법
028. 장기등 이식에 관한 법률
029. 자연재해대책법
030. 공유재산 및 물품 관리법
031. 산업입지 및 개발에 관한 법률
032. 부정경쟁방지 및 영업비밀보호에 관한 법률
033. 금융지주회사법
034. 온실가스 배출권의 할당 및 거래에 관한 법률
035. 건축사법
036. 산림문화휴양에 관한 법률
037. 전기사업법
038. 사립학교법
039. 고등교육법
040. 액화석유가스의 안전관리 및 사업법
041. 선박투자회사법
042. 수산자원관리법
043. 위험물선박운송및저장규칙
044. 선박평형수관리법
045. 주택임대차보호법
046. 상가건물임대차보호법
047. 지방공기업법
048. 승강기안전관리법
049. 수목원·정원의 조성 및 진흥에 관한 법률
050. 민법
051. 치료감호 등에 관한 법률
052. 대부업 등의 등록 및 금융이용자 보호에 관한 법률
053. 사료관리법
054. 무형문화재 보전 및 진흥에 관한 법률
055. 총포·도검·화약류 등의 안전관리에 관한 법률
056. 경찰관직무집행법
057. 시설물의 안전 및 유지관리에 관한 특별법
058. 수산생물질병 관리법
059. 소비자기본법
060. 국제선박등록법
061. 정보통신망 이용촉진 및 정보보호 등에 관한 법률
062. 해운법
063. 농수산물 품질관리법
064. 수산업협동조합법
065. 해외건설촉진법
066. 수상레저안전법
067. 공무원재해보상법
068. 수상에서의 수색·구조 등에 관한 법률
069. 어촌어항법
070. 항만법
071. 항만운송사업법
072. 해양경비법
073. 해양사고의 조사 및 심판에 관한 법률
074. 외국인근로자의 고용 등에 관한 법률
075. 중소기업기본법
076. 자유무역지역의 지정 및 운영에 관한 법률
077. 대기환경보전법
078. 소음진동관리법
079. 폐기물관리법
080. 하수도법
081. 물환경보전법
082. 토양환경보전법
083. 환경정책기본법
084. 산업재해보상보험법
085. 관세법
086. 노동조합 및 노동관계조정법
087. 근로기준법
088. 군인연금법
089. 먹는물관리법
090. 기술보증기금법
091. 관광진흥법
092. 감염병의 예방 및 관리에 관한 법률
093. 사법경찰관리의 직무를 수행할 자와 그 직무범위에 관한 법률
094. 수의사법
095. 가정폭력방지 및 피해자보호 등에 관한 법률
096. 환경영향평가법
097. 체육시설의 설치 · 이용에 관한 법률
098. 장사 등에 관한 법률
099. 상호저축은행법
100. 은행법
101. 보호관찰 등에 관한 법률
102. 형법
103. 자동차관리법
104. 형사소송법
105. 전자금융거래법
106. 마약류 불법거래 방지에 관한 특례법
107. 도로법
108. 주세법
109. 변리사법
110. 하천법
111. 중소기업진흥에 관한 법률
112. 발달장애인 권리보장 및 지원에 관한 법률
113. 주택법
114. 장애인복지법
115. 농어업경영체 육성 및 지원에 관한 법률
116. 공인중개사법
117. 건강기능식품에 관한 법률
118. 예비군법
119. 개발제한구역의 지정 및 관리에 관한 특별조치법
120. 국유재산법
121. 주차장법
122. 환경기술 및 환경산업 지원법
123. 대기관리권역의 대기환경개선에 관한 특별법
124. 악취방지법
125. 미세먼지 저감 및 관리에 관한 특별법
126. 가축분뇨의 관리 및 이용에 관한 법률
127. 물의 재이용 촉진 및 지원에 관한 법률
128. 물관리기본법
129. 물관리기술 발전 및 물산업 진흥에 관한 법률
130. 자원의 절약과 재활용촉진에 관한 법률
131. 전기 · 전자제품 및 자동차의 자원순환에 관한 법률
132. 건설폐기물의 재활용촉진에 관한 법률
133. 수도권매립지관리공사의 설립 및 운영 등에 관한 법률
134. 폐기물의 국가 간 이동 및 그 처리에 관한 법률
135. 폐기물처리시설 설치촉진 및 주변지역지원 등에 관한 법률
136. 자원순환기본법
137. 잔류성오염물질 관리법
138. 환경분쟁 조정법

해광출판사 대한민국 법령 시리즈

139. 화학물질의 등록 및 평가 등에 관한 법률
140. 환경오염시설의 통합관리에 관한 법률
141. 환경오염피해 배상책임 및 구제에 관한 법률
142. 중소기업제품 구매촉진 및 판로지원에 관한 법률
143. 환경개선비용 부담법
144. 환경분야 시험·검사 등에 관한 법률
145. 환경친화적 산업구조로의 전환촉진에 관한 법률
146. 환경친화적 자동차의 개발 및 보급 촉진에 관한 법률
147. 환경범죄 등의 단속 및 가중처벌에 관한 법률
148. 생명윤리 및 안전에 관한 법률
149. 장애인차별금지 및 권리구제 등에 관한 법률
150. 부동산투자회사법
151. 정치자금법
152. 과학기술기본법
153. 대리점거래의 공정화에 관한 법률
154. 상속세 및 증여세법
155. 학원의 설립 · 운영 및 과외교습에 관한 법률
156. 해양심층수의 개발 및 관리에 관한 법률
157. 전기용품 및 생활용품 안전관리법
158. 사회기반시설에 대한 민간투자법
159. 공직선거법
160. 정당법
161. 유류오염손해배상 보장법
162. 부정청탁 및 금품등 수수의 금지에 관한 법률
163. 항로표지법
164. 어장관리법
165. 민방위기본법
166. 공직자윤리법
167. 선거관리위원회법
168. 유선 및 도선 사업법
169. 전기공사업법
170. 사회복지사업법
171. 택지개발촉진법
172. 국가공무원법
173. 민간임대주택에 관한 특별법
174. 어음법·수표법
175. 민사집행법
176. 상법
177. 문화예술진흥법
178. 중소기업협동조합법
179. 농업협동조합법
180. 도로교통법
181. 의료사고 피해구제 및 의료분쟁 조정 등에 관한 법률
182. 산림보호법
183. 소년법
184. 동물보호법
185. 건축물관리법
186. 도시개발법
187. 화물자동차 운수사업법
188. 도시 및 주거환경정비법
189. 의료법
190. 국회법
191. 응급의료에 관한 법률
192. 출입국관리법
193. 노인복지법
194. 산림자원의 조성 및 관리에 관한 법률
195. 청소년 보호법
196. 초 · 중등교육법
197. 혁신도시 조성 및 발전에 관한 특별법
198. 경제자유구역의 지정 및 운영에 관한 특별법
199. 공공기관의 운영에 관한 법률
200. 대한민국헌법
201. 국민기초생활 보장법
202. 저작권법
203. 가사소송법
204. 국가유공자 등 예우 및 지원에 관한 법률
205. 국민체육진흥법
206. 전통주 등의 산업진흥에 관한 법률
207. 재난 및 안전관리 기본법
208. 정보통신공사업법
209. 주식회사 등의 외부감사에 관한 법률
210. 공익사업을 위한 토지 등의 취득 및 보상에 관한 법률
211. 개인정보 보호법
212. 국세기본법
213. 에너지이용 합리화법
214. 감정평가 및 감정평가사에 관한 법률
215. 국가인권위원회법
216. 가맹사업거래의 공정화에 관한 법률
217. 보건의료기본법
218. 산업안전보건법
219. 법무사법
220. 교육공무원법
221. 특허법
222. 민사소송법
223. 아동복지법
224. 전파법
225. 하도급거래 공정화에 관한 법률
226. 기초연금법
227. 사립학교교직원 연금법
228. 직업안정법
229. 장애아동 복지지원법
230. 부동산등기법
231. 자동차손해배상 보장법
232. 철도안전법
233. 항공안전법
234. 전자상거래 등에서의 소비자보호에 관한 법률
235. 독점규제 및 공정거래에 관한 법률
236. 상표법
237. 채무자 회생 및 파산에 관한 법률
238. 공무원연금법
239. 축산법
240. 근로복지기본법
241. 민원 처리에 관한 법률
242. 약사법
243. 방문판매 등에 관한 법률
244. 건축기본법
245. 지방세기본법
246. 지방세징수법
247. 지방자치법
248. 도시교통정비 촉진법
249. 공공주택 특별법
250. 국세징수법
251. 공인노무사법
252. 중대재해 처벌 등에 관한 법률
253. 외무공무원법
254. 소방시설공사업법
255. 검역법
256. 공중위생관리법
257. 할부거래에 관한 법률
258. 인터넷 멀티미디어 방송사업법
259. 전기통신사업법
260. 제품안전기본법
261. 철도사업법
262. 어린이제품 안전 특별법
263. 영유아보육법
264. 원자력안전법
265. 보험업법
266. 경비업법
267. 교통안전법
268. 세무사법
269. 관세사법
270. 공인회계사법
271. 지방공무원법
272. 고용정책 기본법
273. 국가경찰과 자치경찰의 조직 및 운영에 관한 법률
274. 협동조합 기본법
275. 재해구호법
276. 환경보건법

해광출판사 대한민국 법령 시리즈

277. 자살예방 및 생명존중문화 조성을 위한 법률
278. 소방산업의 진흥에 관한 법률
279. 소방기본법
280. 비송사건절차법
281. 자연환경보전법
282. 변호사법
283. 기업구조조정투자회사법
284. 전기통신기본법
285. 에너지법
286. 해양생태계의 보전 및 관리에 관한 법률
287. 사회보장기본법
288. 통신비밀보호법
289. 공증인법
290. 물류시설의 개발 및 운영에 관한 법률
291. 청소년활동 진흥법
292. 형의 집행 및 수용자의 처우에 관한 법률
293. 도시공원 및 녹지 등에 관한 법률
294. 태권도 진흥 및 태권도공원 조성 등에 관한 법률
295. 녹색건축물 조성 지원법
296. 우편법
297. 예금자보호법
298. 건설산업기본법
299. 금융회사의 지배구조에 관한 법률
300. 장애인활동 지원에 관한 법률
301. 언론중재 및 피해구제 등에 관한 법률
302. 국가재정법
303. 농지법
304. 게임산업진흥에 관한 법률
305. 정신건강증진 및 정신질환자 복지서비스 지원에 관한 법률
306. 디자인보호법
307. 의료기사 등에 관한 법률
308. 스마트도시 조성 및 산업진흥 등에 관한 법률
309. 내수면어업법
310. 한국주택금융공사법
311. 의료기기법
312. 유통산업발전법
313. 전통시장 및 상점가 육성을 위한 특별법
314. 여신전문금융업법
315. 해외자원개발 사업법
316. 산업교육진흥 및 산학연협력촉진에 관한 법률
317. 빈집 및 소규모주택 정비에 관한 특례법
318. 기업도시개발 특별법
319. 전력기술관리법
320. 국토기본법
321. 지하수법
322. 식품위생법
323. 광업법
324. 호스피스·완화의료 및 임종과정에 있는 환자의 연명의료결정에 관한 법률
325. 주식·사채 등의 전자등록에 관한 법률
326. 표시·광고의 공정화에 관한 법률
327. 골재채취법
328. 국민건강증진법
329. 새마을금고법
330. 여객자동차 운수사업법
331. 마리나항만의 조성 및 관리 등에 관한 법률
332. 한부모가족지원법
333. 국가를 당사자로 하는 계약에 관한 법률
334. 지방자치단체를 당사자로 하는 계약에 관한 법률
335. 축산물 위생관리법
336. 병역법
337. 음악산업진흥에 관한 법률
338. 국가균형발전 특별법
339. 첨단재생의료 및 첨단바이오의약품 안전 및 지원에 관한 법률
340. 공간정보의 구축 및 관리 등에 관한 법률
341. 공유수면 관리 및 매립에 관한 법률
342. 농수산물 유통 및 가격안정에 관한 법률
343. 아시아문화중심도시 조성에 관한 특별법
344. 신탁법
345. 자연공원법
346. 생활화학제품 및 살생물제의 안전관리에 관한 법률
347. 군인사법
348. 국제조세조정에 관한 법률
349. 낙동강수계 물관리 및 주민지원 등에 관한 법률
350. 주민등록법
351. 집합건물의 소유 및 관리에 관한 법률
352. 집단에너지사업법
353. 산림조합법
354. 반도체집적회로의 배치설계에 관한 법률
355. 자본시장과 금융투자업에 관한 법률
356. 담보부사채신탁법
357. 근로자퇴직급여 보장법
358. 국제과학비즈니스벨트 조성 및 지원에 관한 특별법
359. 수도법
360. 식품 등의 표시·광고에 관한 법률
361. 약관의 규제에 관한 법률
362. 인삼산업법
363. 종자산업법
364. 항공사업법
365. 건설기계관리법
366. 군형법
367. 궤도운송법
368. 기술의 이전 및 사업화 촉진에 관한 법률
369. 농수산물의 원산지 표시 등에 관한 법률
370. 담배사업법
371. 석유 및 석유대체연료 사업법
372. 가축전염병 예방법
373. 농어촌정비법
374. 식물신품종 보호법
375. 항공보안법
376. 중소기업창업 지원법
377. 군사법원법
378. 우주개발 진흥법
379. 해저광물자원 개발법
380. 산림복지 진흥에 관한 법률
381. 지능형 로봇 개발 및 보급 촉진법
382. 헌법재판소법
383. 옥외광고물 등의 관리와 옥외광고산업 진흥에 관한 법률
384. 혈액관리법
385. 국제항해선박 등에 대한 해적행위 피해예방에 관한 법률
386. 유료도로법
387. 독립유공자예우에 관한 법률
388. 신에너지 및 재생에너지 개발·이용·보급 촉진법
389. 신용정보의 이용 및 보호에 관한 법률
390. 출판문화산업 진흥법
391. 공항시설법
392. 국민 평생 직업능력 개발법
393. 아동·청소년의 성보호에 관한 법률
394. 방송법쉬
395. 신용보증기금법
396. 화장품법
397. 청소년 기본법
398. 인터넷주소자원에 관한 법률
399. 양곡관리법
400. 도로명주소법
401. 전자문서 및 전자거래 기본법
402. 산업기술의 유출방지 및 보호에 관한 법률
403. 국가기술자격법
404. 양식산업발전법
405. 산업기술혁신 촉진법
406. 새만금사업 추진 및 지원에 관한 특별법
407. 전자정부법
408. 지역 개발 및 지원에 관한 법률
409. 한국농어촌공사 및 농지관리기금법
410. 계량에 관한 법률
411. 기업활동 규제완화에 관한 특별조치법
412. 군에서의 형의 집행 및 군수용자의 처우에 관한 법률

해광출판사 대한민국 법령 시리즈

413. 규제자유특구 및 지역특화발전특구에 관한 규제특례법
414. 금융위원회의 설치 등에 관한 법률
415. 남녀고용평등과 일·가정 양립 지원에 관한 법률
416. 농어업인 삶의 질 향상 및 농어촌지역 개발촉진에 관한 특별법
417. 댐건설·관리 및 주변지역지원 등에 관한 법률
418. 국가유산수리 등에 관한 법률
419. 법원조직법
420. 보훈보상대상자 지원에 관한 법률
421. 부패방지 및 국민권익위원회의 설치와 운영에 관한 법률
422. 과학기술분야 정부출연연구기관 등의 설립·운영 및 육성에 관한 법률
423. 연구개발특구의 육성에 관한 특별법
424. 친환경농어업 육성 및 유기식품 등의 관리·지원에 관한 법률
425. 연안관리법
426. 영화 및 비디오물의 진흥에 관한 법률
427. 신용협동조합법
428. 방송통신발전 기본법
429. 범죄피해자 보호법
430. 가축 및 축산물 이력관리에 관한 법률
431. 국가표준기본법
432. 국가통합교통체계효율화법
433. 범죄인 인도법
434. 국가과학기술 경쟁력 강화를 위한 이공계지원 특별법
435. 국제경기대회 지원법
436. 금융혁신지원 특별법
437. 수자원의 조사·계획 및 관리에 관한 법률
438. 축산자조금의 조성 및 운용에 관한 법률
439. 소방시설 설치 및 관리에 관한 법률
440. 양성평등기본법
441. 축산계열화사업에 관한 법률
442. 수입식품안전관리 특별법
443. 대외무역법
444. 국가연구개발사업 등의 성과평가 및 성과관리에 관한 법률
445. 무역보험법
446. 기술사법
447. 광산안전법
448. 농약관리법
449. 농업·농촌 및 식품산업 기본법
450. 문화산업진흥 기본법
451. 부담금관리 기본법
452. 야생생물 보호 및 관리에 관한 법률
453. 한국은행법
454. 별정우체국법
455. 원양산업발전법
456. 콘텐츠산업 진흥법
457. 한국수출입은행법
458. 외국인투자 촉진법
459. 물류정책기본법
460. 전자서명법
461. 산업발전법
462. 산업표준화법
463. 소프트웨어 진흥법
464. 토지이용규제 기본법
465. 해수욕장의 이용 및 관리에 관한 법률
466. 정보통신 진흥 및 융합 활성화 등에 관한 특별법
467. 정보통신산업 진흥법
468. 지진·화산재해대책법
469. 소금산업진흥법
470. 위치정보의 보호 및 이용 등에 관한 법률
471. 외국법자문사법
472. 이러닝(전자학습)산업 발전 및 이러닝 활용 촉진에 관한 법률
473. 암관리법
474. 실용신안법
475. 가족관계의 등록 등에 관한 법률
476. 무인도서의 보전 및 관리에 관한 법률
477. 감사원법
478. 정보보호산업의 진흥에 관한 법률
479. 결혼중개업의 관리에 관한 법률
480. 공익신고자 보호법
481. 박물관 및 미술관 진흥법
482. 낚시 관리 및 육성법
483. 동산·채권 등의 담보에 관한 법률
484. 임금채권보장법
485. 국민투표법
486. 농림수산업자 신용보증법
487. 국가채권 관리법
488. 중소기업은행법
489. 식품안전기본법
490. 외국환거래법
491. 발명진흥법
492. 건설기술 진흥법
493. 기후위기 대응을 위한 탄소중립·녹색성장 기본법
494. 인체조직안전 및 관리 등에 관한 법률
495. 엔지니어링산업 진흥법
496. 신문 등의 진흥에 관한 법률
497. 식물방역법
498. 석탄산업법
499. 산업융합 촉진법
500. 비료관리법
501. 임업 및 산촌 진흥촉진에 관한 법률
502. 복권 및 복권기금법
503. 대규모유통업에서의 거래 공정화에 관한 법률
504. 뉴스통신 진흥에 관한 법률
505. 지능정보화 기본법
506. 자격기본법
507. 중소기업 기술혁신 촉진법
508. 국가공간정보 기본법
509. 농어업재해대책법
510. 방송광고판매대행 등에 관한 법률
511. 지식재산 기본법
512. 초고층 및 지하연계 복합건축물 재난관리에 관한 특별법
513. 해양 조사와 해양정보 활용에 관한 법률
514. 공간정보산업 진흥법
515. 공공기관의 정보공개에 관한 법률
516. 행정기본법
517. 해상교통안전법
518. 농어업재해보험법
519. 문화유산의 보존 및 활용에 관한 법률
520. 자연유산의 보존 및 활용에 관한 법률
521. 국토의 계획 및 이용에 관한 법률
522. 건축법
523. 국민건강보험법
524. 계엄법
525. 환경친화적 선박의 개발 및 보급 촉진에 관한 법률
526. 해양폐기물 및 해양오염퇴적물 관리법
527. 연안사고 예방에 관한 법률
528. 전기안전관리법

*** 해광출판사의 법령 시리즈는 계속 발행 됩니다.**
**** 각 도서의 개정판은 인쇄일을 기준으로 제작 되었습니다.**